Q&A 高校英語指導法事典

現場の悩み133に答える

樋口 忠彦　監修

髙橋 一幸　編著者代表

泉 惠美子・
加賀田 哲也・
久保野 雅史　編著

教育出版

はしがき

加速度的に進展するグローバル化に対応するために，国民の国際共通語としての英語コミュニケーション能力の向上は喫緊の課題であるという認識に基づき，わが国では2020年度から，以下の改革が，順次，施行されます。

① 小学校における英語教育の拡充，強化
② 中・高等学校の英語教育の高度化
③ 小・中・高一貫の学習到達目標の設定，活用
④ ４技能５領域の指導，評価の重視と大学入試方法および入試問題の改善
⑤ 高等学校英語科の科目構成の再編成と新科目の設置

これら一連の改革は，わが国の英語教育においてこれまでになかった大きな改革であり，小・中・高一貫の英語教育の出口を担当する高校英語教員の戸惑いや不安は非常に大きいと思われます。

本書は，Q&A形式で，激動するこれからの高校の英語教育の在り方や進め方について考えるための視点や具体的な方策を，理論，実践の両面から簡潔，明瞭に示すことを目的にしております。

執筆者はそれぞれの分野の研究や実践で成果をあげておられる先生方に依頼し，玉稿をお寄せいただきました。読者の皆さんには，これからの高校英語教育の在り方や進め方について新たな視点や具体的なアイディアを得ていただけるものと確信しております。

なお，本書は「指導法事典」ですが，通常の書籍と同様に１章から読み進んでいただいても，日頃，疑問に思ったり戸惑ったりしている項目を選んでお読みいただき事典的にご利用いただいても結構です。また，本文中にcross referenceを示しておりますので，該当箇所を参照されると，当該項目についてより深くご理解いただけます。

最後に，本書は平成元年（1989年）８月に発足した英語授業研究学会（略称，英授研）の設立30周年記念事業として刊行しました。英授研は，毎日の授業実践の成果や課題を理論と実践を踏まえ体系的に記述することによって，学習者と指導者のための「英語授業学」の構築をめざしています。英授研設立25周年を記念して刊行しご好評を賜っている『Q&A中学英語指導法事典』と同様，本書が先生方の“豊かな，稔りある授業づくり”のお役に立つことを願っております。

2019年５月

監修者　樋口 忠彦

もくじ

第1章

高校英語教育の理念と動向

Q1-1 小中高の英語教育改革の理念と目標は？

小学校英語の教科化も含め，英語教育はどのように変わるのか，「コミュニケーションにおける見方・考え方」をどのように働かせればよいのか紹介してください。

1．学習指導要領改訂の経緯

今回の外国語科の改訂にあたっては，平成28年12月の中央教育審議会答申を踏まえ，これまでの以下の課題等を踏まえ改善が図られました。

- グローバル化が急速に進展する中で，外国語によるコミュニケーション能力は，一部の業種や職種だけではなく，生涯にわたる様々な場面で必要とされることが想定され，その能力の向上が課題となっている。
- 学年が上がるにつれて児童生徒の学習意欲に課題が生じるといった状況や学校種間の接続が十分とは言えず，進級や進学をした後に，それまでの学習内容や指導方法等を発展的に生かすことができないといった状況も見られる。
- 高等学校の授業においては，外国語によるコミュニケーション能力の育成を意識した取組，特に「話すこと」及び「書くこと」などの言語活動が適切に行われていないこと，「やり取り」や「即興性」を意識した言語活動が十分ではないこと，読んだことについて意見を述べ合うなど複数の領域を統合した言語活動が適切に行われていないといった課題がある。

これらの課題を踏まえ，外国語教育全体を貫く軸として，他者とのコミュニケーションの基盤を形成する観点を重視しつつ，創造的思考，感性・情緒などの側面からも育成をめざす資質・能力が明確となるよう整理されました。また，知識の理解の質を高め資質・能力を育む「主体的・対話的で深い学び」（⇨ Q1-7）と，「何のために学ぶのか」という学習の意義を共有しつつ，授業の創意工夫や教科書等の教材の改善を引き出していけるよう，全教科等の目標が「知識及び技能」，「思考力，判断力，表現力等」，「学びに向かう力，人間性等」の「三つの柱」で再整理されました。

外国語科では，2020年度より，これまで小学校第５学年から領域として，年間35時間教えられてきた「外国語活動」が中学年から開始され，高学年では新たに教科として「外国語」が年間70時間導入されることになり，小学校英語教育の早期化・教科化が始まります。それに伴い，中学校・高等学校では英語教育の高度化を図り，小中高の各学校段階での学びを接続させるとともに，「外国語を使って何ができるようになるか」を明確にするという観点から，校種間の接続も意識しながら外国語科の目標が設定されました。最終到達レベルが上がり，高校卒業段階で新語数も4,000〜5,000語と大幅に増えます（⇨ Q4-7）。また，高校では，「聞くこと」「読むこと」「話すこと［やり取り］」「話すこと［発表］」「書くこと」の統合的な言語活動を通して４技能５領域を総合的に扱うことを一層重視する科目と，「話すこと」と「書くこと」による２技能３領域の発信力の育成を強化する科目をそれぞれ新設し（⇨ Q1-4），外国語でコミュニケーションを図ろうとする態度，使える英語力を育てることになりました。

各段階や教科・科目で３つの資質・能力の目標が示されましたが，例えば小学校外国語，中学校英語の目標は以下の通りです。

① **小学校外国語**：外国語によるコミュニケーションにおける見方・考え方を働かせ，外国語による聞くこと，読むこと，話すこと，書くことの言語活動を通して，コミュニケーションを図る基礎となる資質・能力を次のとおり育成することをめざす。

1) 外国語の音声や文字，語彙，表現，文構造，言語の働きなどについて，日本語と外国語との違いに気付き，これらの知識を理解するとともに，読むこと，書くことに慣れ親しみ，聞くこと，読むこと，話すこと，書くことによる実際のコミュニケーションにおいて活用できる基礎的な技能を身に付けるようにする。

2) コミュニケーションを行う目的や場面，状況などに応じて，身近で簡単な事柄について，聞いたり話したりするとともに，音声で十分に慣れ親しんだ外国語の語彙や基本的な表現を推測しながら読んだり，語順を意識しながら書いたりして，自分の考えや気持ちなどを伝え合うことができる基礎的な力を養う。

3) 外国語の背景にある文化に対する理解を深め，他者に配慮しながら，主体的に外国語を用いてコミュニケーションを図ろうとする態度を養う。

② **中学校外国語**：外国語によるコミュニケーションにおける見方・考え方を働かせ，外国語による聞くこと，読むこと，話すこと，書くことの言語活動を通して，簡単な情報や考えなどを理解したり表現したり伝え合ったりするコミュニケーションを図る資質・能力を次のとおり育成することをめ

ざす。

1) 外国語の音声や語彙，表現，文法，言語の働きなどを理解するとともに，これらの知識を，聞くこと，読むこと，話すこと，書くことによる実際のコミュニケーションにおいて活用できる技能を身に付けるようにする。

2) コミュニケーションを行う目的や場面，状況などに応じて，日常的な話題や社会的な話題について，外国語で簡単な情報や考えなどを理解したり，これらを活用して表現したり伝え合ったりすることができる力を養う。

3) 外国語の背景にある文化に対する理解を深め，聞き手，読み手，話し手，書き手に配慮しながら，主体的に外国語を用いてコミュニケーションを図ろうとする態度を養う。

2．外国語科における「見方・考え方」

次期学習指導要領では，すべての教科の特性に応じて「見方・考え方」が設定されましたが，外国語活動・外国語科では，「外国語で表現し伝え合うため，外国語やその背景にある文化を，社会や世界，他者との関わりに着目して捉え，コミュニケーションを行う目的・場面・状況に応じて，情報を整理しながら考えなどを形成し，再構築すること」となっています。また，英語科の目標である「外国語によるコミュニケーションにおける見方・考え方」を働かせ，言語活動を通して情報や考えなどを的確に理解したり適切に表現したり伝え合ったりするコミュニケーションを図るために必要な「知識及び技能」「思考力，判断力，表現力等」「学びに向かう力，人間性等」の資質・能力をさらに育成することをめざして改善を図ったとあります。

例えば，外国語で偉人の話を読んだとします。その際，時代背景やその国の文化，人々の価値観，人物像や業績などを読み取り，日本人や自分の価値観や物事の捉え方などと比較します。さらにその人物について自分で調べた情報をまとめて英語で他者に話します。互いに調べた内容を英語で交換し合い，意見を述べ合うといった活動を通して，自己の生き方や職業観などを考えることにもつながるでしょう。「聞くこと」「読むこと」「話すこと［やり取り］」「話すこと［発表］」，「書くこと」の５領域を統合することで，英語を用いてコミュニケーションを行い，英語のスキルのみならず内容について深く考えることで，見方や考え方も深まるのです。

中高英語教育の接続のために留意すべきことは？

入学早々に，中学英語と高校英語のギャップに戸惑う生徒が多いようです。高校教員として中学英語との接続で留意すべき点についてアドバイスをお願いします。

中学英語と高校英語のギャップに戸惑う原因は２つあります。１つは教科書のギャップ，２つ目は指導法のギャップです。これらのギャップに対応する方法を考えてみましょう。

１．教科書のギャップを埋める

高校の教科書は多様な高校生に対応して，中学３年生の教科書と大きな差のないものから，進学校で採用されるレベルの高いものまで多様です。多くの生徒は，各課での英文の量や新出単語の数に圧倒されます（⇨ Q7-1）。

① 英文の量に慣れさせる

高校入学時段階で，生徒たちが中学校で使用していない中学校検定教科書のリーディング教材を使って多量の英文を読むことに慣れさせます。中学校の教科書を利用する利点は，文法や語彙がコントロールされているため，生徒にとって負担が軽くなることです。また，読後に概要，要点理解に関する質問を与えたり，あらすじをまとめさせたり，感想をペアやグループで話させたりする活動を与えて，読むことの指導に慣れさせます。

② 辞書指導を行う（⇨ Q8-4）

中学校教科書では，巻末に本文で扱われる単語の日本語訳リストが載っています。また，授業内で新出単語の指導が行われることが多いので，辞書を使った経験がない生徒も少なくありません。しかし，高校教科書の巻末に日本語訳リストはありません。そのため，入学時に辞書指導が必要になります。辞書指導では，多義語の場合，品詞の特定，多くの意味の中から英文に合う意味を見つけることなどが求められます。また，電子辞書を使う生徒には，最初に掲載されている日本語訳を機械的に当てはめず，例文を参考にして適切な日本語訳を選択する指導が必要です。また，語彙指導の一環として，語の意味を変化させる接頭語，品詞を変化させる接尾辞などを利用して派生語や類義語などについても指導します。（⇨ Q4-10,11）

2．指導法のギャップを埋める

中学校での英語指導法は教員によりさまざまです。すべての生徒の経験を把握することは困難ですので，授業の進め方等を説明するようにします。

① 授業の進め方を示す

1) 各段階（各学年修了時，各学期，単元ごと）の学習到達目標を生徒にCAN-DO形式で明確に知らせる（⇨ Q2-1,2）。

2) 年間を通じた授業パターンを決める。なお，生徒の実態に合わせて変更できるように柔軟に考える。

3) 単元ごとの発表活動を設定する。また，どの程度の発表が望ましいのか基準となる作品を設定する。

4) 生徒に授業内で求める行動を明確にする。例えば，ペアやグループで協働学習を行うための約束事を決めておく。

② 家庭学習の方法を教える

家庭学習の課題として予習，復習の課題が考えられますが，生徒が授業に興味を持ち，新鮮な気持ちで授業に参加させるために，家庭学習の課題は予習中心よりも，復習を中心に考え，「授業の活動」→「家庭学習（復習中心）」→「次の授業」の流れを確立しましょう（⇨ Q7-14， Q11-6）。

例えば，授業手順，活動を，1）生徒の興味や背景知識を活性化させる，2)リスニングによる導入，3)語彙・文法指導とその練習，4）リーディングとQ&A，5）音読練習（通訳トレーニング⇨ Q2-6），6）英語による要約文発表とした場合，次のような家庭学習課題を与えます。

- 授業で音読練習をしている場合，10文程度に絞って，日本語から英語，英語から日本語の通訳トレーニングに取り組ませる。
- 授業で英語による要約文の発表をボイスレコーダーで録音させ，それを聞きながらノートに書き写し，各自で校正し要約文を完成させる。

上記の家庭学習課題を与えて，次の授業で，音読練習（通訳トレーニング）の成果を発表させたり，小テスト（英文の書き取り，通訳問題など）を実施したり，要約文をペアやグループで発表させたり，また，生徒の要約文を例に，文法的な誤りなどの修正を行い，基礎的な文法項目の定着を図るなどして，生徒に家庭学習の大切さを理解させるようにしましょう。

学習指導要領へのCEFRの影響は？

学習指導要領はCEFRをなぜ参考にしているのでしょうか。また，CEFRの考え方はどのように反映されているのですか。

1．CEFRとは何か

CEFR（Common European Framework of Reference for Languages: Learning, teaching, assessment：外国語の学習，教授，評価のためのヨーロッパ言語共通参照枠）は，2001年に欧州評議会が複言語主義（plurilingualism）の理念のもと，20年以上にわたる研究を経て発表したもので，語学シラバスやカリキュラムの手引の作成，学習指導教材の編集，外国語運用能力の評価のための包括的な基盤を提供しています。また，CEFRは，学習者，教授者，評価者が共有することによって，外国語の熟達度を同一の基準で判断しながら「学び，教え，評価できるよう」開発されたものであるため，外国語のコミュニケーション能力のレベルを示す国際標準規格として，欧州等で幅広く導入されています。国によっては，CEFRの「共通参照レベル」が，初等教育，中等教育を通じた目標として適用されたり，欧州域内の言語能力に関する調査を実施するにあたって用いられたりするなど広く用いられています。

CEFRは「その言語を使って，具体的に何ができるか（行動指標）」を基準にA1からC2まで６つの等級にレベル分けされており，A1・A2レベルは「基礎段階の言語使用者」，B1・B2レベルは「自立した言語使用者」，C1・C2レベルは「熟達した言語使用者」であるとされています[注]。従来の英語教育では，文法や語彙の知識の量や正確さ，４技能の知識・技能を言語力として評価する傾向がありましたが，CEFRは，「実際にその言語でどのようなことができるのか」という点から言語力を評価するため，知識と技能をバランスよく評価し，欧州では移住や就労，留学などの際に役立つ指標となっています。

CEFRでは，言語を用いて行うタスクは受容（reception），やり取り（interaction），産出（production）の３つに分かれており，それらを総合してコミュニケーション活動と呼びます。コミュニケーション能力も，語彙・文法などの知識と技能（linguistic competence），社会的文脈などを考

(注) 2018年に公開されたCEFRの補足版であるCEFR Companion Volume with New Descriptors（Council of Europe, 2018）では，参照レベルが６から11レベルになり，評価は５領域から７領域へと拡大されました。

慮して言葉を使える力(sociolinguistic competence), 場面・状況・相手などを考慮して言葉を使える力(pragmatic competence⇨ Q4-13)と定義しています。中でも, 4技能に分けるのではなく,「話すこと」の[やり取り](spoken interaction)では, 少なくとも2人以上の個人が言葉のやり取りをし, 産出活動と受容活動が交互に行われます。そこで, 対話者が同時に話し, 聞くだけではなく, 聞き手は話し手の話を予測し, 答えを準備するなど, コミュニケーションにおける中枢的役割を果たしているとされています。

2. 学習指導要領へのCEFRの影響

日本では日本人学習者用にCEFR-Jが開発され, 小学生を対象にpre-A1レベルも設定されています。文部科学省は, 英語授業において, 達成すべき学習到達目標を, 学習指導要領に基づき「CAN-DOリスト」の形で具体的に設定することを提言しています(⇨ Q2-1)。それは, CEFRやその日本版として作成されたCEFR-Jなどのように, 生徒に身に付けさせたい外国語表現の能力と外国語理解の能力において, 何ができるようになるかを「〜することができる」という具体的な文(能力記述文)によって表したものです。CAN-DOリストでは, CEFR同様に「聞くこと」「話すこと[やり取り]」「話すこと[発表]」「読むこと」「書くこと」の5つの領域により, 学習到達目標を明確にし, その到達目標に向けた効果的な指導を考え,「指導と評価の一体化」(⇨ Q10-13)を図ることがめざされています。そこで, 各学校で, 具体的な言語の使用場面における言語活動を設定し, 学習活動の一環として言語活動を行わせ, それを評価することが重要になります。

この背景には, 外国語の学習においては, 語彙や文法などの個別の知識の定着よりも, むしろ, 一人ひとりの生徒が学びの過程で知識・技能を実際のコミュニケーションの中で自ら活用し, 主体的に使うことによって初めて, 実社会でも役立つ言葉によるコミュニケーションが可能となるという考え方があります。また, 生徒たちが自ら思考し, 判断し, 表現することを通して学習内容の理解が深まるなど, めざすべき3つの資質・能力が相互に関係し合いながら獲得されることが求められているのです。

したがって, わが国の学習指導要領でも, 小中高で一貫した学習到達目標を実現するために, そこに至る段階を示すものとして国際的な基準であるCEFRを参考に, 5つの領域で英語の目標を設定していると考えられます。

高校英語の目標と方向，５領域の扱いは？

新科目の目標や高校英語でめざすべきもの，方向性はどうなるのでしょうか。
また，５領域でめざすものは何でしょうか。

１．学習指導要領の目標

高等学校の外国語の目標は次のとおりです。

外国語によるコミュニケーションにおける見方・考え方を働かせ，外国語による聞くこと，読むこと，話すこと，書くことの言語活動及びこれらを結び付けた統合的な言語活動を通して，情報や考えなどを的確に理解したり適切に表現したり伝え合ったりするコミュニケーションを図る資質・能力を次のとおり育成することを目指す。

① 外国語の音声や語彙，表現，文法，言語の働きなどの理解を深めるとともに，これらの知識を，聞くこと，読むこと，話すこと，書くことによる実際のコミュニケーションにおいて，目的や場面，状況などに応じて適切に活用できる技能を身に付けるようにする。

② コミュニケーションを行う目的や場面，状況などに応じて，日常的な話題や社会的な話題について，外国語で情報や考えなどの概要や要点，詳細，話し手や書き手の意図などを的確に理解したり，これらを活用して適切に表現したり伝え合ったりすることができる力を養う。

③ 外国語の背景にある文化に対する理解を深め，聞き手，読み手，話し手，書き手に配慮しながら，主体的，自律的に外国語を用いてコミュニケーションを図ろうとする態度を養う。

高等学校では，統合的な言語活動（⇨ **Q5-4**）を通して「聞くこと」「読むこと」「話すこと［やり取り］」「話すこと［発表］」「書くこと」の力をバランスよく育成するための科目（「英語コミュニケーションⅠ・Ⅱ・Ⅲ」）と，発信力の強化に特化した科目（「論理・表現Ⅰ・Ⅱ・Ⅲ」）が新設されました（⇨ **Q1-9**）。小中高における一貫した学びを重視して外国語能力の向上を図る目標を設定し，目的や場面，状況などに応じて外国語でコミュニケーションを図る力を着実に育成することが求められ，各科目における内容については，中学校での学習内容との接続や統合的な言語活動を通した総合的な指導及び発信力の強化の観点から，改善が図られました。

2．新科目の目標とめざすべき方向（⇨ Q1-9 ）

① 英語コミュニケーション（EC）

EC Ⅰでは，聞いたり読んだりしたことの概要や要点を目的に応じて捉えたり，基本的な語句や文を使って情報や考え，気持ちなどを話して伝え合うやり取りを続けたり，論理性に注意して話したり書いたりして伝えることや伝え合うことなどができるようになることを目標とします。語彙は，小中で学習した語に400～600語程度の新語を加えた語数（2,600～3,100語）となり，文法事項については，意味のある文脈の中でのコミュニケーションを通して繰り返し活用しながら，すべての事項を適切に取り扱います。

EC Ⅱでは，聞いたり読んだりしたことの概要や要点，詳細を目的に応じて捉えたり，多様な語句や文を使って情報や考え，気持ちなどを論理性に注意して詳しく話したり書いたりして伝えることや伝え合うことなどができるようになることを目標としており，700～950語程度の新語を加えた語数(3,300～4,050語)となります。EC Ⅲは，多様な語句や文を目的や場面，状況に応じて適切に使って，情報や考え，気持ちなどを論理的に詳しく話したり書いたりして伝えることや伝え合うことなどを目標とし，700～950語程度の新語を加えた語数（4,000～5,000語）となります（⇨ Q4-7 ）。

② 論理・表現（LE）

LE Ⅰは，スピーチ，プレゼンテーション，ディベート，ディスカッション，１つの段落を書くことなどを通して，論理の構成や展開を工夫して，話したり書いたりして伝えることや伝え合うことなどができるようになることを目標としています。LE Ⅱでは，さらに複数の段落から成る文章を書くことなどを通して，論理の構成や展開を工夫して，話したり書いたりして詳しく伝えることや伝え合うことなどができるようになることを目標とし，LE Ⅲでは，聞き手や読み手を説得できるといった能力の育成が加わります。

いずれも５領域別の言語活動及び複数の領域を結び付けた統合的な言語活動(⇨ Q5-4)を通して，生涯にわたる自律的な学習につながるよう５領域を総合的・発展的に指導することがめざされています。言語材料について理解するための知識とそれらを習得するための練習や，実際に英語を活用して考えや意見を伝え合う言語運用が大切なので，ペアやグループで互いに「相手に配慮」しながら伝え合う言語活動を行い，実際に英語を用いて何ができるかを確認させながら自律した英語学習者(⇨ 第8章)に育てたいものです。

Q 1-5 言語材料(文法，文構造，語彙)の扱いの変遷は？

学習指導要領の語彙，文法の扱いはどう変遷してきましたか。新語数増加と科目ごとに記されていた言語材料を一括記載にした背景を紹介してください。

2020年より小学校に「外国語活動・外国語科」が導入され，高校３年生までの一貫した英語教育が始まります。小中高10年間の英語教育の目標は「コミュニケーション能力」の育成です。2018年告示の高等学校学習指導要領では「知識及び技能」の習得の目標として「外国語の音声や語彙，表現，文法，言語の働きなどの理解を深めるとともに，これらの知識を，聞くこと，読むこと，話すこと，書くことによる実際のコミュニケーションにおいて，目的や場面，状況などに応じて適切に活用できる技能を身に付けるようにする」が挙げられています。文法指導においては，「過度に文法的な正しさのみを強調したり，用語や用法の区別などの指導が中心となったりしないよう配慮すること」とし，教材についても「文法事項などを中心とした構成とならないように十分に留意すること」としています。コミュニケーションの目的を達成するために必要な文法，語彙を扱い，言語活動を通して定着を図るために，「意味のある文脈でのコミュニケーションの中で繰り返し触れること」が重視されています。扱う新語数は，小学校で600～700語，中学校で1,600～1,800語，高等学校では1,800～2,500語となっています。以下，学習指導要領における言語材料の扱いの変遷について簡潔にまとめておきます。

学習指導要領における言語材料の扱いの変遷（⇨ Q1-9）

① 1958年改訂・告示（中学校），1960年改訂・告示（高等学校）

学習指導要領に法的拘束力が与えられた最初の学習指導要領です。学年別に扱う文法項目が具体的に示され，いわゆる「文法シラバス」的な性格を備えていました。また，高等学校学習指導要領では，「読むこと」が英語学習の中心として捉えられていました。新語数は中学校段階で，1,100～1,300語，高校段階（「英語Ｂ」）では3,600語が指導されていました。

② 1969年度改訂・告示（中学校），1970年度改訂・告示（高等学校）

改訂の特徴は，内容を基本的事項に精選，集約し，生徒の学力差に対応した指導ができるように，学年指定の文法項目の配当に配慮したり，新語数も中学校段階で950～1,100語，高校段階（「英語Ｂ」）で2,400～3,600語と幅を持たせるようになりました。

③ 1977年度改訂・告示（中学校），1978年度改訂・告示（高等学校）

改訂により，中学校では週３時間体制，高等学校では「総合英語」と各分野別科目が導入されました。中学校において，言語材料が大幅に削減され，文型は37種が22種，文法項目が21種から13種となり，新語数も900～1,050語に，高校段階では1,400～1,900語に減少しました。

④ 1989年改訂・告示（中学校・高等学校）

前回の授業時間と内容の大幅な削減を受けて，「聞くこと」「話すこと」を別領域として規定し，コミュニケーションを図ろうとする態度の育成を重視して活発な言語活動を促すことが改訂のポイントとなりました。その結果，中学校では学年ごとに指定されていた文法，語彙を各学年の目標にふさわしいものを適宜用いることとなりました。また高等学校においても，従来の「英語Ⅰ，Ⅱ」に加えて「オーラル・コミュニケーションＡ，Ｂ，Ｃ」が導入されました。新語数は，中学校で1,000語，高等学校では1,900語となりました。

⑤ 1998年度改訂・告示（中学校），1999年改訂・告示（高等学校）

「ゆとり」と「生きる力の育成」を基本とした教育課程審議会の答申に基づき，中学校では「聞くこと」と「話すこと」が重点化されました。また実践的コミュニケーション能力の育成をめざし，言語活動の扱いに，「言語の使用場面と働き」の例示リストが示され，場面と言語材料（文法，語彙）を関連させるようになりました。なお，中学校で扱う新語数は900語，高等学校では1,800語と最も少ない新語数となりました。

⑥ 2008年改訂・告示（中学校），2009年改訂・告示（高等学校）

前回の改訂で中学校では「聞くこと」と「話すこと」が重点化されましたが，この改訂で，中学校は，全教科中最大時数の全学年週４時間（年間140時間）となり，４技能を統合的に活用できるコミュニケーション能力の育成をめざし，中高ともにその基礎となる文法を「コミュニケーションを支えるもの」と捉え，文法指導と言語活動を一体的に行うようになりました。中学校で新語数は1,200語，高校段階では1,800語となりました。

Q1-6 「授業は英語で行う」ことの意義と目的は？

学習指導要領に「授業は英語で行うことを基本とする」とありますが，文法指導なども英語で行うのですか。授業はどういうイメージになるのでしょう。

1．大切なことは「生徒が英語を使う」こと

① 英語で発信しやすい雰囲気をつくる

「生徒に英語で自分の思いや考えを発信させたい」と思うならば，その雰囲気づくりから始めなくてはなりません。教員が日本語で授業を進めておきながら，いきなり「では英語で話してみましょう」では生徒は戸惑ってしまいます。授業は最初の挨拶から英語で始め，英語が教室中に溢れる雰囲気を作り，生徒が英語で発信することへのハードルを低くしてあげましょう。

② 生徒が英語を使用する機会を意図的に作る

「英語で授業を行う」というと教員が英語を流暢に使い生徒を導いていくというイメージがあります。もちろん，活動によっては教員が主導で行うこともありますが，「英語で授業を行う」ことの最終目的は「生徒が英語を使う」ことにあります。ですから，生徒が英語を使用する機会をこちらが意図的に作ることが大切です。それは教員とのやり取りであったり，生徒同士でのペアワークであったりグループ活動であったりとさまざまです。

③ 英語を「使う」生徒が学ぶこと

数年前，英語で授業を行った生徒たちにインタビューをしました。その中で印象的だったのは，生徒たちが「今は，英語は言葉であり，伝達手段だと思っている」と語っていたことです。英語は教科でもなく入試を突破する手段でもない，「言葉」であるという大切なメッセージを，授業を通して肌で感じてくれたのだと思います。このように英語で教員と意味のあるやり取りをして意思疎通を図った生徒たちは，英語は伝達手段であると学ぶことができます。「英語は言葉である」と捉え学ぶ生徒は，そのことが生涯英語を学んでいく大きなモチベーションになると信じています。

2．授業を「英語で行う」教員が大切にしたいこと

① ティーチャー・トークは大切なインプット

ティーチャー・トークは生徒にとって大切なインプットになります。です

から，授業内で用いる英語にスラングやあまり砕けすぎた表現は避けましょう。どのような場面で使用しても恥ずかしくない表現を使用し，文法的に間違いのない模範となる英語を使います。生徒が理解でき，アウトプットにつながるような，簡単でかつ明瞭な英語を使用するように心がけることが大切です。そして実際のやり取りの中では，こちらが話すだけでなく，生徒の発言を拾いながら直していく，リキャスト（recast）も行います。それも大切なインプットです。また，生徒とのやり取りを質の高いものにするためには，スクリプトを書くことをお勧めします。長い文章やあまり多くの情報を英語で語ると，生徒の理解が追いつかず，やる気の低下につながります。新出の表現は易しい表現で言い換えをする，そして生徒の反応に対してこちらがどう対処していくか等も考慮に入れながらスクリプトを作成すると，よいティーチャー・トークを用いて授業を進めることができます（⇨ Q3-4）。

② 内容に焦点を当てる

高校教科書は題材が多岐にわたり内容も豊かになります。教育的に深い内容もあり，それを訳読で終えるのは実にもったいないことです。英語で授業を行えば，もっと内容に焦点を当てて授業を進めることができます。

英語で授業を行う際に特に大切にしたいのは，オーラル・イントロダクションやオーラル·インタラクションです（⇨ Q6-2）。オーラル・イントロダクションではICT（⇨ 第9章）などを用いるなどして，これから読む題材に対して生徒の興味を喚起することが大切です。オーラル・インタラクションでは教科書にある事実について聞く質問だけでなく，自ら答えを考え出さなければならない質問も織り交ぜながら内容理解を深めます（⇨ Q6-6）。また，教科書にない情報や本物の教材（authentic material）を使用すると，生徒はさらに教材に深く入り込んでいきます。

③ すべて英語で行う必要はない

「授業は英語で」と言ってもすべて英語で行う必要はありません。文法の説明や英語が苦手な生徒への声かけなどは日本語で行うほうがスムーズにいきます。難しい文法の説明を英語で行えば生徒には理解できません。ここはきちんと日本語で説明したい，という場合は日本語で行ってもかまいません。また，難しいトピックで話し合いをさせるときなども日本語を使用する方が効果的な場合もあります。日本語使用を「絶対禁止」とせず，活動内容や生徒の理解度に合わせて柔軟に取り入れることが大切です（⇨ Q2-14）。

「主体的・対話的で深い学び」とは？

「主体的・対話的で深い学び」，いわゆるアクティブ・ラーニングとはどのようなものか説明してください。

1．「主体的・対話的で深い学び」の実現

中央教育審議会（2016）では，「何ができるようになるか」という観点から育成をめざす資質・能力が整理されました（⇨ Q1-8）。そして，それらの資質・能力を育成するために「何を学ぶか」という必要な指導内容を検討し，その内容を「どのように学ぶか」という学びの質を重視した授業改善を図っていくことが必要であるとされています。「主体的・対話的で深い学び」の実現とは，生徒に身に付けさせたい資質・能力を育成するために，学びの質を高めることを意味しています。

2．「主体的・対話的で深い学び」の内容と留意点

中央教育審議会（2016）では，「主体的・対話的で深い学び」の具体的な内容を以下のように整理しています。

① 主体的な学び

学ぶことに興味や関心を持ち，自己のキャリア形成の方向性と関連付けながら，見通しを持って粘り強く取り組み，自己の学習活動を振り返って次につなげること

② 対話的な学び

子供同士の協働，教職員や地域の人との対話，先哲の考え方を手掛かりに考えること等を通じ，自己の考えを広げ深めること

③ 深い学び

習得・活用・探究という学びの過程の中で，各教科等の特質に応じた「見方・考え方」（⇨ Q1-1）を働かせながら，知識を相互に関連付けてより深く理解したり，情報を精査して考えを形成したり，問題を見出して解決策を考えたり，思いや考えを基に創造したりすることに向かうこと

独立行政法人教職員支援機構は，「主体的・対話的で深い学び」の視点から学習過程の質的改善により，「実現したい子どもの姿」を次のように表しています。

① **主体的な学び**

- 興味や関心を高める
- 見通しを持つ
- 自分と結び付ける
- 粘り強く取り組む
- 振り返って次へつなげる

② **対話的な学び**

- 互いの考えを比較する
- 多様な情報を収集する
- 思考を表現に置き換える
- 多様な手段で説明する
- 先哲の考え方を手掛かりとする
- 共に考えを創り上げる
- 協働して課題解決する

③ **深い学び**

- 思考して問い続ける
- 知識・技能を習得する
- 知識・技能を活用する
- 自分の思いや考えと結び付ける
- 知識や技能を概念化する
- 自分の考えを形成する
- 新しいものを創り上げる

このような生徒の姿を引き出すためには，例えば，以下のような取り組みが考えられます。

- 教科書の題材に関して生徒の興味・関心を高める。
- コミュニケーションの目的や場面，状況などを明確にしたうえで，生徒に目的を達成するための見通しを持たせる。
- 実際に英語を用いてコミュニケーションを行わせる。
- 話した内容や使用した言語材料等について振り返る場面を与える。
- ペアやグループで既習の語彙や文法を活用したスキットを作成させる。

このような取り組みは特に目新しいものではありません。優れた授業実践を見ると，単元など内容や時間のまとまりの中で，ねらいを達成するために生徒が学習の見通しを立てたり学習したことを振り返ったり，自分の考えなどを広げたり深めたりする場面が設定されています。また，深い学びにつなげるため，生徒が考える場面と教員が教える場面のバランスについても工夫がされています。これまでの実践を「生徒の学びの質」という観点で見直すことで，「主体的・対話的で深い学び」を理解することができるでしょう。

また，「主体的・対話的で深い学び」は活動の型を示すものではなく，単元や題材のまとまりの中で目標を達成するために，多様な学習活動を組み合わせて授業を組み立てる際の視点であることには留意が必要です。

Q1-8 学習指導要領における「3つの資質・能力」とは？

高等学校の英語教育において，学習指導要領の「育成すべき3つの資質・能力」をどのように捉えればよいでしょうか。

学習指導要領における3つの資質・能力

中央教育審議会答申（2016）は，予測困難な社会の変化に主体的に関わり，感性を豊かに働かせながら，どのような未来を創っていくのか，どのように社会や人生をよりよいものにしていくのかという目的を自ら考え，自らの可能性を発揮し，よりよい社会と幸福な人生の創り手となる力を身に付けられるようにすることが重要であること，また，学校教育が長年育成をめざしてきた「生きる力」を捉え直し，学校教育がその強みを発揮できるようにしていくことが必要，としています。また，汎用的な能力の育成を重視する世界的な潮流を踏まえつつ，知識及び技能と思考力，判断力，表現力等とをバランスよく育成してきたわが国の学校教育の蓄積を生かしていくことが重要，としています。

そこで，「生きる力」をより具体化し，教育課程全体を通して育成をめざす資質・能力を，「何を理解しているか，何ができるか（生きて働く「**知識及び技能**」の習得)」，「理解していること・できることをどう使うか（未知の状況にも対応できる「**思考力・判断力・表現力等**」の育成)」，「どのように社会・世界と関わり，よりよい人生を送るか（学びを人生や社会に生かそうとする「**学びに向かう力・人間性等**」の涵養)」の「三つの柱」に整理し，各教科等の目標や内容についても，再整理をしています。

① 知識及び技能

英語教育においては，学習指導要領の「英語の特徴やきまりに関する事項」がこれにあたります。言語材料の中で，「音声」「句読法」「語，連語及び慣用表現」及び「文構造及び文法事項」に関して，単に知識として理解させるだけではなく，その知識を意味のある文脈の中で実際のコミュニケーションを通して繰り返し触れることができるよう工夫し，言語の運用能力を高め，コミュニケーションにおいて活用できる技能が身に付くよう指導することとなっています。つまり，「外国語の音声や語彙，表現，文法，言語の働きなどの理解を深めるとともに，これらの知識を，聞くこと，読むこと，話すこと，書くことによる実際のコミュニケーションにおいて，目的や場面，状況などに応じて適切に活用できる技能を身に付けるようにする」ことが目標なのです。個別の知識をどれだけ身に付けさせるかというよりは，生徒の学びの過程全体を通して，「実際に英語を用いた言語活動」において活用され，主体的に運用する技能が習熟・熟達に向かったり，思考・判断・表現することを繰り返すことを通して獲得され，学習内容の理解が深まり，学習に対する意欲が高まるなど，３つの資質・能力が相互に関係し合いながら育成される必要があると述べられています。

② 思考力・判断力・表現力等

今回の改訂の大きな特徴です。英語をどのように使うかに関して「情報を整理しながら考えなどを形成し，英語で表現したり，伝え合ったりすることに関する事項」及び「言語活動及び言語の働きに関する事項」では,「知識及び技能」を活用して「思考力，判断力，表現力等」を身に付けるための具体的な言語活動，言語の働き等が記されています。高等学校では,「コミュニケーションを行う目的や場面，状況などに応じて，日常的な話題や社会的な話題について，外国語で情報や考えなどの概要や要点，詳細，話し手や書き手の意図などを的確に理解したり，これらを活用して適切に表現したり伝え合ったりすることができる力を養う」ことが目標とされ,「具体的な課題等」の解決に向けた，英語を用いた言語活動の中で,「論理的に適切な英語で表現すること」が求められます。

③ 学びに向かう力・人間性等

外国語教育における「学びに向かう力，人間性等」は，生徒がコミュニケーションの相手となる「聞き手，読み手，話し手，書き手」に「配慮」しながら，言語活動に主体的・自律的に取り組むことが，外国語によるコミュニケーションを図る資質・能力を身に付けるうえで不可欠であるため，極めて重要な観点です。また，「知識及び技能」「思考力，判断力，表現力等」と「学びに向かう力，人間性等」は不可分に結び付いています（⇨ Q10-2）。生徒が興味を持って取り組める言語活動を段階的に取り入れたり，自己表現活動を工夫したりするなど，生徒が主体的・対話的で深い学びができるように，教員は活動形態や発問を工夫し，自律的に学習に取り組む態度の育成をめざした指導をすることが大切です。

高校英語の科目構成の変遷と新科目設置の目的は？

かつての「リーディング」「ライティング」など技能別科目がなくなり，「英語コミュニケーション」「論理・表現」が導入された意図は何ですか。

1．学習指導要領の「告示」と「実施」

学習指導要領（以下，指導要領）は「2009年告示の指導要領」というように，告示年で語られることが一般的です。しかし，学校現場にとっては「告示年」よりも「実施年度」（すなわち検定教科書の使用開始年度）のほうがはるかに重要です。例えば，高校の改訂指導要領の告示は2018年３月（2017年度末）ですが，実施されるのは2022年度の高校１年生からになります。指導要領の告示から教科書の使用開始までには，〈告示→編集・作成→検定→採択・供給→使用開始〉の段階があり，告示と実施には通例４年のタイムラグがあるからです。以下，本稿では告示年と実施年度を併記します。

2．新科目「英語コミュニケーション」と「論理・表現」（⇨ Q1-4）

2009年告示の指導要領と2018年告示の改訂指導要領への変化からまず見ていきましょう。

〈2009年告示（2013年度実施）〉

コミュニケーション英語基礎／Ⅰ／Ⅱ／Ⅲ，英語表現Ⅰ／Ⅱ，英語会話

↓

〈2018年告示（2022年度実施）〉

英語コミュニケーションⅠ／Ⅱ／Ⅲ，論理・表現Ⅰ／Ⅱ／Ⅲ

今回の改訂では，「聞くこと」「話すこと」「読むこと」「書くこと」の４技能のうち，「話すこと」を「話すこと［やり取り］」「話すこと［発表］」に細分化し，「５領域」に再構成されました。これはCEFR（ヨーロッパ言語共通参照枠）の考え方を取り入れたものです（⇨ Q1-3）。このことは，各科目の目標の記述スタイルが統一されていることからも明らかです。小学校・中学校・高等学校で一貫した外国語教育を行うために，目標の記述スタイルを揃え，順次性・段階性が明確になるように工夫したものと考えられます。

2018年版の指導要領では「英語コミュニケーションⅠ」が必履修科目とな

りました。この科目は，2009年版の「コミュニケーション英語Ⅰ」に「コミュニケーション英語基礎」の要素を加えたもので，中学校での学習内容の確実な定着を図りながら，前述の５つの領域の統合的な指導を行うこととされています。「コミュニケーション英語基礎」が姿を消したのは，カリキュラムに設定する学校が少なかったことが大きな理由で，加えて教科書を出版した会社も極めて少なかったことが影響しているのかもしれません。廃止された科目には「英語会話」もあります。

さて，新設された「論理・表現Ⅰ～Ⅲ」はどういう科目なのでしょうか。これは，発信力すなわち「話すこと［やり取り］」「話すこと［発表］」「書くこと」の３つの領域を強化することをねらいとした科目です。内容的には2009年版の「英語表現Ⅰ・Ⅱ」を引き継いだものと考えられますが，科目名に「論理」を追加したのは，意見や主張などを論理の構成や展開を工夫して話したり書いたりできるようにすることを強調するためでしょう。また，「授業は英語で」が強調されたことの反動として，「英語表現」の教科書や授業が伝統的な文法指導に重点を置いたものとなりがちであったことへの問題意識，警鐘の表れとも考えられます。指導要領のねらいとは裏腹な結果を招いた感のある「英語表現」の在り方をリセットするために，科目名を変えたとも考えられます。

３．指導要領の改訂と科目の変遷

1999年版までは，４技能を総合的に扱う科目として「英語Ⅰ・Ⅱ」があるだけでなく，個別技能に特化した科目として，「オーラル・コミュニケーションⅠ・Ⅱ（1989年版では，「オーラル・コミュニケーションA／B／C」）」「リーディング」「ライティング」がありました。しかし，このような個別技能に特化した科目が存在したために，本来は４技能を総合的に扱うはずの「英語Ⅰ・Ⅱ」が読解や英文和訳に終始してしまうという負の側面もあったようです。これを改善するためにあえて「オーラル・コミュニケーション」や「ライティング」等の技能科目を廃止したと考えることもできるでしょう。この結果として，「聞くこと」「話すこと」「書くこと」等の力が低下するのではないか，との懸念もありましたが，公的な検証はなされていないようです。

2009年版に至るまでの科目構成の変遷を，時代を追って整理すると次のようになります。

〈1970年告示（1973年度実施）〉

英語Ａ／Ｂ，英語会話，初級英語

- 英語Ｂの教科書が「読本」「作文」「文法」の３種目に

〈1978年告示（1982年度実施）〉

英語Ⅰ・Ⅱ，英語ⅡＡ／ⅡＢ／ⅡＣ

- 「文法」教科書が消滅
- ⅡＡは「話すこと」，ⅡＢは「読むこと」，ⅡＣは「書くこと」が中心

〈1989年告示（1994年度実施）〉

英語Ⅰ・Ⅱ，オーラル・コミュニケーションＡ／Ｂ／Ｃ，リーディング，ライティング

- オーラル・コミュニケーションＡ～Ｃの中から，少なくとも１科目を選択履修させるよう留意すること

〈1999年告示（2003年度実施）〉

英語Ⅰ・Ⅱ，オーラル・コミュニケーションⅠ・Ⅱ，リーディング，ライティング

- 必修科目として英語を履修する場合は，「オーラル・コミュニケーションⅠ」及び「英語Ⅰ」のうちから選択的に履修すること

1960年告示の指導要領まで，教科書が「読本（リーダー）」と「文法・作文（グラ・コン）」の２種目になっていたのは，1947年の準国定教科書（岩崎民平編）以来の慣習だというのが通説で，この岩崎編教科書は，第二次世界大戦前からの前例を踏襲したものだと考えられています。

４．指導要領の「科目」と教科書の「種目」

1973年度からの約10年間だけ，独立した「文法」の教科書がありました。しかし，「文法」という科目があった訳ではありません。科目がないのに教科書があったのは，「英語Ｂ」という科目の教科書に３つの「種目」を設定していたからです。今では，指導要領の科目と教科書が１対１に対応しているのが当たり前になっていますが，これは1978年版から科目が学年対応に再編されたからです（久保野，2016）。

検定教科書の種類を決定するのは，教科用図書検定規則（文部省令）に基づく「教科用図書検定申請受理種目」という告示です。教科・科目と検定受理種目（以下，種目）の関係は，小中学校を考えるとよくわかります。小学校の教科書で，国語・算数などが上下２分冊になっているのは，種目に従ったものです。また，中学校の社会科の教科書が，「地理的分野」「歴史的分野」「公民的分野」の３つに分かれているのは，「地理」「歴史」「公民」という科目が存在するからではなく，種目が指定されているからなのです。

5．「作文」重視のために「文法」と分離

前述したように，1960年版までの種目「文法・作文」（通称，グラ・コン）から文法と作文を分離させ，文法教科書を独立させたのは，一見すると文法重視のために見えます。しかし，1970年版が従来の「学習活動」に加えて「言語活動」という概念が初めて盛り込まれたものであることを考えると，作文力（発信力）の強化が主たる目的で，作文の強化・充実のために作文教科書を分離したのだと考える方が妥当でしょう。「文法の付け足し」であった作文が立場を逆転させたのです。したがって，独立した文法教科書は作文教科書が独立した結果の副産物と考えた方がよさそうです。文法重視のためなら，1978年版で一転して文法教科書の廃止に舵を切ったことと整合性がとれません。

1970年版で「書くこと」重視のために作文の教科書を独立させ，その流れが1978年版の「英語ⅡC」や1989年版の「ライティング」につながっていきました。しかし，2009年版の「英語表現」では時計の針が半世紀戻ってしまい，1960年版のグラ・コンと同様に文法の付け足しとしての作文指導に逆戻りしてしまった感がありました。これに対する揺り戻しが「論理・表現」の新設だと考えてよいでしょう（⇨ Q4-15）。

一方，系統的で明示的な文法指導を求める動きは，大学入試への対応もあり，そう簡単にはなくならないでしょう。「入試があるから…」に対する抜本的対応策としての文部科学省の一大決意が，４技能５領域を測定しようとする「大学入試改革」なのではないでしょうか（⇨ 第11章）。

「言語活動の高度化」とは？

生徒の思考力，判断力，表現力を高めるために「言語活動の高度化」が求められていますが，従来の言語活動とどのような違いがあるのでしょうか。

1．言語活動の質的分析

Harmer (1983) は，communicative activities と non-communicative activities のそれぞれの特質を以下のように示しています。

〈Non-communicative Activities〉		〈Communicative Activities〉
① no communicative desire	↔	① a desire to communicate
② no communicative purpose		② a communicative purpose
③ form not content		③ content not form
④ one language item		④ variety of language
⑤ teacher intervention		⑤ no teacher intervention
⑥ materials control		⑥ no materials control

彼の言う「コミュニカティブな活動」は，以下の要件を備えた活動です。

① 「知りたい」「伝えたい」というコミュニケーションへの強い願望が生じる。
② 内発的動機づけを生じさせる伝達の目的がある。
③ 言語形式よりも伝達内容重視の活動である。
④ 1つの言語形式を使う練習ではなく，既習事項の中から伝達目標達成に必要な言語材料を生徒自らが選択し使用する (select from language store)。
⑤ 伝達に重大な支障を及ぼさないlocal errorsについては，活動を中断して訂正せず，活動後に必要に応じて個人及び全体にフィードバックする。
⑥ 内容中心の活動であるため，生徒の使うであろう英語を予測できない。

従来，教室で行われてきた「言語活動」はこれらの要件をどれだけ充たしていたでしょうか。学習した文法構造を意識的に使って1，2文で自己表現させたり，簡単なインフォメーション・ギャップを設定して情報を交換させるなど，「ごっこ遊び」的な活動に終わっていなかったでしょうか。それらはHarmerの分類では “non-communicative” な活動の範疇に入ってしまいます。このようなレベルの「言語活動」に終始していては，現在求められている英語を使ってコミュニケーションを図ろうとする「主体的」な態度や，「思考力・判断力」を働かせ内容ある事柄を英語で「表現」して伝え合うことができるコミュニケーション能力が育成されるはずがありません。

2．言語活動「高度化」の視点

そこで，新教育課程での高校英語では，発表，討論，交渉などの言語活動の高度化が求められるのです。「グローバル化に対応した英語教育改革実施計画」（文部科学省，2013c）では，「ある程度の長さの新聞記事を速読して必要な情報を取り出したり，社会的な問題や時事問題について課題研究したことを発表したりすることができる」ことが例示されています。また，「高等学校学習指導要領」（文部科学省，2018a）の必履修科目である「英語コミュニケーションⅠ」の「話すこと［やり取り］」の目標には，「社会的な話題について，使用する語句や文，対話の展開などにおいて，多くの支援を活用すれば，聞いたり読んだりしたことを基に，基本的な語句や文を用いて，情報や考え，気持ちなどを論理性に注意して話して伝え合うことができるようにする」という文言が見られます。

言語活動の高度化に際しては，1.に示したHarmerのcommunicative activitiesの6つの要件を踏まえるとともに，次の点にも留意しましょう。

⑦ 社会的な問題も含め，「知りたい」「伝えたい」という伝達意欲を高める高校生の発達段階に適したトピックを取り扱うこと。
⑧ 英語で書かせてから原稿を読み上げて発表させるばかりではなく，多少の誤りには目をつぶり，メモを見ながら話させたり，流暢さ（fluency）に主眼を置いてまず即興で話させ，教員や仲間からのフィードバックも踏まえて，正確さ（accuracy）も意識して書かせるなどの機会も与えること。

これらに留意することで，「資質・能力の三つの柱」（⇨ Q1-8）の2つ目：「知っていること，できることを，何のために，どう使うのか？（未知の状況にも対応できる思考力・判断力・表現力等の育成）」，及び3つ目：「どのように社会・世界と関わり，よりよい人生を送るか？（学びを人生や社会に生かそうとする学びに向かう力・人間性の涵養）」に資する活動も設計してみましょう。そうあってこその「英語教育」です。高度化した言語活動の事例は，第6章を参照してください。

第2章

学習到達目標と授業過程

CAN-DOリスト改善のためのヒントは？

県下のほぼすべての高校でCAN-DOリストが作成されたようですが，十分に活用されているとは思えません。どのように改善すればよいでしょうか。

1．５領域のCAN-DOリストへの改善

① 新学習指導要領に合わせたCAN-DOリストの作成

学習指導要領（2018年告示）では，「聞くこと」「話すこと」「読むこと」「書くこと」の４技能のうち，「話すこと」が［やり取り］と［発表］に分かれ，５領域（⇨ Q5-1 ）になりました。CEFR（⇨ Q1-3 ）では，話すことはもともとSpoken InteractionとSpoken Productionに分かれていることから，新学習指導要領もこれにならっています。2013年３月に文部科学省から示された「各中・高等学校の外国語教育における『CAN-DOリスト』の形での学習到達目標設定のための手引き」（以下，「手引き」）では当時の学習指導要領に合わせて４技能で作成するようになっています。多くの学校がこの「手引き」にしたがって作成しているはずなので，「話すこと」の技能を［やり取り］と［発表］に分けたCAN-DOリストに作り直す必要があります。

また，「思考力・判断力・表現力等」の内容として，「日常的な話題や社会的な話題について，英語を聞いたり読んだりして得られた情報や考えなどを活用しながら，話したり書いたりして情報や自分自身の考えなどを伝え合うこと」などが身に付けなければならない事項として挙げられています。このように複数の領域を「統合」した言語活動（⇨ Q5-4 ）を行うことが求められていることから，CAN-DOリストでも，これに合わせた学習到達目標を設定する必要があります。

さらに，次のことにも考慮して作成しましょう。

- 聞き方や読み方について，さまざまな場面や状況を想定した学習到達目標を考えること。例えば，概要を理解する，要点を理解する，自分にとって必要な情報を理解するなど，聞き方や読み方の目的はいつも同じではないことを考慮すること。
- 話すことでは，準備をして話す（prepared speech）ばかりではなく，「即興」で自分の考えなどを伝える／伝え合う活動（impromptu speech / conversation）も学習目標として設定すること（⇨ Q5-12）。

② CAN-DOリスト作成における注意事項

「手引き」には，学習到達目標の設定について，「卒業時の学習到達目標を達成するため，各学年段階における指導や評価に資するよう，学習指導要領の外国語科及び外国語科の各科目の目標に基づく学年ごとの目標として，4技能を用いて「～することができる」という形（「CAN-DOリスト」の形）で設定することが望ましい」とあります。新学習指導要領では「4技能」を「5領域」に置き換え，他のところは「手引き」に沿って作成するとよいでしょう。

「手引き」にはCAN-DOリストを作成する際，「設定過程に外国語科担当教員や可能であれば外国語指導助手（ALT）等，外国語教育に携わる者全員が参加し，生徒が言語を用いて何ができるようになることをめざすかという観点から，生徒の実態を踏まえたうえで，育成したい能力や生徒像，学習指導要領に基づいた指導と評価の方法を共有することが必要である」（下線は筆者）と記されています。一人の教員がリスト作成の担当者となり，たたき台を作成したとしても，それをもとにして全員で話し合いながら作成することが望まれます。到達目標などを話し合うことで，学校として（チーム英語科として），共通の目標に向かう指導体制ができることがCAN-DOリストを作成することの意義の1つだからです。

また，「手引き」には能力記述文（学習した後に，言語を使って行動する主体として何ができるようになるかを「～することができる」という形で具体的に記述したもの）を作成する際の留意事項が随所に載せられているので，それらをまとめて示します。

- ある言語の具体的な使用場面における言語活動を表していること。
- 学習活動の一環として行う言語活動であり，各学校が適切な評価方法を用いて評価できること。
- 卒業時の目標を達成するための学年ごとの学習到達目標を，「どのような条件のもとでできるか」「どの程度できるか」「どのような内容であればできるか」などによって段階に分けたものとして設定することが考えられる。
- 文法事項は直接的には含めない。例えば，「過去形を使うことができる」ではなく「過去の出来事について話す（書く）ことができる」という形にすることで間接的に文法事項を含めることは可能である。
- 話したり書いたりする文の数や語数，要する時間などの数値は能力記述文には含めない。
- 学習到達目標の達成状況を把握するにあたって，卒業時の目標，学年ごとの目標，単元計画等を作成したうえで，外部検定試験等を外部指標として補足的に活用することは可能である。
- 入試に関する事項を含めることは適当ではない。
- 学年ごとの学習到達目標は，年間の指導を通じて達成するものであり，単元の評価規準と比べ，抽象度がより高いものとなることが考えられる。

③ **学習到達目標（能力記述文）の例**

上記①と②を考慮した学習到達目標の例をいくつか示します。

聞くこと

- 自然な速度で話される英語であっても，日常的な話題であれば，自分が必要とする情報を聞き分けて理解することができる。
- 公共施設のアナウンスや電話の録音メッセージなどを聞いて，必要な情報を聞き取り，話し手の最も伝えたい内容を理解することができる。
- 社会的な話題について，自然な速さでもはっきりと話してもらえば，その概要を理解することができる。

読むこと

- 内容のまとまりのある説明文やＥメール文などを読んで，書き手が最も伝えたいことを理解することができる。
- 学習を目的として書かれた新聞や雑誌の記事を，辞書を多用しないで，要点を理解することができる。
- 学習者向けに書かれた書籍を，知っている語句から内容を推察しながら読み，概要を理解することができる。

話すこと［やり取り］

- スピーチを聞いて，自分の意見を交えながら，適切な質問をすることができる。
- 聞いたり読んだりした社会的な話題について，自分の考えや感想を述べ合うことができる。
- 話し合いをする際，相手に意見を求めたり，話題に合わせて自分の考えや経験を述べたりすることができる。

話すこと［発表］

- 準備をすれば，教科書で学んだことについて，その概要を自分の言葉に変えて述べることができる。
- 簡単なことであれば，即興で自分の意見を述べたり，説明をしたりすることができる。
- 図表や写真などを有効に利用し，聞き手にわかりやすいプレゼンテーションを行うことができる。

書くこと

- 授業で読んだ文章の内容を，必要に応じて表現を変えたりしながら要約して書くことができる。
- 助言するための個人的なメールや手紙を書くことができる。
- 自分の関心のあることや教科書の社会的な話題について，論理的で読み手にわかりやすい文章を書くことができる。

2．CAN-DOリストの活用

① 年間指導計画への関連付け

せっかくのCAN-DOリストも作成して終わりでは意味がありません。作成したリストは活用しなければなりません。まず，CAN-DOリストの学習到達目標から，どの時期にどんな言語活動を用いて目標を達成させられるのかを考えましょう。そのためには年間指導計画を作成する際，CAN-DOリストの欄を設けて学習到達目標との「関連付け」を行います。年間指導計画では単元の指導目標などを載せますが，CAN-DOリストの欄にも単元ごとにどの学習到達目標と関連させているのかを示すのです。CAN-DOリストの学習到達目標に，例えば，G1-L1（1年生の聞くことの領域の1番目の目標），G2-Sp3（2年生の話すこと［発表］の領域の3番目の目標）のような記号で示してもよいでしょう（⇨ Q2-2）。

年間指導計画を作成する際には，教科書の各単元の言語材料や本文を調べ，どのような指導を行うとよいかなどを考えていると思います。その際，CAN-DOリストの学習到達目標を達成するのにどのような指導を行えばよいのか，どのような言語活動を設定すればよいかなども同時に考えます。通常，1つの学習到達目標が複数の単元の目標にもなっているはずです。例えば，読むことの「内容のまとまりのある説明文やEメール文などを読んで，書き手が最も伝えたいことを理解することができる」という学習到達目標であれば，文章の要点をつかむ言語活動を複数の単元で設定できるはずです。

② 評価計画の作成

CAN-DOリストの学習到達目標は，言語活動を通して身に付けさせます。そして，達成できたかを測るために評価を行います（⇨**第10章**）。行き当たりばったりの評価をしたり，定期考査のみで評価したりでは適切とは言えません。指導を行う前に，評価方法や評価時期を年間計画の中に位置づける必要があります。例えば，「話すこと［発表］」の「簡単なことであれば，即興で自分の意見を述べたり，説明したりすることができる」であれば，次のような計画を立て，年間指導計画に「評価」の欄を作って書き入れるか，別に評価計画を作成するとよいでしょう。

〈言語活動の内容と時期〉

My school is good. などの文が書かれているカードを用意し，グループ内で順番にカードを引きながら自分の意見を即興で言う言語活動を授業の最初の数分間で帯活動（⇨ **Q2-6**）として実施する。〔4月～5月〕

〈評価方法と時期〉

生徒との面接形式で，カードに書かれていることについて意見を述べるパフォーマンス評価（⇨ **Q10-11**）を行う。〔6月初旬〕

③ 生徒へのCAN-DOリストの配布と自己評価の実施

CAN-DOリストを生徒に配布することで，次のような効果が生まれます。

- 卒業時の自分の英語力のイメージを持たせることができる。
- 自分の得意なところ，足りないところなど，自分の現在の到達位置を確認させられる。
- 今後の英語の授業でどのようなことを行うのかを把握させられる。
- 自分の次の目標を立てさせることができる。
- 保護者に学校の英語教育の指針について理解してもらうことができる。

また，定期的に学習到達目標を達成しているかどうかの自己評価（⇨ **Q8-5**）を行わせることで，生徒ばかりではなく，教員が指導を振り返る際の材料にもなります。例えば，各学習到達目標を4段階（4が「達成している」，3が「どちらかというと達成している」，2が「どちらかというと達成していない」，1が「達成していない」）で自己評価させます。そして，3と4を選んだ生徒の割合を調査します。他の学習到達目標に比べて低い割合になってしまったものについては，主に次の２つの原因が考えられます。

１つ目は，指導が不十分な場合です。自己評価の結果は生徒の自信の表れとも言えます。適切な指導をしていれば，生徒は自信を持って４か３を付けられるはずです。指導する時間が十分に取れなかったのか，指導方法が悪かったのかなど，指導について振り返りを行い，改善策を考えましょう。

２つ目の原因は，学習到達目標が不適切な場合です。教員が「○○の力を付けてほしい」と願って設定した学習到達目標が，生徒の実態と合わなければ低い評価として表れます。その場合，学習到達目標を修正する必要が生じます。初めて作成したCAN-DOリストでは，このようなことが起こりがちです。修正を行う際，生徒に意見を求めるのも１つの方法です。

なお，生徒に自己評価を行わせると，その結果と教員の行った評価との間にずれが生じることがありますが，「どうしてなのだろう？」とその原因を考えることで生徒理解や指導の改善につながります。

④ 英語科の研修

学習到達目標を達成させるための指導方法は，英語科全員で考えたいものです。英語科の学科会議や研修会を開き，効果のあった授業実践，書籍や学会等の研究会で得たことなどを報告し合います。一人で考えるより，複数の教員で考えた方がよいアイディアが浮かび，それが教員の指導力，学校の教育力を高めることになります。

また，年度の初めに，「今年度は読むことと，話すこと［やり取り］について重点的に研究してみよう」のように，特定の領域を授業改善の課題として取り上げるのもよいでしょう。１つの学習到達目標を達成させる指導方法を考えるだけでも相当なエネルギーと時間がかかるものです。数年かけて英語科としての実践を積み上げていき，記録に残していきましょう。

英語科としての実践が固まってきたら，それを後任者に伝える努力も必要です。CAN-DOリストを作成したときのメンバーの意識が高くても，転任してきた教員に伝えていかなければ，学校としての教育力は下がっていきます。４月当初にCAN-DOリストの修正や確認とともに，英語科としてめざしていること，共通して実践していることなどの確認を全員で行いましょう。

CAN-DOリストを生かした授業をするには？

勤務校ではCAN-DOリストを作っていますが，これを意識した指導をしているとは言えません。どのような授業をしたらよいかご紹介ください。

1．学習到達目標から設計する指導

① 学習到達目標から必要な力を考える

1つの学習到達目標を達成するには，1つの力だけではなく複数の力を身に付けなければならない場合があります。例えば，「話すこと［やり取り］」で，「聞いたり読んだりした社会的な話題について，自分の考えや感想を述べ合うことができる」という学習到達目標であれば，やり取りを行うための基本的な力，意見や感想の述べ方，相手の意見に対するフィードバックのしかたなどの知識や技能を身に付けさせる必要があります。

もし，生徒がやり取りをあまり行ったことがないのなら，社会的な話題について自分の考えや感想を述べ合うやり取りをいきなり行わせるには無理があるかもしれません。身近な話題からやり取りに慣れさせる必要があるでしょう。また，相手の言った意見に賛成する，部分的に賛成する，反対するなどの表現を教え，それらを使うための活動を設定する必要があるかもしれません。「学習到達目標を達成するためにはどのような力が必要なのだろうか」「生徒の現状では何ができて，何ができないのだろうか」「どのような言語活動を行えばよいのだろうか」などと考え，授業のどこでどのような指導（活動）を行うのかを計画していきます。

② 具体的な指導内容や指導方法を考える

例をもう1つ示しましょう。2年生で，「準備をすれば，教科書で学んだことについて，その概要を自分の言葉に変えて述べることができる」という「話すこと［発表］」の学習到達目標を取り上げてみましょう。教科書の概要を発表できるようにするには，要約する，正しい発音で伝える，聞き手にわかりやすい構成で話す，パラフレイズするなどの力が必要です。教科書本文が要約に向いていれば，要約のコツを教え，実際に行わせてみます。発音に難点があるのなら，本文の音読に時間を割く必要があるでしょう。構成については，初めて内容を聞く人にわかりやすくするためには，「最初にどのような人物であるか，どのような出来事なのかを述べる」，「時間軸に沿って説

明する」など基本的な指導を行ったうえで，実際に生徒にパフォーマンスをさせたときに具体的なアドバイスを与えると，生徒にとってわかりやすいでしょう。このように，いつ，どのように指導するのか，具体的な指導内容と指導方法を計画します。

2．学習指導案への関連付け

① 学習到達目標を示す

学習指導案を書く際にも，CAN-DOリストの学習到達目標を示すようにします。そうすることで「CAN-DOリストを活用しよう」とする意識が高まります。次の例のように，単元の指導目標とともに，学習到達目標も記しておきましょう。

〈学習指導案の例〉

○単元の指導目標

- 文章の概要や自分の考えなどを聞き手にわかりやすく伝えることができる。
- 世界の水問題について自分の考えや感想を書くことができる。

○単元において関連するCAN-DOリストの学習到達目標

話すこと［発表］（G1-Sp3（⇨ Q2-1））：教科書本文の概要を自分の言葉を使って相手にわかりやすく伝えることができる。

読むこと（G1-R2）：教科書本文を，辞書を使わなくても，初見で読んで概要を理解することができる。

② 指導過程に指導や評価を示す

学習指導案の指導過程に，次の例のように言語活動と学習到達目標の関わりについて示します。

指導過程	留意点	CAN-DO
5. Impromptu Retelling • 約１分間で，Part 1～3の概要の述べ方を考えさせる。 • 教科書を閉じて，ペアの相手に向かって概要を話させる。	• 本文の丸暗記でなく，パラフレイズ等を行いながら概要を述べるよう指示する。	G1-Sp3

年間指導計画を立てるときの留意点は？

これまでも年間指導計画を立ててきましたが，計画どおりに進みません。作成の手順と作成にあたっての留意点を紹介してください。

1．年間指導計画作成の手順

年間指導計画の作成とは，授業の概要と到達目標を示し，どのような内容をどのような順番でどのような方法を用いて何時間かけて指導するのか，また，教材や評価をどうするのか，生徒の自学自習や課題をどのように設定するか，生徒にどのような資質や能力の向上を期待するのかといったことをあらかじめ考え，計画を立てることです。また，完成した計画は，年度当初に生徒に提示，共有して学習のガイダンスを行うことが必要です。

年間指導計画を作成する際は，各学校の英語科の３年間の到達目標（CAN-DOリスト⇨ Q2-1,2）を意識し，対応を図る必要があります。また，中学校でどのような内容（語彙，表現，機能，文法など）を学習してきたのかを知っておくことも重要です（⇨ Q11-6）。そのうえで，バックワード・デザイン（backward design）で高校３年卒業時の最終到達目標を考え，次に第２学年，第１学年の最終到達目標を考えて指導計画を立てます。また，年間指導計画作成時には，評価計画も同時に立てましょう。指導と評価の一体化（⇨ Q10-3）という観点からも，どのような指導や活動を行わせて，どのような方法で評価すればよいかをイメージすることができます。さらに，他教科・他領域との関連や，学校目標なども加味して，独自のプロジェクトなども行うのであれば，計画に入れておく必要があります。例えば，「英語コミュニケーション」の年間指導計画作成の手順は，およそ次のようになります。

① 年間指導計画に盛り込む内容（学習到達目標，話題，内容，文法や語法，場面や機能，主な活動，評価，自学自習など）を考えます。その際，学校目標や他教科・領域，学校行事などとのリンクも考えます。

② 科目ごとの特性を考え，CAN-DOリストの中のどの部分をその科目が担うかを決めます。もちろん重複してもかまいません。

③ 使用する教科書をあらかじめていねいに読み解き，どのようなテーマや内容，文法事項がどの時期に出てくるか，それぞれの単元で何時間必要かを考えます。（その際，教師用指導書も参考にすればよいでしょう。）

④ 単元により，重点的に扱いたいもの，さらっと扱ってよいもの，場合によっては省いてもよいものなどに分け，学期ごとに配列します。さらに，追加したい内容や活動，教材などがあれば書いておきます。

⑤ 教科書本文以外で扱いたい内容，例えば帯学習として多読や多聴を入れたり，プロジェクト学習として毎学期，個人，ペア，グループでの協働的活動などを入れる場合は，どこに設定するかを考えます。また，エッセイ・ライティングなどの課題を与える場合は，その時期や頻度も考えます。

⑥ 年間の指導時数に応じて，無理のないように指導項目を配置します。

⑦ 年間評価計画を立てます。定期考査，小テスト，パフォーマンス評価などをバランスよく組み入れます。

⑧ 全体を見直し，内容に無理がないかを確認するとともに，３年間の計画を並べて到達目標は達成できそうか，内容の重なりがあるものはどのように連携・発展させるかを考えておきます。

2．年間指導計画作成にあたっての留意点

カリキュラム作成にあたっては，生徒の興味・関心やニーズ，英語力，地域や保護者の期待，学校目標や他教科との関連，中学校から高校へのゆるやかで円滑な接続などを考慮に入れます。また，教員の個性や教育観・指導観（teacher beliefs）も取り入れましょう。生徒，教員，教材，環境要因などを考慮して，学校や指導者独自の年間指導計画を立てることが大切です。

教材研究・教材開発の重要性は言うまでもありません。人権・平和・環境・異文化・社会・科学技術など，どのような内容を扱い，教科書の内容をより生徒の身近で興味のあるものにするにはどうすればよいかを考えると，新たな教材や資料を準備する必要が出てくるかもしれません。４技能５領域のバランスや「外国語によるコミュニケーションにおける見方・考え方」を具現化するためにはどのような活動や指導をすればよいかを考え，生徒に取り組ませたいプロジェクトや課題解決タスクなども設定します。

また，英語科教員全員で相談して指導計画を立て，１年間の指導の全体像を見通し，それらを共有しましょう。指導計画・評価計画は教育活動を示す資料ですので，作成したのち，活用して，振り返ることが不可欠です。授業の進行状況や，途中で変更した内容，加えたものや削ったものなどを記録し，毎年見直し，改編すること（PDCAサイクル）が大切です。

単元ごとの指導計画の立て方は？

毎時間の授業を充実したものにするために，しっかりした単元指導計画を作成したいと思います。作成の手順と留意点を紹介してください。

1．単元指導計画作成の手順

年間指導計画（⇨ Q2-3 ）を参照しつつ，単元の指導計画を作成します。その際もバックワード・デザインで，単元の最終到達目標を考え，ねらいを明確にした単元計画，毎時間の指導計画，指導案を作成します。また，設定した単元の指導目標やねらいを達成するのにふさわしい授業の流れや活動を計画し設定します。さらに，授業後，教員による振り返りを行い，生徒の振り返りと合わせて授業の改善を図ります。単元指導計画に含めるものは，単元のタイトルと題材内容，観点別指導目標（ア．知識及び技能，イ．思考力・判断力・表現力等，ウ．学びに向かう力，人間性等），領域別指導目標（聞くこと，読むこと，話すこと［やり取り］，話すこと［発表］，書くこと），指導項目（語彙，表現，文法事項，言語の使用場面と働き等），評価規準，単元計画（時数と指導内容，主な技能・領域），評価計画（観点と方法）です。次に単元計画と評価計画例を示します。

単元計画及び評価計画（例）

時数	指導内容	主たる技能					評価計画	
		L	R	Si	Sp	W	観点	方法
第１時	•導入：ロボット(AI)と人間の違いについて考えさせる。 •仮定法を導入する。	○	○				ア ウ	観察
第２時								

次に，単元計画に合わせて，毎時の指導案を作成します。次のような内容を含めて指導案を作成します。

①指導日時，②指導学級と場所，③使用教科書，単元名，④教材観，⑤生徒観，⑥指導観，⑦指導項目，⑧単元の目標，⑨単元の評価規準，⑩単元の指導計画及び評価計画，⑪本時の学習到達目標「～することができる」，⑫本時の評価規準，⑬本時の展開，⑭板書計画

2．単元指導計画作成の留意点

次に単元の指導計画を立てる際の留意点を考えてみましょう。

① その単元で生徒にどのような力を付けさせたいか，どのようなことを考え学ばせたいかといった，英語の５領域のスキルと取り扱うテーマや内容を考えます。単に教科書を順番に読み進め，理解をさせればよいということではなく，単元の最後に「生徒が英語を用いてどのようなことができるようになるのが望ましいか」を考え，指導／到達目標を具体的な活動として設定します。

② 指導と評価の一体化を考え，単元を通してどのような評価を行うか計画を立てます。例えば，パフォーマンス評価を行う場合は，適切な課題（スピーチ，プレゼンテーション，ディベート，エッセイ・ライティングなど）を設定し，ルーブリック（⇨ **Q10-7**）も作成しておきます。テスト問題を先に作成することも可能です。それにより指導項目も明確になります。

③ 単元の目標を達成するために必要な語彙や表現，文法をどのように指導するかを考えます。単に単語や文を丸暗記させてテストをするのではなく，生徒が実際に使いたくなるような例文やモデル文を作成し，コミュニケーションで使える文法指導など，意味のやり取りを伴う自然なタスクを通して気付かせる指導（Focus on Form）を考えましょう（⇨ **Q2-8**）。

④ 言語習得の流れ（インプット→インテイク→アウトプット）を考え，教員や教材の良質のインプットから，生徒が自ら使えるようにインテイク・リーディング，そしてアウトプット活動に移るようにします。また，推測能力を身に付けさせ，まとまりある文脈や談話を聞かせるようにします。

⑤ 帯学習で繰り返し行わせる内容（⇨ **Q2-6**）と，予習・復習，家庭学習，自学自習課題も設定しておきます。必要に応じてプリントや音読用シートなども準備しましょう。家庭でも聞けるリスニング教材の配布も有効です。

⑥ 異文化理解やグローバル教育，他教科からの視点もできるだけ取り入れ，汎用的な能力やグローバル・コンピテンシーを育てましょう。

⑦ 活動を計画する際は，ペア，グループなど協働的学習を取り入れ，互いに助け合い，学び合える集団を育てます。支援が必要な生徒がいる場合には，支援の程度や方法をあらかじめ考えておきます。レベルの異なるワークシートを準備し生徒に選ばせてもよいでしょう。

⑧ 自律した学習者（⇨ **Q8-1,2**）を育成する視点から，学習方略やコミュニケーション方略を指導し，単元の最後には振り返りの時間やCAN-DOによる自己評価を行わせましょう（⇨ **Q8-5**）。

文法説明と和訳中心の授業から抜け出すには？

単語の予習を行わせ，文法説明と本文の和訳で授業のほとんどを費やしてしまいます。ここから脱する望ましい授業の組み立ての例を紹介してください。

1．望ましくない理由を考えてみる

「文法説明と本文の和訳で授業のほとんどを費やしてしまう」ことがなぜ望ましくないのかを考えてみましょう。インプットの観点から言うと，目標言語である英語に触れる量が少ないということが挙げられます。文法説明と本文の和訳は日本語で行われますので，英語に触れることができるのは教科書の本文のみとなってしまいます。説明中心の訳読式の授業では，１回の授業で進む本文の量も多くありませんので，英文インプット量も極めて少ない状況になります。

次にアウトプットの点から見ると，文法説明と本文の和訳が授業のほとんどですので，学習した英語を使う機会がありません。英語を話したり，書いたりして自分の考えなどを表現したり，内容を伝え合ったりする時間がありません。

インプットが少なく，アウトプットの機会もなければ，教科書の英語が内在化（intake）され習得されることがないのは自明のことです。

2．望ましくない理由からの脱出を考えてみる

1.で考えた訳読式指導法の欠点を克服するにはどうすればよいでしょうか。まず，日本語を減らすことです。文法説明も和訳も理解を深めるのに有効な方法の１つですが，それだけで終わらないようにするには，すべての文を順に取り扱うのではなく，文法説明をする英文，和訳をする英文を絞ることです。英語でのQ&Aで理解できる部分は説明や和訳をしないことが第一歩になります（⇨ Q6-4）。次にインプット，アウトプットの点から脱出方法を考えてみましょう。

① インプット

和訳は一文一文の理解の方法です。これだけではなく，概要をつかむ，要点を捉えることも行わせましょう。概要は５W１Hの質問をすることで把握できます。要点は「書き手のメッセージは何か」という質問をして読み取ら

せましょう。また概要・要点の把握だけではなく，いろいろな角度から質問をして，英文を「何度も」読ませましょう。

② アウトプット

文法訳読式の授業には，理解した本文の英語をアウトプットする機会がありません。そこで①のように概要・要点の把握，発問などを通して何度も読ませ理解させた英文を，次のような方法でアウトプットさせましょう。まずはリテリング（retelling）です。本文に関する写真やキーワードを見ながら，本文の内容を語らせます（⇨ **Q4-4**，**Q6-5**）。次に本文を活用して，生徒が自分のことを伝える「自己表現活動」を行わせます。

> Today, Ken and I are going to talk about two festivals. We chose these festivals because they have interesting masks and costumes. First, I'll talk about the Carnival of Venice in Italy. Look at this picture. People are wearing mysterious masks and old-fashioned costumes. They look like people from another time. Maybe this is the most elegant festival in the world. I want to join the carnival and wear a mask and costume someday. Before that, I'll learn more about the festival. Your turn, Ken!
>
> *All Aboard! English Communication Ⅱ*.（東京書籍）Lesson 1, "Fantastic Festivals"

例えば，上の英文なら，黒板にベニスのカーニバルの写真をはり，What can you see? What are they wearing? What is the name of this festival? などと尋ねることができます。また，内容理解が終わった後のアウトプット活動としては，写真の下にキーワードのカード（festival, masks, costumes, the most elegantなど）をはり，リテリングをさせることができます。また，自己表現活動としては，"Yui wants to join the carnival and wear a mask and costume someday. How about you?" "What do you think about the Carnival of Venice? Do you think it is the most elegant festival in the world?" などと尋ね，生徒のお薦めの「お祭り紹介」の発表につなげることができます。

ウォーム・アップや帯活動の具体例と進め方は？

「はじまりの３分で授業は決まる」と聞きました。何のために，どんなことをすればよいのでしょう。「帯活動」の効果も含めご紹介ください。

1．ウォーム・アップや帯活動の目的

ウォーム・アップは，「英語の授業を効果的に受けるための生徒の心と体の準備態勢を作ってあげる調整時間（tuning-in time），すなわち，授業へのレディネス作りを行う」（髙橋，2011）ことを目的としています。スモール・トークや英語の歌，早口言葉などで，英語学習の雰囲気づくり，英語を聞く姿勢づくりや発音練習など，本時の授業への準備態勢を整えます。これらは，１時間単位の授業の流れを縦に見たウォーム・アップです。

一方，ウォーム・アップとして，複数の授業を横に見て，継続的に行う「帯活動」があります。帯活動の目的は，中・長期的目標を定めて，短時間でも継続して行うことで生徒の変容を促すことです。言語は繰り返し触れ，使うことで定着していきます。ある授業で一度だけスピーキング活動を行うより，毎時間５分でも取り組みを続ける方がしっかり定着します。

2．帯活動を計画するポイント

① 目標達成に必要な活動を行う

単元や学期の学習到達目標を定め，その達成に必要な帯活動を計画します。例えば，単元の目標が「ディベートで相手の言ったことを理解し，それに対し反論することができる」であれば，簡単なテーマを与えて一人に意見を言わせ，もう一人には，“You said ～, but I don't agree with you.” などと言ってから反論する練習などを帯活動で行います。英語の技能は，一度教えたからといって，すぐに定着するものではないので，何度も使う場面を提供します。このような計画のもと，単元の最後にディベートを行うと，帯活動で繰り返し練習してきたことが生かされるので，生徒は毎回の帯活動に価値を認めて意欲的に取り組むようになります（⇨ Q6-8）。

② 活動の型を決めて，変化のある繰り返しを行う

帯活動は，ある程度の型を決めていると効果的です。無駄な指示を減らすことができることと，生徒が見通しを持って自主的に取り組めるメリットが

あります。例えば，生徒同士のやり取りを帯活動として計画する場合は，与えられたテーマのリストから１つ選び，やり取りを行い，最後は振り返ることを型として決めておきます。ただし，同じことを繰り返すと生徒は飽きるので，付けたい力に向けて変化を持たせます。例えば，２文で答える，質問をする，相づちをうつなどのように習得してほしいスキルを指導することや，１分間でやっていた活動を２分間続けてみるという具合に活動時間に変化を加えます（⇨ Q5-8）。

3．ウォーム・アップや帯活動での活動例

① インプット・インテイク編

1) 日英語対照通訳演習（90-second trial）

既習の有用な教科書の目標文などを日英語対照形式のプリントで示し，ペアで90秒など制限時間内にどこまで言えるかを記録していきます。帯活動として継続することで，基本的な文構造や表現の習得を図ります。

2) 単語の定義（word definition）

既習の語彙の定義を英語で説明する活動です。最初は，教員が英語で定義した単語が何かを当てます。慣れてきたら，ペアで出題し合うこともできます。出題範囲を限定してあげると，難易度が下がります。

② アウトプット編

1) チャット（chat）

身近で話しやすいものを話題にして，ペアでやり取りさせます。正確さ（accuracy）よりも，流暢さ（fluency）を目的に行います。段階的に，話の展開のしかたや，聞き返し方などを指導していきます（⇨ Q5-7）。既習事項を活用できる活動になります。チャットからの発展的活動として，ミニ・ディベートも実施可能です。

2) 発表（speech や presentation）

毎時間，数人がスピーチ等を実施することもできます。一度にクラス全員が発表をするよりも，毎時間数人ずつ発表することで，発表した生徒から学んだことを生かす生徒も出てきて，発表の質が高まります。発表内容について感想を言う，質問をするなど，聞き手は何をするのかを必ず指導しておきます（⇨ Q5-10，Q6-9）。

新出文法事項の導入を英語で行うには？

これまで新出文法事項を日本語で説明していたのですが，英語で導入したいと考えています。どのような方法があるのでしょうか。

英語で導入する利点は，新出文法事項を「形」「意味」「使い方」の３セットで，すなわち，①特定の英文の形が，②どのような意味を表し，③どのような場面で使われるのかを理解できることです。導入では視覚教材やALTとの対話などを利用して場面設定を明確にします(⇨ Q2-8)。導入文は意味が理解しやすく生徒の興味・関心に合っているかという観点から吟味します。(⇨ Q4-16)

仮定法過去の指導例です(⇨ Q4-23)。If there were no microwave ovens, we would not be able to enjoy warm meals. For example, (電子レンジ用レトルト食品を見せ) I would not be able to eat my favorite food. そして生徒に問いかけ，やり取りしながら進めます。同様の例文で繰り返し，生徒が慣れたら，If there were no cellphones, what would happen?「携帯電話のない生活はいろいろ困るでしょう。なるべくたくさん挙げてみよう」と述べ，Make pairs and share your problems you might have, using “I would not be able to …” と言って机間指導しながら活動させた後，何人かに発表させます。主文を言えたら，If節を加えて言わせます。そしてIf there were no cellphones, Mr. K would not be able to enjoy listening to music. How about you? と言って次の生徒に発表させます。興味の持てる目標文をたくさん聞かせ，より多くの生徒が言えるように導きます。後は，ワークシートまたは板書を使って，目標文の意味と形を確認します(⇨ Q4-22)。「信長が殺されていなければ日本は…」「仮名文字が発明されず漢字だけが日本の文字だったら…」などの話題で仮定法過去完了を導入することも可能です。

まとまりのある英文を与えインタラクションしながら読み取らせ，自分の文を言わせる方法もあります。未来完了を文脈の中で理解させる“My Life Plan”の例です。When I am 19, I will have entered a university and I will be enjoying my campus life. When I am 30 years old, I will have got married. When I am 35 years old, I will have had 3 children and still be working hard. My husband and I will be doing housework together.

文法事項の定着を図る指導方法は？

学習指導要領では，「文法は言語活動を通して活用できるように指導する」と書かれていますが，どのようなことを行えばよいのでしょうか。

1．Form, meaning, useを大切にした文法指導

「文法」は知識として持っていればよいものではなく，持っている知識を活用できることが大切です。そこで改善の第一歩は，活用場面を意識させながら文法を教えるという指導方法が考えられます。この場合に注意することは次の点です。

- form（その文法事項はどのような「形」か）
- meaning（その文法事項はどのような「意味」を表すのか）
- use / function（その文法事項は，「いつ・何のために使う」のか）

この中で落としがちなのは，「use / function」の視点です。言葉は文脈・場面の中で使われます。「この文法事項はいつ，何のために使いますか」と問えるような文法指導をすることです。その際に教科書本文を活用しましょう。本文には場面と文脈があります。ターゲットとなっている文法事項の文を取り上げる際に，form, meaningだけではなく，「use / function」の問いかけもするとよいでしょう。

例えば，I wonder＋if ... がターゲットの場合を考えてみましょう。formは，wonder if の後は「主語＋動詞＋ ...」，meaningは，「…だろうと思う」とそれぞれ理解させることができます。ところがuse / functionはどうでしょうか。この表現は，「いつ·何のために」使うのでしょうか。ここで本文の文脈を利用します。例えば，*All Aboard! English Communication II* . Lesson 6, “A Microcosm in the Sea”(東京書籍)では,「オーストラリアの高校生のジャックが出身国オーストラリアにあるグレートバリアリーフが直面している問題についてプレゼンテーションをしている」という場面で，I wonder if ... が次のように使われています。I wonder if future generations will be able to see these beautiful reefs decades from now. この文脈では，I wonder if ... は「気がかりなことを述べるときに使う」と理解させることができます。このようにform, meaningだけでなく，use / functionの視点を大切にしましょう。

2．使いながら文法を学ぶ方法

文法事項は1.のような導入と練習だけでは身に付きません。生徒がその文法事項に注意が向いているときには間違えずに使えるからです。そこで，ある目的のために既習の文法事項の中から，生徒が必要なformを自ら選んで使う場面（⇨ **Q5-2**）での文法指導が必要になります。例えば，1.で引用したLesson 6では，“What should we do to prevent global warming?” とジャックが問いかけています。この問いを生徒にして，自分の意見を表現させる活動を行うとすれば，いつどのような文法指導ができるか考えてみましょう。

表現させる前の段階では，問いかけの答えのモデルを聞かせて，読ませます。ここではジャックが教科書で述べていること以外に，教員（日本人教師，ALT）が述べるとよいでしょう。また，意見を述べるのに必要な語彙を与えることも大切です。そして表現させるときには，まず意見内容を考える準備時間を与え，2～3分でメモを書かせます。この段階で教科書を見て使えそうな文法事項などがないかを探させてもよいでしょう。

次に生徒を二人一組にして，パートナーを代えて何度も繰り返し話させます。そして次のパートナーと話す前に振り返り，次はどう述べたらよいのかを考えさせる時間を取ります。このようなことが文法に意識を向けさせることに役立ちます。また，ここでの教員の役割は，生徒の発話をモニターし，よいものと共通する誤りをメモすることです。そして活動中，または活動後によい例を紹介し，共通する誤りを取り上げて文法指導することです。活動後は数人に全員の前で発表してもらい，そこから学ぶこともできるでしょう。

このような，「意見を言う」という意味に焦点が当たっている活動の中で，必要に応じて文法事項に注意を向けさせる指導（Focus on Form）が「使いながら文法を学ぶ方法」です。1.と2.を併用して活用できる文法知識を生徒に付けていきたいものです。

音読指導の意義と指導過程での位置づけは？

本文の音読は学習事項の定着を促すと聞きました。音読の果たす効果，いつ，どこで，どのように取り入れたらよいか説明してください。

1．「音読」(reading aloud) の定義とその効果

音読は，「意味を十分に理解した文章を，親や先生が子どもに本を読み聞かせるように，テキストを持たない人にもわかるよう，その内容を音声で伝達する表現活動で，スピーキングへの橋渡しとなる活動」(髙橋，2011) と定義できます。音読は，綴りと発音の結び付きを強化するとともに，区切り (chunking)，強勢とリズム，イントネーション，音変化などの音声システムの習得を促し，学習した語彙や連語，文法規則を内在化させ，コミュニケーション場面で活用できるよう自動化してくれます (土屋，2004；鈴木・門田，2012)。このように音読は，英語授業の基礎・基本と言える大切な指導であり活動です。(⇨ Q3-8，Q4-5)

2．音読練習の指導過程での望ましい位置づけ

上の定義から明らかなように，理解不十分な段階で「とりあえず」音読させても意味も効果もありません。意味がわかっているからこそ，どの語を強く読めばよいのか，会話文ならどのような気持ちで，どんな音調で言えばよいのか，また，文の構造が理解できているからこそ，長い文の場合どこで区切って読めばよいのか，生徒自身で判断できるのです。

授業過程では，①本文の口頭導入 (⇨ Q6-2) →②詳細理解 (reading for comprehension，⇨ Q6-4) →③音読練習 (reading aloud＝reading for delivery) の順に進めるのが原則です。目的に応じた音読指導法のバリエーションと実施順序については，Q3-8 を参照してください。

なお，本文に関するさまざまな発問 (⇨ Q6-6) のうち，教科書題材に関連して生徒自身の経験や考えなどを引き出すreferential questions (参照質問／関連個人質問) については，十分な音読練習を通して，生徒が本文に習熟した後に，「思考・判断・表現」を伴う本文の発展的言語活動として，教科書本文指導の最後に位置づけて行うことができます。

新出単語の効果的な教え方は？

新出単語をどのように教えたらよいでしょうか。単語の意味調べをしてくる予習の答え合わせで終わらない指導をしたいのですが。

1．単語はコンテクストの中で覚えていくことが効果的

単語は文脈の中で覚えていくのが効果的です。「expect＝期待する」と文脈から離れて日本語との1対1対応で導入しても，なかなか生徒には浸透していかないものです。環境，時事，人物，歴史など，意味のある文章の中で単語を一緒に覚えていくほうが，より生徒の心に残り，よい例文の中で覚えた語彙は活用できる発信語彙となります。そこで，生徒が読むテキストを最大限効果的に利用します。オーラル・イントロダクションに始まり，次に本文を読ませ，その後，本文の話題に関するT-S，S-Sでのやり取り，この3つの過程を大切にすることが新出単語の定着につながります。

2．新出単語の導入のしかたの例

次の教科書本文の抜粋を使って，新単語導入の流れを説明します。

> Interviewer：I didn't know gorillas use eye contact to keep good relationships. I always thought they were aggressive animals. I get scared when they beat their chests.
> Prof. Yamagiwa：That gesture is called "chest beating." …
> *LANDMARK English Communication I*.（啓林館）Lesson 4, "Gorillas and Humans"

① オーラル・イントロダクションで新語を提示する

例えば，この中で新出単語は下線を付したaggressive, scared, beat, chestの4語だとします。このパートでは"chest beating"というジェスチャーの話になっているので，ここではaggressive，beat，chestの3語を提示します。提示のしかたは，aggressiveの場合は"ready to fight"などと言い換えます。そしてbeatやchestは叩いてみたり，胸の部分を指したりして質問をします。例えば，ゴリラが胸を叩いているショートビデオを生徒に見せます。

T：You watched the video. What was the gorilla doing?

S：He was …

T：He was beating（胸を叩く）this part ….（胸を指す）What do you call

this part? This part is called … a chest. When we see this gesture, we often think gorillas are aggressive, I mean they are ready to fight.

このように「口頭導入の中で」新語を提示し，生徒に意味を類推させます。新語を書いたカードをはるか，板書しながら進めるとよいでしょう。

② テキストを読む

生徒はこのとき，意味のわからない単語があっても辞書を引きません。前後関係から意味を類推するように指導します。

③ インタラクションを通して内容理解を深めつつ，さらに新語を導入する

Interviewer：When do they beat their chests?
Prof. Yamagiwa：They beat their chests when they want to catch others' attention, show excitement, or give warnings.

下線で示した新語は内容理解のインタラクションで，次のように例を示して質問を繰り返しながら理解を深めていきます。

T：Gorillas beat their chests when they want to catch others' attention. If I want to catch other's attention, I will clap my hands …（手を叩く）How about you? What will you do?

S：I will … shout.

T：Also, gorillas beat their chests when they want to show that they are excited or happy, or to give warnings … to say "Don't come close to me. Keep away from me, or I will bite you!"「警告を与える」（日本語で言う）

これらは一例です。attentionは例を示して生徒にも質問し，そしてexcitementは言い換え，またwarningsは日本語で意味を補っています。warning(s)のように理解の難しい抽象語は，文脈から推測させたうえで，日本語で補ってもかまいません。発音練習は単語を導入する①と③で行います。

3．語彙の説明について

単語を指導する際，接頭辞（例：pre-）や接尾辞（例：-less），派生語もぜひ一緒に触れてください。多義語についてもラテン語やギリシャ語などの語源を説明することで本質的に単語を理解することができます。生徒の単語への興味・関心がより一層広がっていきます（⇨ Q4-10,11）。

生徒の学力に合っていない教科書の扱い方は？

勤務校では，なぜか生徒の学力よりも高い教科書を使っています。そういう教科書をどのように扱えばよいのか，参考になる指導例を紹介してください。

1．生徒の英語力と教科書

進学希望の生徒が多くいる中堅レベルの高校の先生方を中心に，英語の読解力を付けるためには，難解な英文を教材として扱い，それを読みこなすことが必要だという同僚教員の思い込みから，「生徒の英語力の実態」に合わない高レベルの教科書を採択しているという声を耳にします。また，いわゆる進学校では，どの教科書を使うかで学校の学力レベルを示すことになるという「対外的な理由」から，難易度の高い教科書を選ぶ傾向もあるようです。さらには，検定教科書以外の教材を教科書として使うことを「売り」にしている私立高校も見られます。結果的に，生徒の英語力を伸ばすための適切なレベルの教材を使用することができず，英語力が伸びないばかりか，英語嫌いを増やしてしまっている現状にも目を向けなければなりません。

英語の読解力を伸ばすために，まずは生徒にとって負担が少ない平易な文章で書かれた英文を用いることの効果は，絵本から始まる多読指導の実践からもわかります。多くの教科書会社では，「コミュニケーション英語（英語コミュニケーション）」に対して３つのレベルの教科書を用意しています。どのレベルも高校生の知的好奇心に合った題材を扱っており，書かれている英文構造の複雑さや言語材料を変えることで，生徒の英語力に合わせた指導を行えるように工夫されています。そして，科目内での単元の進行，さらにⅠ・Ⅱ・Ⅲと進んでいく中で難易度がなだらかに上がっていくため，生徒の英語力の現状に合わせた適切な教科書を採択することが，結果的には生徒の英語力を伸ばしていくことになります。

2．難易度の高い教科書を使うデメリット

生徒のレベルを超えた教科書を使うデメリットは以下のようなものです。

① 生徒が自力で教科書本文を理解することが難しく，教員の日本語による説明によって内容理解をすることが多くなり，生徒の英語使用の機会を奪ってしまうことになります。

② 生徒にとって未習語が多くなることで，辞書に頼らないと内容を理解することが困難になります。このため，大学受験問題を想定した場合でも，未知語の推測を行うレベルを超えているため，入試対応の指導を行うことも難しくなります。
③ 教科書本文の内容を理解するのが精一杯の状態となり，題材を生かしたスピーキングやライティングなどのアウトプット活動を行うことが難しくなります。

3．授業での対応事例

難易度の高い教科書を使用している場合には，同年度中はその教科書を使い続けなければなりません。その場合の対処方法をいくつか紹介します。

① 教科書本文の完全な理解をめざすのではなく，必要な情報を読み取ったり，概要や要点を把握したりするための教材として使用するようにします。このように本文を扱うことで，CAN-DOリストに示されているゴールを見据えて，目的を持った読みの指導を行うことができます。
② 教科書にあるすべての単元を学習することは，多くの場合，生徒の理解が不十分なまま次に進んでいくという悪循環を生むことになります。そこで，授業で扱う単元を絞り込むことで，生徒の負担を減らし，英文に対する理解を深めます。教科書のすべてを扱わないと心配という教員の声も耳にしますが，教科書によって扱う語彙や文法事項も異なるため，すべての単元を扱わなければならないということはありません。
③ ALTの協力を得て，教科書本文を平易な英文にリライトしたものを教材として使用します。教科書の題材内容は変わらないため，教科書本文以外に用意されている内容理解の質問などにも活用することができます。また，この平易な英文を先に扱うことで，十分に本文題材を理解した後であれば，難解な教科書本文を生徒自身で読むこともできる可能性は高まります。

いずれの方法にも共通することは，教科書にある内容をすべて授業で扱う必要はないということです。目の前の生徒の現状を考え，生徒にとって考えさせたい題材や，自己表現に必要と思われる言語材料を適切に取捨選択して指導を行うことです。

4技能5領域のバランスの取れた授業とは？

1時間の授業の中で，4技能5領域をうまく取り入れた授業展開をしたいと思います。どのように授業を展開すればよいかアドバイスをお願いします。

1．4技能5領域を取り入れた授業展開

① 英語コミュニケーションⅠなどの授業展開例

1) 教員がその単元の話題やテーマについて口頭で導入（オーラル・イントロダクション）をした後，生徒と口頭でやり取りを行い（オーラル・インタラクション），テーマについて背景知識を活性化させる（⇨ Q6-2 ）。

2) 新出単語の導入と発音のチェックをして，本を綴じたままCDでテキストを聞かせ，どのような内容であったか簡単に質問をして，およその内容を確認する。

3) 開本して内容把握（日本語部分訳を含む⇨ Q6-4 ）や必要に応じて語法・文法の説明を行う。

4) さまざまな音読活動を行う（⇨ Q3-8 ）。

5) 本文のリテリング（⇨ Q4-4 ， Q6-5 ）やサマリーライティングを行う。

以上のような流れが多いのではないでしょうか。この場合，「聞くこと」「話すこと［やり取り］」「話すこと［発表］」「読むこと」「書くこと」が含まれており，教員も生徒も英語を用いた言語活動に取り組んでいます。

② 直読直解をめざした英語で進める授業展開例

1) Pre-reading（schema activation）：題材に対する興味づけとテーマへの準備を図る。

2) Learning new words：英語で定義を言って単語を探させたり，コロケーションやチャンクなども導入する。

3) Oral introduction

4) Identifying / Understanding main idea in a paragraph（comprehension reading）：Q&A for check of understanding （T or F, multiple choices, Yes-No questions, WH-questions）➔ Finding details：全体を把握することから詳細理解へ（⇨ Q6-4 ）

5) Reading aloud（buzz reading, parallel reading, read & look-up, shadowing, overlapping, pair reading, chain reading, timed reading,

announcer reading, intake reading, etc.）：個人，ペア，全体，英語と日本語などさまざまな形態で（⇨ **Q3-8**）

6) Output：Reproduction (retelling, role-playing, oral / written summary, etc.)：形式を変えたアウトプット活動を行う

7) Self-expression, giving opinions, discussion, peer interview, debate, writing：自己表現活動を行う（⇨ **Q6-7,8**）

8) Survey, presentation：調べ学習と発表（⇨ **Q6-9**）

このような授業を積み重ねることで，英語の４技能５領域を伸ばすことはできるでしょう。しかし，学習指導要領では，４技能５領域を「統合的」にバランスよく取り入れた言語活動を行い，総合的な英語力を育成することが求められています。また，「主体的・対話的で深い学び」を促すような，アクティブ・ラーニングを授業に取り入れることも提案されています。では，さらにどのような点に留意することが必要でしょうか。

2．４技能５領域のバランスの取れた授業展開

これまでは，パートごとの積み上げ式の授業で，技能を個別に指導することが多かったと思われます。しかし，今後配慮すべきは，まず，テキスト全体の流れや大まかな内容を知り（スキミングやスキャニング），何度も読み返すことでより深くテキストと対話することや，読んだ内容を既習の語彙や言語材料を駆使して話したり，まとめて書いたり，自分で調べて発表したり，それをもとに議論したり協働的活動に取り組んだりする展開を考える必要があります。

また，リスニングも本文の内容をCDで聞く以外に，同じようなテーマや話題について英語ニュースやドキュメンタリー，インターネットなどを活用して広く聞いたり（多聴），聞いたことをスクリプトや英字新聞などを読んでまとめて発表したり，即興的に質疑応答をしたりする機会を与えましょう。教科書以外の本物の教材（authentic materials）を導入し，実生活で使われる自然な英語に触れ，それらを活用できるように導きましょう。

話すことや書くことでも，読んだり聞いたりした内容をもとに論旨をまとめ，自分の考えなども付け加えながら原稿を書き，理由や根拠，具体例なども入れながらまとまった意見を論理的に展開する必要があります。教材研究を深め，さまざまなメディアを活用して授業を準備することが求められます。実生活で言葉を使う場面を考えれば技能統合のイメージが浮かぶと思います。

時間を浪費しない効果的なノートの取らせ方は？

板書したことをノートに取らせていると時間がもったいないと思うようになってきました。よい方法はないでしょうか。

まじめな生徒は授業時間の大半を，板書事項をひたすらノートに写すことに没頭し，一方で，意欲や学力の低い生徒は写すことをあきらめて居眠りをしている，といった授業を観ることがあります。板書のしかた，ノートの取らせ方について，留意点を整理してみましょう。

①「黒板は書いたら消すな。消すなら書くな。」

昔からの名言です。授業で大切なことは，思考し，気付き，理解すること。英語授業では，英語を聴き，使うことです。「過ぎたるは及ばざるが如し」，たくさん書けばよいというものではありません。書いては消し，消しては書く板書は，生徒の思考や活動を阻害します。授業終了時の黒板をイメージして，「板書計画」に基づいて，生徒の家庭学習に役立つ必要最小限の整理された板書をします。授業のポイントが鮮明に想起できる板書を心がけましょう。それが教員の板書です。

② 口頭練習で定着を図る

生徒は生きたコピー機ではありません。多くの板書事項を機械的に書き写す作業より，生徒が理解したことを口頭練習で定着を図ることが大切です。場面を設定し，ペアやグループでの練習等を多く取り入れることで生徒はより多く練習して定着を図ることができ，結果的に居眠りのない，活動的で参加型のアクティブな授業が生まれます。

③ サブノート形式のワークシートを活用する

授業時間は限られています。すべてを書き写させるのではなく，サブノート形式のワークシートを用意して，ポイントとなる箇所のみを書き込ませれば，時間短縮が図れると同時に重要箇所をフォーカスすることができ，生徒の意識をそこに向けることができます。目標とする文法事項の確認，教科書本文の内容理解，重要な語句や表現の確認など，目的と生徒の理解度に合わせて教員がワークシートを自作して提供しましょう。教員のかける「ひと手間」が生徒を伸ばします。

英語と日本語の使い分けは？

基本的に英語で授業を進めていますが，日本語を使った方がよいと思う場面もあります。日本語を使った方がよさそうな場面を教えてください。

1．英語を使った方がよい場面

英語の授業を行う場合，教員からの導入や生徒とのやり取りは基本的に英語で行う方がよいのは当然です。スモール・トークや新教材の口頭導入（⇨ Q6-2,3），内容理解を深めるためのT-Sインタラクション（⇨ Q6-4）は，生徒への大切なインプットになります。教員が率先して授業を英語で進めることで，授業全体をコミュニケーションの場とすれば，生徒も授業で英語を使うことが当たり前と感じ，ペアやグループ活動でも積極的に英語を使うようになります（⇨ Q1-6， Q3-4）。

2．日本語を使った方がよい場面

基本は「英語でできることを安易に日本語で済まさない」ことですが，日本語を使った方が効果的な場面もあります。まず，複雑な文章や文法の説明です。高校では文が長く複雑になり，微妙なニュアンスの違いや語法などについては，日本語を使用した方がわかりやすく説明できることもあります。文法に関しても，日本語できちんと説明をした方が生徒の理解は早く正確です。音読がうまくできない生徒や英作文に苦労している生徒には，日本語で指導した方が生徒も安心しますし効果もあがります。また，難しい内容について意見交換をするときなども，日本語で行った方が効果的なこともあります。英語での発信よりも，英語を通して得た情報について深く考えることに重点を置きたい場合には，日本語で思考を深めさせるのもよいでしょう。

別の意味で効果的なのが，英語を不得意とする生徒への心理的なフォローや生徒指導の場面です。生徒への共感的な励ましの言葉は，日本語のほうが教員の心が伝わりますし，居眠りしている生徒に向かって “Don't sleep in my class.” と言うよりも，日本語でピシッと注意した方が効果的です。

3．日本語と英語の使用場面をしっかり分けること

大切なことは，生徒が授業の中で「英語を使う場面」と「日本語を使う場

面」をしっかり認識していることです。そのためには教員が明確な指示を与えることです。次の例を見てください。これはあるトピックについてどう思うか，ペアで話し合いをするようにと教員が生徒に投げかける場面です。

T：OK. Please share your ideas with your partners! You can talk in Japanese. I'll give you two minutes to talk. Let's begin.

Ss：（日本語で話し合い）

T：Time's up! Now, let's share your ideas in the whole class. This time, I'd like you to express your ideas in English.（少し時間を取って）Can you stand up and express your ideas in English?

S：OK. We talked about ....

これは一例ですが，ペアワークでの話し合いは日本語でもOK。しかし，クラスの前で発表するときは，そこで話し合ったことを英語で発表させます。このように教員が1つひとつの活動に対して，日本語または英語のどちらで行うのがより効果的なのかを考え，「この活動は英語／日本語でやる」と決め，それを生徒に伝えます。英語で活動を行うときは妥協しないことが重要です。例えば，オーラル・インタラクションで教員が英語で質問しているのに生徒が日本語で答えてしまう場合には，“Speak in English, please.” と英語での発話を促します。また，教員自身が英語と日本語を混ぜて用いるのも好ましくありません。生徒はどちらも集中して聴けなくなります。英語で話した後にすぐに日本語で確認する教員を見かけますが，親切心が仇となり，生徒は英語を聴かなくなり，大切な活動の目的が失われてしまいます。

4．日本語を使用する意味－母語話者同士である強み

ALTにない日本人英語教員の強みは学習者と母語を共有していることです。外国語である英語を学ぶことは生徒にとって大きな挑戦です。程度の差はあれ不安を抱える生徒に対して，さまざまな「足場かけ」(scaffolding⇨ Q3-1) を与え，支援しながら授業を進めることが大切です。その足場かけを，母語を使って行うことは有効であるとされています。母語で行うサポートは，日本のような普段はほとんど英語に触れる機会のないEFL(English as a Foreign Language)環境における英語学習では重要な役割を果たします。そのことを念頭に置き，授業では日本語を効果的に使用していきたいものです。

第3章

指導法と指導技術

いろいろな指導法の特徴と参考になる点は？

日本の英語教育に大きな影響を与えてきた，また今後も影響を与えると思われる指導法の理念や特徴，参考になる点を紹介してください。

外国語指導法は時代の要請によってさまざまです。ここでは，まず指導法の基盤にある考え方や仮説，次に指導法を紹介します。

1．指導法の基盤となる考え方や仮説

① インプット仮説（Input Hypothesis）

Krashen（1982）は言語習得に関する５つの仮説からなる「モニター・モデル」を提唱しましたが，その中の１つがインプット仮説です。これは目標言語のインプットの意味を理解することにより言語習得が促進されるという仮説です。ただし，ここでのインプットとは，学習者の現在の中間言語（*i*：interlanguage）のレベルを少しだけ超えたインプット，いわゆる“*i*＋1”という学習者にとって「理解可能なインプット（comprehensible input）」を意味します。“＋1”を理解させるには，理解を促すために調整された教師発話や，実物，写真，動作など視覚情報を効果的に活用する必要があります。

② アウトプット仮説（Output Hypothesis）

Swain（1985）は，インプットだけでなくアウトプットを産出することが第二言語習得において不可欠であるとしています。これは，アウトプットすることにより，目標言語規則と自分が現在習得しつつある言語規則とのギャップに気付くことができる，相手からのフィードバックにより自分の言いたいことが適切に伝わったか検証したり，伝わらなかった場合は修正へと導いたりすることができる，目標言語の言語形式を分析的，意識的に考え，意味との関係を把握することができる，という根拠に基づいています。

③ インタラクション仮説（Interaction Hypothesis）

Long（1981）は，相互に意味のある「やり取り」を行ったり，相手に応じて適度に修正されたインプットを用いたり理解したりすることで言語理解，言語習得が促進されるとしています。ここでは，学習者が課題遂行のための「意味の交渉（negotiation of meaning）」を通じて，上述のKrashenの言う理解可能なインプットに近づけながら，いかにやり取りを行うかが課題となりま

す。ここでの「意味の交渉」とは，相手の理解度を確認したり，意味を確認したり，繰り返したり，言い直したりするなどの作業を含んでいます。

④ 社会文化理論（Socio-cultural Theory）

Vygotsky（1962）らは，学習者の認知的発達と社会文化的要素は密接に関わり合っていると捉えています。つまり，言語学習の成果は教員やクラスメートなど他者を介する社会的文脈での相互行為に左右されると考えます。Vygotskyは，発達には学習者が自力で達成できる水準と自力では達成できないが他者の援助（足場かけ：scaffolding）などにより達成できる水準があるとし，この水準間の範囲を「最近接発達領域（zone of proximal development，以下，ZPD）」と呼んでおり，言語理解はこのZPDにおける他者との協働の学びの中で深まり，言語習得が促進されると考えています。

2．日本の英語教育に大きな影響を与えている指導法

日本の英語教育の主な指導法として，文法学習，和訳，英訳の練習を中心とする「文法訳読式教授法」，行動主義心理学の考えに基づく反復模倣・記憶と文型練習を中心とする「オーラル・アプローチ」などが挙げられますが，ここでは，これらに加えて，これまで日本の英語教育に影響を与えてきた，また今後も影響を与えると思われる指導法について見ていきます。

① オーラル・メソッド（The Oral Method）

このメソッドは，Palmerによって，1920年代から30年代にかけて開発された音声面を重視した教授法です。言語を言語体系と言語運用に分け，後者を重視すべきであること，言語学習は「聞く・話す」（第一次言語運用）を優先し「読む・書く」（第二次言語運用）へと移行すべきであることなどを提案しています。このメソッドは，生得的な母語獲得能力を外国語学習にも発揮できると考え，「言語習得の５習性」すなわち，言語習得には「聴覚的観察」「口頭による模倣」「口慣らし」「意味づけ」「類推による作文」に基づく活動を取り入れることを重視し，そのための練習方法として，音素識別練習，発音練習，反復練習，再生練習，置換練習，命令練習，定型会話などを挙げています。つまり，オーラル・メソッドは生得的な面と機械的練習などに基づく習慣形成的な面を兼ね備えた指導法です。実際の授業では，できる限り母語の使用を控えるため，実物，写真，絵カードなどの視覚教具や動作を用いながら，やり取りを行います。

また，このメソッドは，教員による教科書本文のoral introductionとその後に続く内容理解のための英問英答などに特徴づけられますが，後に教科書本文の導入に生徒とのやり取りを加えたり(oral interaction)，教科書本文をキーワードや絵をヒントにして自分の言葉でストーリーを語るstory retellingを取り入れたりするなどの改良がなされ，その影響は現在にも及んでいます(⇨ **Q6-2**)。

② コミュニカティブ・ランゲージ・ティーチング（Communicative Language Teaching, 以下，CLT）

CLTは，1970年代に欧州で「ヨーロッパ統合の強化」を目的とする外国語教育の理念をもとに開発されたもので，現在，日本でも主流となっている指導法の１つです。CLTは学習者の言語能力(linguistic competence)だけでなく，コミュニケーション能力（communicative competence）の育成を目的とし，従来の構造中心から，言語の「概念（notion: 時間，場所，質・量，頻度，など）」及び「機能（function: 挨拶，依頼，許可，要求，提案，拒否，など）」に基づいた外国語教育であることに特徴づけられます。したがって，授業では言語の概念や機能をもとに日常生活で起こりうる状況や場面を設定し，簡単なやり取りをはじめ，インフォメーション・ギャップ活動，スキット，ロールプレイ，また，ディスカッション，ディベート，問題解決活動などに取り組ませます。なお，CLTではメッセージの授受を優先することから，正確性（accuracy）よりも流暢性（fluency）を重視しがちですが，正確さを身に付けるための配慮も求められます。

③ フォーカス・オン・フォーム（Focus on Form, 以下，F on F）

F on Fとは，コミュニケーション活動など意味重視の言語活動の中で，必要に応じて学習者の注意を言語形式に向けさせ，形式（form），意味（meaning），機能(function)のつながりに気付かせていく指導法です。つまり，F on Fはこれまで日本の文法指導で主流であった文脈から離れて個々の言語形式を積み上げて教えていくFocus on FormSと呼ばれる文法指導とはまったく異なります。F on Fを取り入れた指導法の特徴について，白畑・若林・村野井(2010)は以下の４点を挙げています。

- インプット洪水（input flood）

  目標言語形式を含むインプットを第一次言語資料として大量に学習者に与える。

- インプット補強（input enhancement）

  目標言語形式を視覚的に目立たせて，学習者の注意を言語形式に向けさせようとする。

- インタラクション（interaction）

  文法的な誤りに対して相互交流的フィードバック（明確化要求，リキャストなど）を与える。

- アウトプット補強（output enhancement）

  目標文法項目を含んだアウトプットを産出するよう促す。

つまり，焦点化すべき言語形式を含むタスクを，インプット，インタラクション，アウトプットの観点からいかに設計し，学習者の注意を言語形式に向けさせるかが重要であるとしています。

④ CLIL（内容言語統合型学習）

Content and Language Integrated Learning（以下，CLIL）は1990年代中頃にヨーロッパで開発され，近年，ヨーロッパ諸国を中心に急速に広まった指導法です。教科内容（content）と外国語（language）を統合しながら学習を進めていくという点では，カナダのイマージョン・プログラムにヒントを得た内容中心指導法（Content-based Instruction，以下，CBI）と共通しています。しかし，CLILは"4Cs"と呼ばれる"Content, Communication, Cognition, Culture/Community"を指導原理とし，究極的にはこれらを通して，自律的な学習者（autonomous learner）の育成をめざしています（⇨ Q8-1,2）。

CLILとCBIとの違いは，CLILでは認知，つまり思考の活性化を重視していることが挙げられます。ちなみに，CLILでは，認知を「記憶，理解，応用」するといった低次の思考（Lower-order Thinking Skills, LOTS）と「分析，評価，創造」するといった高次の思考（Higher-order Thinking Skills, HOTS）に分けています。また，協働学習を通して他者の経験や意見を共有しながら，他者や異文化について学んだりするといった特徴からも，CLILは「主体的・対話的で深い学び」（⇨ Q1-7）をめざす日本の教育理念に通じるものがあります。これまでのところ，わが国ではCLILの理念に基づいたカリキュラムや年間指導計画はあまり見かけませんが，単元の題材によってCLILの理念を生かした授業が実践されており，成果をあげているようです。なお，指導者がCLIL授業の実践を行うには，かなりの英語運用能力と教科内容に関する知識を備えていることが求められます。

1つの指導法に固執してはいけない訳は？

先輩教員から，「1つの指導法にあまりこだわりすぎない方がいいよ」と言われました。それはなぜですか？

教員の成長を促す学び方には，伝統的に次の2つのアプローチがあります。

① Craft Model：目標とする優れた先輩教員の実践を観て学び，その人からの助言を受けて，同じような授業を行えるように「修行」する，職人の技能・文化の伝承と同様の徒弟的な最も伝統的方法。

② Applied Science Model：理論や研究に根ざした科学的な教授法とそこで行う手法や必要な指導技術を学び，信奉する教授法をうまく活用できるように「修練」する方法。これが本稿の質問にある方法です。

1つの方法に固執することの危険性

①，②はいずれも大切な方法ですが，ここで注意すべきことは「教育者としての自己（SELF）」を持つことです。その理念を自ら咀嚼することなく先輩教員の優れた実践を表面的にまねても，いかに科学的で素晴らしいと言われる指導法を使いこなしたとしても，それがうまく機能するとは限りません。なぜなら，Every teacher is unique! Every classroom is unique! だからです。教員としての自分や指導する生徒たちの特質を度外視した「指導法先にありき」の授業は，進め方が借り物の儀式（“Rituals”—borrowed routines with no investment by the person, display lessons in imitation of the given model without their true teaching selves: Roberts, 1998）となりがちです。一人ひとり異なる教員と生徒たちの組み合わせとして，この世に1つとして同じ教室はありません。世界中のどこでも通じる完全無欠な指導法などこの世に存在しないのです。表層的ものまねがもたらす授業の失敗体験は，「うちの生徒には無理」という生徒否定か，「教員として自分はダメだ」と自信を失う自己否定か，いずれかの「負の遺産」しか残しません。

そこで第3の方法がReflective Modelです。プロの教育者としての自負を持ち，学者の提唱する教授法の「消費者」ではなく，生徒を観ながら絶えず自分の授業を振り返って自ら主体的にその改善を図り，生徒とともに成長し続ける自律的な教員をめざしましょう（⇨ Q10-3）。

「教科書で教える」とは？

「教科書を教える」のではなく，「教科書で教える」とはどのようなことなのでしょうか。具体的に説明してください。

1．「教科書を教える」と「教科書で教える」の違いと授業構成

「教科書を教える」授業とは，教科書の内容をそのまま教え，ページを追って進んでいく方法です。一方「教科書で教える」授業は，その教科書の当該レッスンの学習を通して，生徒に英語を使ってどのようなことをできるようにしたいかを，教員自身が主体的に考え，計画し，授業を行う方法です。具体的に考えてみましょう。例えば，次の本文内容なら，みなさんはどのように「教科書で」教えますか。Lessonのタイトルは，“Living with Robots”（ロボットと築く未来）です。

> Robots often appear on TV and in movies. Many of the robots are imaginary, but in fact, we can find many real ones in our daily lives. For example, some robots clean floors and take care of our pets. We also use robots for difficult and dangerous jobs.
>
> Some of them are members of rescue teams. They go into areas that are too dangerous for us. These robots help us and make our lives easier and safer.
>
> Nowadays, robots are taking on new ideas. They are healing us and communicating with us. For example, in nursing homes, pet robots and humanoid robots interact and play games with the residents. Moreover, some robots can read human feelings by the tone of the voice and facial expressions. Clearly, robots are helping us in many new ways.
>
> *All Aboard! English Communication II*.（東京書籍）Lesson 4

まずはこのレッスンの目標（生徒が英語を使って何ができるようになるか）を考えましょう。例えば，目標として，「教科書に出てくるようなロボットは私たちの生活をよくするかどうかについて意見を述べることができる」などが考えられます（教科書のLet's Tryにそのような活動が載っています）。また，「どのようなロボットがどんなことができるかを理解し，表にまとめることができる」というゴールも設定できるでしょう。

2．「教科書で教える」ための具体策

生徒が英語を使ってどのようなことができるかを決めたら，そのゴールに向かってどのように日頃の授業を進めていくかを考えます。ただ1ページずつ内容理解をして，そのページの目標文法事項と新出語句を理解させて終わりでは，この目標は達成できませんので，そのための方法として次のようなことができるでしょう。

① いろいろな意見をインプットとして与える

生徒が意見を述べるようになるために，まずはインプットを与えましょう。各ページの内容理解後に，そこに出てきたロボットに対し，教員が意見を述べます。「人手不足を解消できる」，「AIでいずれは人間の仕事がなくなる」など，自分の意見だけではなく，いろいろな意見を紹介してもよいでしょう。

② 生徒に尋ねる

生徒にいきなり意見を言わせる前に，ページごとに内容と生徒を結ぶ質問に答えさせたり，1つひとつのロボットについてどう思うかを生徒に尋ねたりすることもできます。例えば，Do you want a cleaning robot? Why? や Robots are helping us in many new ways. Where can you find robots? などと尋ねることができます。

③ ストーリー・リテリング（Story Retelling）に挑戦させる

教科書全体の内容理解が終われば，本文で紹介されたロボットの写真とその下にキーワードを載せて，生徒に自分の言葉でストーリー・リテリングさせることができます。リテリングでは，最後に感想などを1，2文付け加えて言わせましょう。例えば，コミュニケーションロボットについて説明した後に，I think this robot makes people happy. It can be a friend of old people who live alone. などと感想を付け加えて言わせます。（⇨ Q6-5）

ゴール（学習到達目標）を定めて，指導する教員が教科書を創造的に「活用」することが，「教科書で教える」授業なのです（⇨ Q6-1）。

望ましいティーチャー・トークとは？

英語を使って授業を進めようと努めていますが，うまくいきません。英語で授業を進める際の教員の話す英語の要件は何でしょうか。

本稿では，英語で授業を進めることの意義と目的，指導目的で教員が生徒に語りかけるティーチャー・トーク（teacher talk）の要件について考えます。

① 英語を使って授業を進めることの意義と目的は

1) 生徒が日常的に英語を聞く機会を確保し，理解可能な語彙力を増やしてリスニング能力を高めるとともに表現力の基礎を養う。

2) 掛け声に終わらず，授業そのものを実際のコミュニケーションの場とすることで「伝達手段としての英語」を実感させる。

3) ［究極の目的］教員が率先して英語を使うことで，生徒が積極的に英語を使う導火線とする。（⇨ Q1-6）

② ティーチャー・トークの要件は

ティーチャー・トークは，生徒の理解や気付きを促したり，発話を引き出したりするために，スモール・トーク，新しい言語材料や本文の題材内容などの導入・展開，生徒の発話に対するフィードバック（生徒の誤りの修正，生徒の発言に対するコメントやさらなる情報を引き出すための発問）など授業の多くの場面で使われます。母親や父親，保育士など幼児の世話をする人々が幼児に語りかける言葉（caretaker speech）と同様，ティーチャー・トークでは，生徒の理解を助けるために話し方を次のように調整します。

1) 学習段階に応じて，適切なレベルの語彙や文構造，文法事項を選択して使用する。

2) 大きな声でリダクションを多用しない明瞭な発音，発話スピードの調整，長めのポーズ，難しい語句の言い換え（paraphrase），大切な語句や文の繰り返し（repetition）などに配慮して話す。

授業は教員の独演会ではありません。生徒の学習段階に合った理解可能な英語（comprehensible input）であることが絶対要件です。定型の「教室英語」（classroom English）をまず身に付け，生徒の反応を捉えながらティーチャー・トークを上手に使えるよう努力しましょう。

英語で進める授業に慣れていない生徒への指導は？

訳読式の授業を受けてきた生徒が多く，生徒の英語力不足もあって，英語で進める授業に踏み切ることができません。よい方法はないでしょうか。

1．スモール・トーク（雑談，世間話）から始めよう

生徒が英語を聞くことに慣れるためには，英語を聞く機会をたくさん与えることが大切です。「教室英語」に慣れさせることや生徒同士が英語を使う習慣を付けることも大切ですが，まず教員が率先して英語で生徒に話しかけることです。生徒が最も興味を持つのは教員のスモール・トーク（small talk）です。生徒たちに身近な話題を選んで英語で話してあげましょう。生徒たちは，背景知識を利用して教員が英語で語り聞かせる内容を推測しながら耳を傾けます。英語を聞くことに慣れていない生徒には，一方的に話し続けず，質問を投げかけて理解の程度を確かめながら話します。理解が不十分なら，実物や写真を見せる，具体例を示す，言い換える，繰り返すなどの方法で，生徒たちに英語を聞いてわかったという成功体験を積み重ねさせましょう。

2．教科書を使って，英語に慣れさせよう

教室英語やスモール・トークを活用して英語で進める授業に少しずつ慣れさせるかたわら，教科書を利用することも考えましょう。

① スキーマの活性化を図る

教員が本文の題材や内容に関連した視覚教材を利用し，生徒に理解可能な英語で，生徒の持つ背景知識（スキーマ：schema⇨ Q5-13）を引き出す質問を与えながら，英語を使って授業を進めることに慣れさせます。また，生徒の身近な話題や場面を通じて，本文理解に必要なキーワードや新出単語や語句の意味を推測させておいてもよいでしょう。

② 口頭導入（oral introduction / interaction）を工夫する

英語での口頭導入（⇨ Q6-2,3）の前に，聞き取りのポイントとなる概要や要点に関する質問（だれが，何を，いつ等）を与えて生徒の負担を軽くします。また，CDだけでなく，教員の声で，ポーズを置いたり繰り返したりして，英語を聞いてわかる成功体験を与えましょう（⇨ Q3-7）。

文法用語の適切な使い方は？

説明で文法用語をどれだけ使うべきか迷います。文法用語使用の長所と短所を教えてください。また，どういう場面で使えば効果的でしょうか。

2018年告示の学習指導要領では，文構造や文法事項は「意味のある文脈でのコミュニケーションの中で繰り返し触れることを通して活用すること」と述べられています。生徒たちがどのような場面でどのような内容を理解し，適切に伝えられるようになるかを考えた文法指導が求められています。

1．文法事項指導の留意点

文法用語を使う長所は，文法を体系的に整理したり，関連する事項をまとめる場合に便利です。ただし，英語学習の目的は英語を使えるようになることで，文法用語を覚えることや用法の区別をすることが英語の学習だという誤解を生徒に与えないようにしたいものです。使いながら文法を学ばせる場合，生徒が，①言語形式，②意味，③言語の使用場面と働き，の3つを結び付けて学習できるように工夫します。生徒たちが興味を持ち，意味を推測しやすい話題を選び，その話題に適した場面を設定しましょう。

2．文法用語の効果的な使用場面

新出文法事項：Ken was seen to drop by McDonald's. を例に説明します。

① 高校生のケンが行方不明になっている場面を設定し，次のように口頭導入します。

Ken left his school at 4 o'clock. My friend saw him walk along the street. I saw him drop by McDonald's around 5 o'clock. After that, no one has seen him anywhere. Where is he now?

既習表現の“My friend saw Ken walk along the street.”, “I saw Ken drop by McDonald's.”を使って，ケンが学校から帰る途中に目撃された情報を口頭導入し，生徒に繰り返させます。次に，これらの文はケンを話題にして話しているので，ケンを主語にした受動態を使うと主語のブレがなくなり，文章の流れがよくなることを説明して，次の表現を導入し比較させます。

Ken left his school at 4 o'clock. He was seen to walk along the street. He was seen to drop by MacDonald's around 5 o'clock. After that, he has not been seen anywhere. Where is he now?

絵カードを黒板にはり，“What was Ken seen to do?”の質問文と受動態の目標文“He was seen to drop by McDonald's.”を板書します。

② 次に形式や意味について，生徒の気付きを促すために，能動態と受動態の文の対比ができるように，“What did you see Ken do?”，“I saw him drop by McDonald's.”を板書します。その際，生徒の形式への気付きを促すために，波線（him/ He）と下線（drop by McDonald's / to drop by McDonald's）を使って板書例のように図式化します。次に意味への気付きを促すために，日本語訳を板書します。

【板書例】

知覚動詞（see, hear, feelなど）の能動態と受動態の文

A: What was Ken seen to do?

B: He was seen to drop by McDonald's.

（ケンは－見られた－マクドナルドに立ち寄るのを）

A: What did you see Ken do?

B: I saw him drop by McDonald's.

私は見た（ケンが マクドナルドに立ち寄るのを）

下線部に注意：「原形不定詞」vs「to 不定詞」

知覚動詞の能動態の文は，知覚動詞の後に

目的語＋動詞の原形（原形不定詞）を用いる。

知覚動詞の受動態の文は，知覚動詞の後に

to不定詞（to＋動詞の原形）を用いる。

③ 説明の「まとめ」として，「知覚動詞（see, hear, feelなど）の能動態と受動態の文」とタイトルを入れ，板書例のように簡潔に要点をまとめて記入します。なお，I sawとwas seenの部分を四角で囲み，受動態の文を使うのは，誰がケンの行動を見たかより，ケンが何をしたのかに関心があるためであることを補足説明します。

CDなどの音声教材と教員の範読の使い分けは？

教科書準拠のCDと教員による範読をどう使い分ければよいでしょうか。また，よりよい範読を行うための留意点を教えてください。

1．教科書準拠のCDと教員による範読の利点

使い分けを考える際にまず押さえておきたいことは，教科書準拠CDと教員の範読（model reading）のそれぞれの利点です。

CDの利点は，ネイティブスピーカーの音声を聞かせることができることです。学習者にとって標準的な発音，強勢，イントネーション，区切りで録音されていて，これを聞き取ることを目標として使うことができます。CDによっては，スピードがやや遅いもの，標準なものなど複数用意されているので，生徒の状況により使い分けることができます。

一方，教員の範読の利点は何と言っても「生徒の様子を見ながら読み方を調整できること」です（⇨ Q3-8）。2018年に告示された学習指導要領高等学校外国語科の「英語コミュニケーションⅠ」の聞くことの目標には，「ア日常的な話題について，話される速さや，使用される語句や文，情報量などにおいて，多くの支援を活用すれば，必要な情報を聞き取り，話し手の意図を把握することができるようになる」とありますが，臨機応変に生徒を「支援」できるのが教員の範読の利点です。

2．CDと教員の範読をどう使い分けるか

1.で挙げたそれぞれの利点に合わせて使い分けましょう。お薦めするのはどちらか一方だけでなく２つを併用することです。次ページに示す教科書のメール文を例に使って，授業場面別に考えてみましょう。

① 内容理解の場面で

まずCDからスタートしましょう。“Where did Yui visit on the first day?”などの内容理解の質問に答えるためにCDを１，２回聞かせます。２回目は段落やまとまりでCDを止めてポーズを取ると理解の助けになります。ここでは，話題が変わる “Tomorrow I'm going to ...” の前で止めるとよいでしょう。CDを聞いただけでは理解できないときは教員の出番です。生徒の様子を見ながら，スピードを調整し，ポーズを取り，概要に当たる内容語等は

強調するなど，理解しやすくするための支援をしながら音読します。基本的な語句や文での言い換えをすることもできるでしょう。

> Dear Mr. Jones, Jack and Sophie,
>
> I arrived safely in the UK this morning. I love the Harry Potter Series and have always wanted to see the movie locations. So today I visited King's Cross Station in London. It's the station where Harry departed for a magical world.
> Tomorrow I'm going to take a bus to the Cotswolds. This area is famous for its beautiful towns and villages. Some of the scenes in the movies were filmed there.
> I'm looking forward to visiting the Cotswolds!
>
> Yours,
> Yui
>
> *All Aboard English Communication II*.（東京書籍）Lesson 8, "The Magic of the Cotswolds" p.84

② 音読の場面で

音読のモデルは教員が範読で示します。内容が伝わるように読むために，「だれが，だれに，いつ，どこで，なぜなどの情報」をチェックします。この本文は，「ハリー・ポッター」シリーズの大ファンである高校生の結衣が，家族でイギリス旅行中に訪れた映画の撮影地についての感想を日本にいる先生や友達にEメールで伝える場面です。結衣の気持ちが表れるように教員が読みます。ストレスや区切りを示しながら範読します。教員がモデルを示した後は，生徒に音読をさせます。ここでの教員の役割は生徒がうまく読めない語句の発音のしかたや，語と語の連結による音変化，文の強勢や抑揚などを教えることです。

その後は再びCDの出番です。Repeating，Overlapping，ShadowingなどいろいろなPを使って繰り返し音読練習をさせるときにはCDが適しています（⇨ **Q3-8**）。

音読指導の方法と進め方は？

音読指導にも，教員の後について読むだけでなくさまざまな方法があるようです。ねらいと進め方を学習段階や目的別に紹介してください。

1．音読指導は，英語授業の基礎・基本！

音読は英語授業の基礎・基本と言える重要な指導事項で（⇨ Q2-9），時間がないから割愛する，時間が余ったから何度も同じ方法で繰り返すなど，場当たり的に行うものではありません。

2．音読指導のバリエーション

① Chorus Reading（斉読）

教員がテキストを範読(model reading)し，その後について生徒が一斉に声を揃えて読みます。最初は意味のまとまり(sense group)であるチャンク(chunk) ごとに区切って読ませ，次第に文レベルへと拡充していきます。教員の後についてうまく音読できるようになると教科書準拠CDの後について斉読させます。いきなりCDを使うよりも，最初はスピードや区切りを生徒の実態に合わせて臨機応変に調整できる教員の後について行うのが効果的です（⇨ Q3-7）。

② Buzz Reading（個別音読）

生徒各自が自分のペースで，モデルなしで読めるように練習します。全員が異なるペースで一斉に音読を始め，「ブーン」というハチなどの羽音や機械の騒音(buzz)のように教室中が騒がしくなるので“buzz reading”と呼ばれます。練習中，教員は机間指導を行い，個々の生徒の音読への習熟の度合いを把握・評価しつつ，うまく音読できない生徒がいれば個別に指導します。

③ Individual Reading（個人音読）

教員が個人（対話文ではペア）を指名して音読させ，個々の生徒の読みをチェックしてあげる活動です。教員が指名して，他の生徒たちの前で発表させるので，クラスのどの生徒を指名しても上手に音読でき，褒めてあげられるレベルに達していることを見極めたうえで行うべき活動です。生徒を指名して音読させ，くさしたりするようでは，指導者失格です。

個人の音読能力の評価よりも，他者の前で音読する経験を主目的として行う場合には，グループ内で一人ずつ順番に輪読させます。

④ Read & Look-up

まず，文またはsense groupを黙読して意味を確認します。次に顔を上げて，例えば教室の前にいる先生に意味を伝えるべく，テキストから目を離し「相手の顔を見て，語りかけるつもり」で声に出して言います。Read & Look-upは「音読からスピーキングへの橋渡し」となる活動です。教員が“Read.”と言うと生徒が黙読し，“Look up.”の合図で一斉に顔を上げ声に出して言います。反復練習を通して，次第に黙読して再生する単位（chunk）を拡げ，最終的には文レベルでの再生に導き，生徒はテキストを一瞬見ただけで顔を上げて言うことができることをめざします。

文が長い場合は，チャンクごとに改行しセンタリングしたプリントを作って配布し，次に言う文やチャンクの冒頭を左手の親指で押さえながら行わせれば，生徒が次に黙読する際に場所を見失って戸惑うことを防止できます（⇨具体例は **Q6-5**）。

⑤ Overlapping

ナチュラルスピードのCDや教員の範読と重ねながら遅れないように教科書を見ながら音読する練習で，paced readingとも呼ばれます。自然なスピードやリズム，イントネーションに近づけるのに有効で，listen & repeat形式のchorus readingの半分の時間で実施でき，短時間で練習量を確保することができます。Chorus readingやbuzz readingを十分に行った後に実施します。

⑥ Shadowing

「尾行する」という意味の動詞shadowから命名されたシャドゥイングは，文字を見ずに，耳から聞こえてくる音声を遅れないようにできるだけ即座に繰り返しながらついていく練習法で，同時通訳トレーニング法の１つとして行われているものです。

斉読などモデル音声を聞いた後，一定のポーズを取って繰り返すlisten & repeatとは異なり，間を置かず聞こえた瞬間に繰り返します。Buzz readingやoverlappingなど，十分に音読練習を行った後に発展的活動として行うと力がつきます。シャドゥイングは言語知識の自動化を進め，表現能力を高める効果があると言われています（白畑他，2009）。

板書やハンドアウト，プロジェクターの長短は？

板書，ハンドアウト配布，パソコンからプロジェクターへの投影などの効果的な使い方について教えてください。

板書，ハンドアウト，プロジェクターの長所と短所を踏まえて，長所を生かしながら効果的に使い分けることが大切です。

1．板書の長所と短所

板書は，二分割，三分割してそれぞれ違った目的で使用するとよいでしょう。一番端は，派生語や反意語を書く欄にするなどと決めておくと生徒も混乱しません。パワーポイントと比べ，「必要に応じて臨機応変に書いたり消したりできる」のは板書の利点です。授業は「教員が思っていたとおり」に進むものではありません。パワーポイントは，その場での変更ができませんが，生徒中心の授業であればあるほど想定外の事態が起こるものです。そのような場合，黒板は便利です。そのためにも，一時的な使用のためのコーナーを黒板内に決めておくのもよいでしょう。また，「黒板に絵を描く」というのも有効な手段の１つです。口頭で英語の定義を伝えるより，簡単な線画を黒板に描くことで生徒が瞬時に理解できることもあります。

学習効果を高めるためにも，計画的に板書を行うことが大切なのは言うまでもありません。しかし，黒板は教員だけが使うものではありません。黒板は生徒と教員が共有できるコミュニケーション・ボードです。教材導入やアイディアジェネレーションで，よくマインド・マッピングが使われます。生徒各自でマッピングした後，黒板全体を使ってクラス全体で共有するのもよいでしょう。生徒が一人ひとり黒板に自分のアイディアを書き加えていきます。そうすることで，クラス全体でアイディアを共有することができます。みんなが顔を上げて黒板を見るので，たいへん盛り上がります。ただし，板書は文字を書くには便利ですが，スクロールができず，大量の資料を提示できないのが短所です。

2．ハンドアウトの長所と短所

ハンドアウトでは，英文の内容を視覚的に表した「グラフィック・オーガナイザー」の利用が効果的でお薦めです。グラフィック・オーガナイザーは，本文中のキーワードやアイディアの論理的関係を記号や図を使って表したチャートで，思考や読解の過程を視覚的に捉えさせることができます（⇨ **Q8-4**）。また，内容理解と音読などを十分に行ったうえで，グラフィック・オーガナイザーを使ってリテリング活動を行うこともできます（⇨ **Q4-4**）。

しかし，親切すぎるハンドアウトには要注意です。ハンドアウトの多用は，生徒から自ら考える力やnote takingのスキルを付ける機会を奪います。また，ハンドアウトに文字を記入したり，読んだりしている間，生徒は下を向いたまま顔を上げないという弊害もあります。

3．プロジェクターの長所と短所

プロジェクターは，画像や映像の提示に絶大なパワーを発揮します。効果的な使用を工夫しましょう。昨今の教科書には写真や絵が多く掲載されていますが，その難点は生徒に常に見えてしまうことです。パワーポイントは「電子紙芝居」ですから，教員が見せたいスライドを見せたい順番で見せることができます。見せる順番を工夫することで，１枚の画像が持っている効果を最大限に引き出すことができます。また，画面を見ている間は，生徒は前を向くので指名などもしやすくなります。

ただし，パワーポイントは前後のスライドを行ったり来たりするのは簡単ですが，何枚もスライドを飛ばすことが苦手です。Preziというプレゼンテーションソフトは，いわゆる１枚のポスターでできており，全体を提示したうえで，必要に応じて部分を大きく提示したり，瞬間的に別の場所に移動したりすることができます（⇨ **Q9-6**）。

最近ではインターネット上に利用可能なコンテンツが豊富にあります。TEDやTED edなど，日英字幕がついているものも多くあります。最初は字幕なしで見る，次に英語字幕で見る，といった段階を踏んだ指導も可能です。ただし，視聴時間は長すぎないように注意しましょう。ICT機器はあくまでも授業を効果的に進めるための道具であって，「使いすぎ」「凝りすぎ」にならないように注意が必要です。

生徒全員を参加させる発問や指名の方法は？

クラス全員が参加する授業づくりをめざしています。より多くの生徒の発言を促すための発問の工夫や指名のしかたについてアドバイスをお願いします。

① **ねらいに応じた発問**：発問のねらいや形式（⇨ Q6-6）は，単元の目標，題材や言語材料，授業過程等によって異なります。ここでは，*Revised POLESTAR I.*（数研出版）Lesson 9, "Stephen's Story: A Story That Will Never End" のパート1を取り上げて考えてみます。

> Stephen Sutton was born in England in December 1994. He had a normal childhood, but at the age of 15, doctors found that he had cancer. He was given an operation, but the cancer had already spread to other parts of his body. Over the next three years, he had seven more operations ….

1) Review: 前時の学習事項の理解度を確認し，定着を促す発問
2) Pre-reading: 本時の本文学習に興味づけを図る発問
   Look at this picture. He is Stephen Sutton. What does he look like?
3) While-reading: 本時の本文学習の理解度を確認する発問
   How old was Stephen when doctors found that he had cancer?
4) While-reading: 根拠や思考プロセスを明らかにする発問
   「3～4行目でなぜ過去完了(had spread)が使われているのだろうか。」
5) Post-reading: 本時の学習内容を発展させる発問
   What do you think happened to Stephen after he had seven more operations?

② **指名のしかた**：発問の際には，座席順に当てたりせず，まず全員の顔を見て問いかけ，ひと呼吸おいてアトランダムに指名します。また，生徒の学力差に対応するため，あらかじめ異なる難易度の発問を考えておきます。生徒が答えられない場合には，発問をもう一度ゆっくり繰り返したり，易しい表現に言い換えたり，例を挙げたり，一般疑問文や選択疑問文で尋ねたりしましょう。積極的に発言しない生徒や学習が遅れがちな生徒には，教員が当該生徒の興味・関心，特技，所属クラブなどを把握していると，これらに関連した質問を作り，指名することができます。

高校生の学習意欲を高める秘訣は？

生徒の興味・関心を高め，意欲的に生き生きと授業に参加してほしいのですが，学習意欲をなかなか高められません。どのような工夫が必要でしょうか。

高校生ともなると「英語学習はこういうことをすることだ」という信念や思い込み（learner beliefs）を持っています。教員がいくら工夫しても生徒が自分の英語学習に役立つと思わなければ反応しません。例えば「授業に積極的に参加すること」が英語のよい学び方であると生徒が気付かなければ参加しません。また，特別優秀な生徒を除き，たいていの生徒は英語全般あるいは特定の技能への苦手意識を抱えています。過去の学習経験で傷つき自信喪失し，「苦手だ」「できない」と思い込んでいるのです。

この２つの思い込みは密接に絡み合っています。このような事例があります。教科書の英文を「つなぎ言葉」(discourse marker) を目印に全体の構造を考えながら読む方法を教えました。英文はgeneralなことからspecificなことへと書かれているので，わからない単語があっても英文の意味が類推できることを具体的に説明しました。授業の終わりの振り返りでは「わからない単語があっても意味が取れるんだ」「英語はすべての文を順番に訳していくと思っていたが違う方法があると知った」「次は先生の助けなしでこの読み方をやってみたい」といった感想が相次ぎました。生徒が自分の思い込みの１つを見直し，「できない」から「できるかも」に変わった瞬間でした。

教員が場面を捉え，具体的なコツを指導する。それによって生徒は英語力が伸びると感じる。そのとき生徒は１つの思い込みから解き放たれ，学習意欲が高まります。そのためには単一の方法ではなく，さまざまなアプローチのしかたが必要です（⇨ Q3-2）。我々自身も教員主導で授業の技を工夫するだけでなく，生徒の意見を聞き，意見交換し，疑問に対していねいに答える生徒主体の姿勢を持つことが大切です。以下にいくつかの方法を提案します。

１．英語が「聞いてわかる」を増やす

ALTや教員の話す英語が理解できないのはおもしろくないし苦痛です。逆に，教員や友人の話す英語が理解できると楽しくなり，やる気が持続しま

す。また，しっかり音読する生徒が増えると授業の活気は高まるうえに，お互いに「聞いてわかる」が増えます。この「生き生きとした英語音声が飛び交う教室」が生徒の学習意欲を高めます。これは自宅学習や塾にはない語学学習環境です。しかし，筆者が長年の中学校勤務後，高校で教え始めて驚いたのが，「音読に自信がない，英語が聞き取れない高校生」の多さと，「音声面での活気のなさ」です。中学校英語教育の責任を痛感しますが，高校でもう一度「聞き手に伝える音読ができる喜び」と「聞いてわかる喜び」を体感させましょう。詳しい説明は音読やリスニングの項（⇨ Q5-5）に譲りますが，毎時間数分間でも，必ずこれらを指導する時間を設け，コツを明示的に教えつつ練習させます。生徒は「できない」のではなく「方法を知らない」だけなので，コツを教えることと小さな進歩も必ず褒めることに重点を置いて指導します。教員も魅力的な音声で英語を語れるよう，自身のトレーニングを行ってください。

2．グループ活動の機会を与える

教員の力だけでは学習意欲は高まりません。友人から学び，刺激を受けることで生徒の学習意欲は高まります。グループ活動の課題は，教科書の音読からディベートや新聞製作まで学習者のレベルによって変えますが，活動内容を明確に指示することが大切です。そしてグループ発表の機会を与えます。高校は通常40人学級なので，４人班にすると10グループもの発表になるため，短時間でできる課題を選びます。全グループが最初から発表に成功するわけではありませんが，意欲的に取り組んだ班の発表を見ることで他の生徒たちも必ず変わっていきます。

筆者は，生徒の多くが音読ができず，英語が聞き取れない学校で１年間少しずつ音声指導やグループ活動を続け，３学期の最後に３人の人物とナレーターで語る英語落語を，台詞の間合いや抑揚を工夫し，班で練習させ，朗読発表させました。指導者の評価の観点と基準では，意欲的に発表できたのは４割程度と思えたのですが，生徒の振り返りを読み反省しました。ほぼすべての生徒が「頑張って取り組めた」と自己評価し，また，だれがよく努力したかを正確に把握していました。そして「活動が楽しかった」「もう一度機会があればもっと練習して臨みたい」と書いていました。グループ活動は人と人をつなぎ，一人ひとりの成長を促します。生徒を信じて機会を与えましょう。ただし，グループ活動は「失敗させない」ように指導し，「マイナス評価を付けないこと」が大切です。上記の例では，どのグループもつかえずに読めて合格（入学時を振り返れば大進歩），生き生きと表現できたグループは優秀班として称え，各登場人物の最優秀演者による朗読を鑑賞して終わりました。選ばれた生徒は，堂々と前に立ち誇らしげに朗読しました。

3．生徒の「授業の振り返り」から学ぶ

授業の終わりや単元の終わりに，生徒たちに授業の振り返りを書いてもらいます（⇨ Q8-5）。１枚１枚読んでいくと教員が授業で意図したことと生徒の受け止め方が合っていたかどうかがわかります。このズレを知ることが次の授業案作成に役立ちます。また，生徒の学習上の悩みや疑問点を早く知ることができます。そういう悩みや疑問をすぐにあるいは計画的に授業に反映させ，個別に対応することで生徒たちに寄り添う学習指導ができます。それは必ず生徒たちの学習意欲の高まりとなって返ってきます。筆者は振り返りシートを読んだ後，短いコメントを書いて返却していました。ある生徒は音読でほとんど声を出さず，何度注意しても教員が英語でインタラクションをしているときに絶えず私語をしていました。この生徒にとっては単語テストと文法ドリルがよくできることが「英語ができる」ことのようで，私語を注意されても「私は，英語はできます」と強気でした。しかし，振り返りシートを通してこの生徒の思い込みが変わっていく，「授業でできるようになりたいこと」が変わっていくのを観察しました。それは一方的な変化ではなく，彼女の「この授業でできたこと，できなかったこと」を読みながら，「音読したくないのではなく，読めない単語が多かったのだ」と私のほうも彼女についての理解が変化しました。振り返りシートの活用は教員と生徒の双方が成長しながら生徒の自発性を引き出す優れた方法の１つだと思います。

4．今，世界で起きていることと生徒の英語学習をつなぐ

今やスマートフォンを高校生のほとんどが所有する時代です。英語で配信されるニュース，海外で働く日本人や英語に関する情報，ニュースで使われた英語表現を授業で紹介し，生徒たちの意見を聞いてみましょう。例えば，2018年９月の全米オープンテニスで優勝した日本国籍の大坂なおみ選手が，審判と相手選手の激しい口論から生じた競技場の混乱の中で優勝者としての

ひと言を求められ，“I'm sorry it had to end like this.”と言ったのがテレビ画面では「勝ってしまってごめんなさい」と訳されました。これは誤訳だという指摘がすぐマスコミに登場しました。また，日本とハイチの両方を出自として持つこのチャンピオンの出現で「日本人とは何か」という問題が新聞で取り上げられました。こういったニュースを英語で，もしくは日本語で紹介し，高校生の意見を聞くと興味を示し，自分で調べる生徒が必ず現れます。

そして，教員がこのような紹介を続けると，生徒が自分で選んだ海外ニュースを紹介する活動ができるようになります。洋画や洋楽も生徒がお薦めを紹介してくれるかもしれません。どんなによい教科書も今現実に世界で起きていることからは「古く」なっていますが，生徒たちは教科書の内容に関連する最新ニュースを見つけてくるかもしれません。このような活動が，教科書題材の学習を深め，その教室にしかない特別な学びにしてくれます。刺激を与えれば「今，世界で起きていること」への生徒の関心は育ち，自発的なより深い英語学習につながります（⇨ **Q6-9**）。

5.「書く」力は自立の力。気軽に書く習慣を育てよう！

「書くこと」は一人でできるコミュニケーション活動です。英語で日常的な話題や社会的な話題などについて自分の考えを楽しく書く機会を与え，テストのためではなく自分のために書く習慣を育てましょう。

作品例を見てください。中学時代にまったく書いたことがなく，高1の1月から書き始めた生徒による自由作文です。

得意な絵と英文を組み合わせて楽しんで書いています。ある程度書けるようになると，もっと自在に自由に書きたいという欲が出てきます。そうすると進んで語彙や表現を吸収するようになります。

第4章

コミュニケーションにつなげる音声・語彙・文法指導

生徒に自信を付けさせる発音指導の留意点は？

発音に自信のない生徒が多く，音読練習であまり声が出ません。生徒に自信を付けさせる発音指導について紹介してください。

1．具体・個別の指導を大切に

英語の単語の発音や文章の音読で「大きな声ではっきり発音しなさい」と言うだけでは，生徒はどんどん萎縮し自信をなくしていきます。単語やフレーズの発音練習をきちんと行い，音読をするたびに上達しているという実感を持たせ，自信を付けさせてあげましょう。

発音指導のポイントをいくつか挙げます。

① 学期の始めなどにガイダンスを行い，発音や音声の大切さや誤りを訂正するタイミングについて教員と生徒間で共通理解を図る。
② 先輩の音読や発表，やり取りの様子を録画ビデオで見せ，ロールモデルとして動機づけを行う。
③ CDや教員のモデルを十分聞かせ，リズムやストレスを指導する。
④ 間違いやすい母音や子音，語と語の連結による音変化などを明示して練習させ，生徒の発音に具体的なフィードバックを与える。
⑤ 生徒個人と全体へのフィードバックの両方をバランスよく行う。
⑥ 音読直前の発音のポイント提示は，１～２つに絞る。

①は，授業中に教員が発音の訂正や指導を行う目的を理解させ，生徒が安心して発音・音読練習できる環境をつくるために行います。生徒が遠慮して下手に発音したり，教員が遠慮して訂正が曖昧になったりしては，生徒の発音を向上させ自信を付けてやることはできません。

②では，過去の先輩のスピーチなどを見せ，教員が発話内容や英語表現だけでなく，発音についても意識を向けさせることで，生徒の身近で現実的なロールモデルを示し，発音への意欲も高めることをねらいとしています。

③，④では，教員自身が，特に注意が必要な発音を繰り返したり強調したりすることが大切です。カタカナ語として日本語に入り使われている単語の発音には要注意です。例えば「トライ」などは高校生がよく使う基本的な動詞でもあり，日本語式に不要な母音を入れたうえに，/l/，/r/の違いを無視し

たカタカナ読みのまま放置すると，そのまま定着してしまい英文全体のリズムも失われます。また，英語の苦手な生徒は，１つひとつの単語をブツ切りに発音しがちです。自然な速度で話される英語の連音・同化・脱落などの音変化についても，記号を付けるなど明示的に指導してあげましょう。この指導や練習の積み重ねはリスニング能力の向上にも転移します（⇨ **Q5-5**）。

⑤では，机間指導をしているときなどに，個別の生徒の発音に耳を傾け，フィードバックを与えます。うまくできている発音は，その場で褒めて，生徒の自信につなげましょう。また，同じ発音上の誤りを何人もの生徒がしている場合には，全体に戻して確認しましょう。

⑥については，特に音読練習をこれから始めようとするときに，教員から次から次へとたくさんの発音のポイントを提示されると生徒は混乱してしまいます。教員が日頃からこまめに指導を繰り返すことで，一度にいくつものポイントを提示する必要もなくなります。

2．教員も生徒もセルフモニタリングの機会を

教員によるモデルやフィードバックが大切であることは間違いありませんが，生徒自身にも自分がどのように発音しているのかを確認する機会を設けてあげると効果的です。ICレコーダーやスマートフォン，タブレット端末などの機器を活用して，生徒の例文や教科書本文，発話を記録し，聞き返す活動（セルフモニタリング）を行うことで，生徒自身の発音への気付きや意識の高まりを期待できます（⇨ **Q9-4**）。１学期はじめに録音した英文の音読を年度末に再度録音させ，聴き比べて伸びを実感させるなどの工夫もできるでしょう。教員による継続的な伸びが実感できる指導がその前提となることは言うまでもありません。

また，生徒の発音のモデルとなるべき教員も授業中の自分自身の英語を聞き，改善をしていくことが大切です。生徒の発音は教員が指摘してくれますが，教員が普段の授業で話す英語の発音を指摘してくれる人はいません。生徒のモデル足り得る発音を常に意識して改善に努めましょう。そうした教員自身の自律的な取り組みの姿も，生徒にとっては英語学習のロールモデルになるはずです。

機械的な発音練習から脱するには？

CDや教員の音声をまねる発音練習ではなく，コミュニケーションにつながる音声指導をするには，どういう工夫が必要でしょうか。

文脈のある文章の中で場面や状況を思い浮かべながら，英語のリズムやイントネーションなどを意識して発音する練習を取り入れましょう。そのためには，登場人物の心情や要点の理解，その文章が書かれた状況の把握などの英文読解が前提です。モデルに続いて読ませることは大切ですが，ときには生徒自身がこれまで学習した知識や発音の技能を用いて，登場人物の心情や場面，文脈などの意味が伝わるように音読するにはどうしたらよいかを考えさせることも大切です。文中の区切りや間などでニュアンスが変わったり，プロソディが失われると英文の持つ意味やメッセージが伝わりづらくなったりすることを理解させ，音声表現の大切さに気付かせたいものです。

英文の意味やそこに込められたメッセージを音声で伝える（oral interpretation）指導を，次の教科書本文の一節を例にして考えてみましょう。朗読家になったつもりでドラマティックに音読させます。

> Late in 1999, Charles M. Schulz learned that he had cancer and could no longer continue to draw Peanuts. To say goodbye to his readers, he drew a farewell cartoon and it was to appear some six weeks later. If he had lived one day longer, he would have seen it in print.
>
> Sadly, he died the day before the cartoon came out.
>
> *CROWN English Communication I – New Edition.*（三省堂）Lesson 10, p.150 一部改編

約50年続いた漫画*Peanuts*の連載終了を伝える漫画が新聞紙上に出る１日前に作者が亡くなったことを伝えた英文です。作者の人生観や家族への思いを色濃く反映した漫画であることを前後の英文も踏まえて理解したうえで，例えば，「ニュースの特集コーナーで作者について伝えるナレーションをしてみよう。その際，これまでの音読で学習した区切りやストレスに注意してリズムを失わないように」と指示して音読させ，生徒同士で聴き比べをさせてみてもよいでしょう。

生徒にとって難しい音素とその指導方法は？

生徒が苦手とするのは，どの音素（phoneme）でしょうか。また，どのように指導すれば上達させられるでしょうか。

英語の音素は母音20と子音24の合計44音とされますが，中でも/æ/, /ou/, /l/, /z/の４つの発音が日本人高校生には難しいようです。

① /æ/の発音

高校生に中学時代，/æ/の発音についてどう指導されたかと尋ねると，生徒たちの多くは，「アの口の構えでエを発音する」と習っているようです。筆者は数十年前の中学生のときに「アとエの中間の音を出す」と言われて，「イなの？ ウなの？」と当惑した覚えがあります。この音は次のように図で示せばほとんどの生徒がすぐに習得できます。あ→もう少し横長に誇張して書いてもよいかも知れません。言葉で表せば「つぶれた『あ』」です。強く短く切るように発音する /ʌ/ とminimal pairで練習してみましょう。

例. /æ/−/ʌ/　lack - luck　hat - hut　ran - run

② 二重母音 /ou /の発音

高校生に限らず，日本人は二重母音を長母音化する傾向があります。『孝行息子』に仮名を振れば「こうこうむすこ」ですが，通常「こーこーむすこ」と発音されます。次のminimal pairは，前が二重母音で後ろが長母音です。

例. /ou/−/ɔː/　boat – bought　low – law　choke – chalk

③ 音節の最後か子音の前に置かれる / l /の発音

いわゆる“ダーク・エル”で 音素 / l / の異音（allophone）です。母音の/u/に似た音になります。

例. help,　table,　milk,　belt

④ / i / が続く / z / の発音

音素/z/は日本語にも存在しますが，/zi/の音は存在せず，日本人は /dʒi/で代用する傾向があります。magazineの下線部を /ziː/ でなく / dʒiː/ のように発音しがちです。短めの単語でこの代用が起こると，発話はintelligibleでなくなり，伝わらない可能性があります。

例. easy,　rising,　zipper

本文の内容を自分の言葉で表現させるには？

本文のリプロダクションを行わせていますが，丸暗記して言うだけに終始しています。自分の言葉で話せるにはどうしたらよいでしょう。

1．レシテーション，リプロダクション，リテリングの違い

まず，類似した3つの用語の違いを確認しましょう。レシテーション（recitation）は，学習したパッセージやスピーチなどを「暗唱」することです。リプロダクション（reproduction）は，「再生」「再現」の意味で，絵や写真，キーワードなども使いながら学習した文章をできる限り原文と同じ言語形式を使って忠実に再現する活動です。一方，リテリング（retelling）は，「再話」と訳され，絵や写真，キーワードなどをヒントに自分の言葉で内容を語り伝える活動です（⇨ Q6-5）。「丸暗記でなく，自分の言葉で話せるようにするには」というご質問ですので，本稿ではリテリングに導く指導のアイディアを示します。

2．「自分の言葉で話す」前にすること

いきなり「自分の言葉で話す」のは難しいので，その前にすべきことを整理しましょう。まずは内容理解です。概要，要点，詳細とポイントを変えて何度も本文を黙読させましょう。次は音読です。さまざまな音読方法（⇨ Q3-8）を使って練習を行わせます。本文の内容が聞き手に伝わるようにすらすらと音読ができることをゴールにします。音読の後は，文字を見ないでCDなどの音声を聞きながらシャドーイング（shadowing）を行わせます。本文の意味を考えながら取り組ませるのがポイントです。「自分の言葉で話す」前に，「内容理解」「音読」「シャドーイング」を経て，本文に習熟させておくことが大切です。

しかし，どの程度できればよいかを判断することは簡単なことではありません。また，この段階にとどまっていると生徒はやる気を失ってしまうかもしれません。そこである程度できる段階になったら，「自分の言葉で話す」活動に挑戦させ，「うまくできない！」と感じさせ，再び「音読」「シャドーイング」に戻るという展開もあります。

3.「自分の言葉で話す活動」を行う時期と題材

実施時期は，次の二通りが考えられます。1つはその課の最後にまとめとして行うこと。もう1つは，以前に学習した本文を扱うことです。習ったばかりの本文は記憶に新しいですが，「自分の言葉で話す」のは簡単なことではありません。一方，以前に習った本文を使うことのメリットは，英語自体が習ったばかりの本文と比べて易しく，話すことに取り組みやすくなることです。この場合の「以前に習った本文」は半年前，1年前など生徒の習熟度で決めるとよいでしょう。どこで何を扱うかに決まった時期などはありません。「自分の言葉で流暢に話すことができる」など，目的に合わせて選択するとよいでしょう。

4.「自分の言葉で話す」―活動前に行うこと

「自分の言葉で話す」ための支援として，キーワードや写真を与えることができます。次の図(*Genius English Communication I*.(大修館書店) Lesson 4, "Borneo's Moment of Truth" より) のようなコンセプト・マップ（グラフィック・オーガナイザーとも呼びます⇨ **Q3-9**，**Q8-4**）を与えることができます。コンセプト・マップを載せている教科書もあり，下の図はその一例です。生徒は教科書を読み直し，空欄を埋め，その後自分の言葉で本文の内容を語り伝えます。コンセプト・マップに慣れてきたら，生徒に「自分でマップを作らせてみる」とよいでしょう。例えば，教科書の内容をCDで聞きながら生徒はメモを取り ("Listen & Take Notes")，そのメモを見ながら話させます。Listen & Take Notes の活動を通して，生徒は自分の言葉で話すための準備ができます。

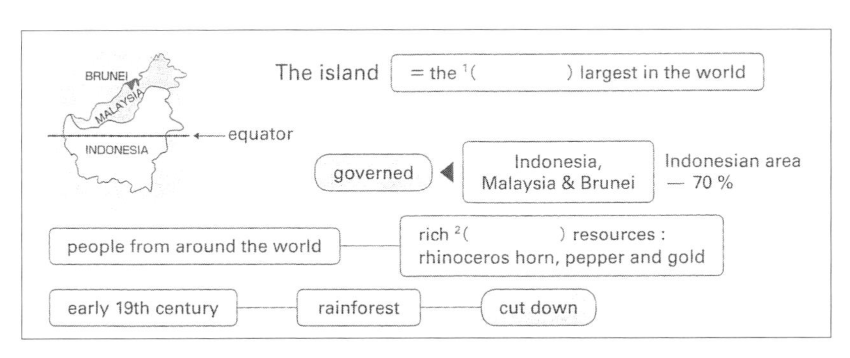

5．「自分の言葉で話す」―活動中・活動後に行うこと

活動中では次の４つのポイントを押さえて活動させます。

① Planning Time を与える

いきなり話させるのではなく，話すことを考える準備時間を与えます。準備時間は生徒の様子により決めますが，２～３分程度でよいでしょう。心の中でリハーサルする活動ですので，文を書かせるのではなく，書かせる場合でもメモをする程度にします。

② Task Repetition の機会を与える

Planning Timeで話すことを準備したら，次は相手を代えて繰り返し話す機会を与えましょう。まずは一人で，次に二人一組で，さらに違うパートナーと二人一組でなど，相手を代えながら繰り返します。同じことを話すので，回を重ねるごとに生徒は慣れてきます。話す時間を次第に短く設定すれば，流暢さ（fluency）に生徒の意識を向けさせることもできます。

③ インプットを与え，発表の質を高める指導を行う

②のTask Repetitionは，ただ繰り返すだけでも意味がありますが，次のようにすると，話す内容の正確さ（accuracy）や使う語句・文法の質の向上を促します。１つはインプットを与えることです。基本となるインプットは教科書の本文です。本文をざっと読む時間を与え，使える語句・文を探させます。次にできることはALTや他のクラスの生徒の発表例をプリントにして読ませることです。「あっ，こう言えばいいのか」など参考になる語句や文にアンダーラインを引かせます。

もう１つは，教員が文法のミニレッスンや語彙の復習をすることです。②の活動の最中に生徒の話す内容をモニターし，生徒に共通する誤りなどに気付いたら，必要に応じて語彙指導・文法指導を行います。生徒にとって，言いたくてもうまく言えなかったことを指導されますので，定着率も記憶保持率も高く効果的です。このように必要感を感じさせた後の語彙指導・文法指導は教員の重要な役割です。

④ Reflection の場を設ける

活動後は「振り返り」（reflection）を行わせます。話したことを書かせたり，言いたかったけれど言えなかったことを日本語で書かせることもできます。「生徒が知りたいときが教えどき」，後者は以後の授業で，個人や全体にフィードバックしてあげましょう（⇨ Q8-5）。

音声指導と文法指導を統合させるには？

音声指導と文法指導をうまく合体させる方法はないでしょうか。実践事例と留意点を紹介してください。

1．教員の範読を通して，音調で意味と構造を伝えよう

生徒がうまく理解できない文があったときに，日本語で解説してわからせるだけでなく，その文を上手に語って聞かせることによって理解させることもできます。複雑な構造の文であっても，メリハリを付けて教員が音読したものを聞けば，構造や意味が伝わってくるものです（⇨ Q2-9）。

例えば，①The checkout person will often put something that is already wrapped into yet another plastic bag. のように関係代名詞節が主語と本動詞の間に埋め込まれた文は，多くの生徒が苦手とするものです。文法力の弱い生徒は，wrappedとintoが直接結び付いているように誤解してしまい，… put［something that is already wrapped］into ... と，埋め込み節がwrappedで終わることに気付きません。このような場合，日本語で説明の言葉を尽くすよりも，音調で構造を示す方が簡単です。構造上の区切り，例えば，something that is already wrappedという名詞のかたまり（NP）を一気に言った後でintoの直前にポーズを置き，intoをputと同じくらいの強さで言えばよいのです。このような音調が構造理解のヒントになります。

それでは，②We are becoming aware of the special help that animals can <u>be</u> <u>to</u> the elderly, the sick and the physically-challenged. はどうでしょうか。

この場合は，下線部のbe toを続けて読むことはできません。beとtoの間にあった補語special helpが関係代名詞thatになり，移動した後に残る「見えない空所」があることがわかるように音声化しなければならないからです。

次は，省略の例です。③In South Africa, white people make up 10 percent of the population and black people 80 percent. は，どのように読めばよいでしょうか。文の後半，black peopleと80%の間には動詞句 make up が省略されています。省略されている箇所では，声に出さず心の中でmake upとささやく間だけポーズを取らなければ，文の構造は正しく伝わりません。

このように，移動や省略の結果として残される「見えない空所」に慣れる

ためには，「構造を意識した音読練習」が不可欠です。構造と音調を一体的に捉えられるようになれば，音声の助けがなくても構造がつかめ，移動や省略した語句を瞬時に元の場所に戻して文を再構成する力が付いてきます。

英語では，時制・人称・格による語形変化がほとんど廃れてしまっています。形態的な情報が乏しいため，局所的な情報だけでは意味解釈を特定できない場合が少なくありません。次はtornado（竜巻）について定義した文です。

④A violent windstorm in which a rotating column of air forms at the base of a thunderstorm and extends toward the ground in a funnel shape.

高校生の多くは，下線部のairに強勢を置いてair formsをつなげてしまい，STONE bridgeのように〈名詞＋名詞〉の音調で読んでしまいます。これだと「空気の形」ということになり意味をなしません。この文のform(s)は名詞ではなく動詞で，extendsと並列の関係になっています。このような文の場合，板書してformsとextendsに下線を引くか囲むなどして，視覚的に説明することが多いでしょう。しかし，主語の最後の語であるairを「次に動詞が来るぞ」と予測できるような抑揚で読み，その後に短くポーズを置いてformsを強くはっきりと発音することで構造を示すことも可能なのです。

2．自分で気付ける力を育てよう

このような力を付けさせるには何をすればよいのでしょう。例えば，授業の冒頭に前時の復習をする際，教科書を閉じさせ，生徒たちの目を見ながら，前時の内容を教員が英語で語りかけていくのです。このような経験を繰り返すことで，構造と音調の関係について体験しながら身に付けていくことが期待できます。しかし，いつまでも教員の範読を聞いているだけでは不十分です。頃合いを見計らって，文章を黙読させた後に,「この文はどう音読すべきか」を自分の頭で考え，自分で音調をつくり出せるように指導していくプロセスが必要です。その際には，Place the litter. Don’t litter the place.のように対比の明確な例が効果的です。これは，アメリカ西海岸のゴミ捨て場で実際に見かけた掲示です。placeやlitterは，もともとは名詞ですが動詞にも転用されます。このように，同じ単語が名詞・動詞の両方に使われていることに気付かせます。そして，それぞれの語が文中で果たす役割によって音調が変わることに気付かせ，その違いが伝わるように音声化するには，どのような点に気を付けなければならないかに意識を向けさせましょう。

Q4-6 市販の単語集の効果的な活用法は？

受験用の単語集を購入させて毎時間小テストを行っていますが，生徒はすぐに忘れてしまい定着しません。どのような工夫が必要でしょうか。

すぐに忘れてしまうのは暗記するだけで使わないからです。単語集で触れたとしても，その後に繰り返し使用する機会がなければ語彙は定着しません。外国語としての語彙の定着には，部活動における“基礎練”と同様に，繰り返し練習して身に付けることが不可欠です。ただし，繰り返しは単調になりがちなので，やる気が持続するような工夫も必要になります（⇨ Q7-5）。

① 教科書題材と関連付ける工夫

単語集は1ページ目から順に進める必要はありません。「環境」「歴史」等のトピックごとに整理してある単語集ならば，教科書本文の学習後に関連する文章を読ませたり，意見を書かせたりするために単語集の語彙を活用することができます。このように，リーディングやライティング等とうまく関連付ければ，単調で機械的ではない繰り返しで定着を図ることができます。

② ペースメーカーとしての小テスト

語彙が定着した結果，英文が読めるようになったなどの達成感を味わうには，受容語彙（読んだり聞いたりするときに理解できる語彙）の定着が出発点で問題ありません。筆者はテストに基準点を設け，その点を超えた分を授業点や成績に加えることにしています。例えば，20点満点の小テストで16点を基準点とし，それを超えた点数を合計して成績に加えます。定期考査の点数だけでなく，日常の小テストをペースメーカーとして努力したことが結果につながるため，外発的な動機づけとしての効果が期待できます。

③ 思考力・表現力を伸ばす授業での取り組み

最近では150語程度の短めのパッセージを併用した単語集も出ています。単語テストの後であれば，文字を見ずに音声を聞いて概要を理解することができるでしょう。要点をメモさせ，聞き取れた内容をペアの相手に英語で説明させます。表現は易しく言い換えたものでかまいません（⇨ Q4-4）。その後に開本して，英語を読みながら内容を確認します。細かいところまで理解できた後に，音読することでさらに定着を図ることができます。

増える新語数にどう対応するか？

新語数が増え，生徒の負担が増しています。指導上留意すべきことや学習した語を話すことや書くことで使わせるよい方法はありますか。

1．指導上留意すべきこと

① 中学校で学習した語彙を使えるようにする

まずは，中学校で学習した語彙を使えるようにすることが先決です。高校生であれば，enjoyやbecauseを知っているのは当たり前でも，*I enjoyed very much today. *Because I went shopping with my friends. などの誤用は生徒の作文によく見られます。用法の理解も含めた語彙の知識であり，日本語で意味を知っているだけでは語彙は身に付いたとは言えません。発音も大事な語彙の知識です。読めない単語をその時だけ辞書で調べて書いても定着は望めません。

② 自己表現の場で使いながら身に付けられるようにする

生徒が自分の気持ちや意見を表現できる言語活動で，伝えたい内容や場面に応じて自ら主体的に語彙を選び，それを使って表現してみることが発表語彙にするためには欠かせません。また，教員は言語活動の様子や生徒が書いたノートやプリントをよく見て，語彙の誤用や使用頻度などの実態を捉え，活動の振り返りの際に明示的に触れて説明するなど，指導に生かしましょう。語彙の選択間違いは，global error（⇨ Q5-15）となることがあり要注意です。

2．学習した語を発表語彙として活用させるための指導実践例

① 話すこと：言語活動の形態や話題に応じた語彙の蓄積を図る

何らかの意見や提案をする場面1つとっても，argue，insist，persist，maintainなど「主張」を表す動詞やsuggest，proposeなどの「提案」を表す動詞が必要です。大切なのは，生徒が主張したい内容にこだわりを持っていて，自分の意見や考えを主張する場面でそうした語彙を使うという経験です。

新しい学校行事を考えて発表するという活動では，Today I would like to suggest to you that we should work together to make a new school event, "Music Summerfest in ○○ school." I have persisted in this idea and already asked some teachers if we could realize ... と実際に発表した生徒がいました。この生徒にとっては，persistやsuggestが，意味や文脈，本人のこだわりとともに発表語彙として定着していくことでしょう。

〈「話すこと」における語彙増強アイディアの一例〉

「My自己表現リスト」の作成・蓄積
この場面や活動ではこの語彙をよく使う，というものを生徒自身がリスト化できるカードやノートを作成し，ポートフォリオ化していきます。ディベートやディスカッションなどの言語活動や「電話でのやり取り」「友達への助言」などの場面によって，個々の生徒にとって有用な表現を蓄積しカスタマイズしていけるようにします。

② 書くこと：コロケーションの指導と自由英作文の機会を増やす

「書くこと」では，「話すこと」に比べて表現の選択や校正・推敲の時間もあるので語彙の広がりや表現内容の深まりが期待されます。また，コロケーションも発表語彙にするためには必要な指導内容です。生徒の自由英作文にはよく「努力する」という表現が出てきます。effortという単語だけを取り上げず，“make an effort to do”というコロケーションとして指導し，さらに生徒に「どんな努力なのか」を考えさせたり調べさせたりすれば，make [a conscious / a persistent] effort to do「～しようと［意識的に / たゆまず］努力する」とコロケーションに「広がり」が生まれます。2.①の「話すこと」で紹介した動詞persistと形容詞のpersistentが語彙ネットワークとしてつながっていけば発表語彙としての定着にも役立つことでしょう。

〈「書くこと」における語彙増強アイディアの一例〉

「表現自学ノート」の取り組み
生徒は，映画や家族旅行の感想，新聞記事に対する意見など，自分でテーマを選んで英語で文章を書きます。部活の悩みや新しい学校行事の提案など，書きたいことを書かせるのがポイントです。教員は上手に使えた表現や文構造に下線を引くなどフィードバックを返します。中学校で既習の語彙や生徒が頻繁に用いる表現の誤用を中心に修正し，日本語でコメントします。内容面には，教員の意見や感想などを英語で書きます。表現・内容面でよく書けた英文をクラスで共有すると，他の生徒のモデルとなり，表現意欲を高めることができます。

Q 4-8 チャンクで覚える語彙指導とは？

「語彙はチャンクで覚えると効果的だ」と聞きました。どのように提示して練習させればよいのでしょうか。

チャンク（chunk）という単語は，「（肉やパンの）かたまり」という意味ですが，「ひとまとまりの表現」という意味でも使われます。英語の文は名詞句，動詞句，前置詞句，形容詞句，副詞句等で構成されます。これらの句（phrase）が発話する際の「意味のまとまり」，すなわちチャンクとなります。

動詞句の代表例である〈他動詞＋目的語〉の場合を考えてみましょう。日本語で「～する」に相当する英語は次のようになります。

- 休憩する，呼吸する：take / have a rest, take / have a breath
- けんかする，決定する：make a fight, make a decision
- 説明する，挑戦する：give an explanation, give a try

単語と単語の相性（コロケーション：collocation）は，理屈で説明しきれる訳ではありません。このような動詞句を正しく使うためには，動詞と目的語をセットで記憶する必要があります。ですからチャンクで提示してかたまりとして身に付ける必要があるのです。身に付けるためには，チャンク全体の意味を意識した口頭練習が有効です。

前置詞句も同様です。例えば，時を表す前置詞in, on, atを正しく使い分けるためには，基本的なチャンクであるin the 21st century, in 2019, in (the) spring, in August, in the morning; on Sunday, on Friday evening, at night, at 9 p.m.などを，口頭練習を通して身に付ける必要があるのです。

名詞句は〈形容詞＋名詞〉で構成されることが多いので，形容詞の使い方を身に付けるには，形容詞単独で示すよりは名詞句のチャンクの中で提示して慣らしていく方がよいでしょう。例えば,「強い風」ではstrong windのようにstrongを使いますが，「強い雨」ではhard rainのようにhardが使われます。形容詞harshの意味を「過酷な」と覚えるよりもharsh environment（過酷な環境）のようなチャンクで覚えてしまえば，形容詞と名詞の共起関係を身に付けることができます。名詞句，動詞句，前置詞句が瞬時に正しく口に出せるようにするためには，チャンクを意識することが有効です。

単語を自力で読めるようにするには？

発音記号(IPA)の読み方がわからない生徒が大半です。単語を自力で発音できるようにするためには，どのような指導をすればよいのでしょうか。

1．発音記号の指導

発音記号（IPA）は中学生用の教科書には載せられていますが，学習指導要領に基づいて，中学校では必ずしも教えられていません。最近は電子辞書で単語の読み方が確認できますが，発音記号を見て正しく発音できれば，生徒が自主学習を行う際に役立ちます。したがって，生徒の学習状況を考慮して可能ならば，少しずつ継続的に発音記号の指導をしていくとよいでしょう。

発音記号の指導の目標は，発音記号から正しく発音させられることです。このためには，単語を見ながら教員の後について復唱させる，発音記号を見ながら復唱させるなどの手順で，発音記号に慣れさせながら，正しく発音できるように指導します。辞書指導と関連させて指導してもよいでしょう。

2．音声を大切にした指導

単語を自力で発音できるようになるためには，英語の音声に慣れていなければなりません。音声を大切にした授業を行えば，自然と英語の音に慣れるはずです。その第一歩は，文字を正しく音声化できるように指導することです。音読指導をていねいに行いましょう。生徒に教科書の文字を見せながら音声を聞かせる（文字と音声の確認），教員の後について音読させる（chorus reading），自力で音読させる（buzz reading）という過程を踏むことで，本文を正しく音読できるようになります。

音読をする直前に，フラッシュカード（flashcard）を使って新出語の綴り字を見せながら復唱させることがあります。この活動の目的は，単語の形のイメージを瞬時につかませて発音できるようにするためです。例えば，新出語であるcommunicationという単語が文章中にある場合，その単語の形を見て，瞬時にcommunicationと発音できなければ，その文章を素早く音読することはできないからです。単語が自力で発音できるためには綴り字と音との関係をつかませることが大切です。そこで，復習として単語を書かせる際，単語を発音してから書くように指示します。このような指導を続けていくと，

stationやeducationの-ationの部分の発音の共通性に気付き，自力で発音できる可能性が大きくなります。

3．フォニックスの指導

綴り字と発音の関係についてのルールをフォニックス（phonics）と呼びます。小学校に教科としての英語が導入され，文字と音の関係が教えられています。例えば，jamの語頭の音を聞いてjの文字がわかったり，jamの綴りを見て発音できる児童が増えています。中学校では，フォニックスの指導を体系的に行っている教員もいます。基本的なフォニックスのルールを理解することで，単語をある程度自力で読めるようになります。指導するべき基本的なフォニックスのルールを紹介します。

① 語尾のe（いわゆる「サレントe」）

母音字の後に子音字が１つ続き，その後にeが続いて単語が終わる場合には，母音字を長音（アルファベットの名称読み）として発音し，語尾のeは発音しない。

例．whale，complete，alone，abuse，pride

② 二重（三重）子音字

２つまたは３つの子音字が重なって特別な音になる。

例．touch, anchor, sledge, adjust, lung, phone, quite, leash, catch, faith

③ 二重母音字

母音字の組み合わせで１つの母音となる。

例：ahead, teacher, speech, field, abroad, aid, goat, sound, wool, pool, Zeus

ちなみに，yはi，wはuの母音字扱いとなる。

例．display，they，law，few，how

④ 黙字（silent letter）

語頭・語中・語末の子音字で発音されない文字がある。

例．wreck, knock, psychology, gnaw, castle, resign, night, climb, column

単語は音だけでなく，強勢も大切な要素です。正しい強勢で発音しなければ相手に理解してもらえないこともあります。強勢にも意識を持たせ，そのルール（語尾が-meterの単語の強勢の位置など）も指導するとよいでしょう。ただし，生徒にとって無理のないように，時間をかけて教えましょう。

多義語の指導方法は？

辞書を引かせると多くの語義があって生徒は「とても覚えられない」と言います。多義語の指導はどのようにすればよいのでしょうか？

1．英単語の多義性の再認識

Ozturk（2017）の調査によると，英語の使用頻度が最も高い3,000語のうち95%が多義語で，1つの単語につき平均4.03の意味があるとされています。このことから，ほとんどの英単語が多義語だと知る必要があります。

2．指導の工夫

① 使用頻度の高い語や多義語の指導の重要性

British National Corpus（BNC）の話し言葉データ1,000万語をもとにした使用頻度の高い上位2,000語に，語彙全体の92%が含まれていると言われています（投野，2006）。したがって，語彙を増やすなら，難しい語彙を覚えさせるのではなく，使用頻度の高い語彙や既知語の多義を教える方が，生徒の語彙学習への負担を減らすだけでなく，英語学習全般に有益であると考えられます。

② 日常の授業での指導方法

日常から多義語の指導の心がけは大事で，例えば，文脈の中で多義語を持つ単語に出会えば，それを教員のほうで取り上げ，生徒が知っている単語の意味が文脈上合わないことを確認させ，新しい意味を類推させます。その際，答えをすぐに言わず，クイズ形式でどれが当てはまるか選ばせるなど，ゲーム感覚で考えさせる工夫をします。意味を確認した後は，必ず文脈に戻って読み返させ，新しい語義を確認します。辞書で意味をもう一度確認させることも大切です。

③ 定着への工夫

定着の活動として，学習した語義の単語を使い，生徒に英文やストーリーをその場で作らせてみましょう。そして，それぞれが作ったものをペアやグループで読み合います。時間があれば，グループで一番よい英文やストーリーを選び，それをクラスで共有します。この活動を行うことにより，学習した語義の単語を意識的に使い，かつ他の生徒の作った英文を読んだり聞いたりすることにより，印象に残って定着が促進されます。

派生語や反意語などの指導方法は？

派生語や反意語，語幹と接辞などは，いつどのように指導するのが効果的でしょうか？

何度も繰り返して指導しましょう。以下，３つ指導例を紹介します。

① 接辞や語幹リストを利用する

これから学習する，あるいはよく使われる接辞や語幹などをまとめたリストを作り，学期のはじめなどにプリントにして配布します。新出語彙などの学習の際にそのプリントを随時参照させ，接辞や語幹などを確認させます。

② 復習として接辞や語幹を指導する

	単語１	単語２	単語３	接辞・語幹	意味・働き
例	revive	reuse	rewrite	re −	再び
1	unfortunately	unfair		un −	
2	daily	closely		− ly	
3	worship	partnership		− ship	

New One World Communication I.（教育出版）（Lesson 9〜10から抜粋）

教科書のいくつかの単元が終わった段階で，復習としてそこで使われた単語をいくつか取り上げ，接辞や語幹の意味や働きを整理します。上の例は，これまで学習した接辞や語幹が含まれる単語を取り上げ（単語３の欄には生徒自身が考えて書く），共通する意味や働きを考えさせる活動です。生徒に意味や働きを書かせるのが難しい場合は選択肢を与えておくとよいでしょう。

③ 音読活動を利用して反意語や派生語を指導する

音読活動の中で，反意語や派生語を意識した活動も効果的です。下の例は，（　）内の単語を文脈に応じて適切な形に変えたり，指示に合う単語を入れながら音読していく活動例です。（↔は反意語，＝は同義語を表します。）

（　　）内の単語を適切な形に変えたり，同義語や反意語に変えて音読しよう。

(Recent), people have begun to treat dogs as (company). There are now more and more restaurants and shops where people can bring their dogs. Dogs are (apparent) regarded not just as pets but as family members. There are also dogs that have the (able) to (↔disturb) people's minds. Such dogs ease the minds of (＝old) people and sick children as "therapy" dogs with their (gentle).

New One World Communication II（教育出版）p.20

生徒にお薦めの英英辞典は？

語義を示す際に，英英辞典を活用したいと思っています。電子辞書に入っている*OALD*や*LDCE*よりも平易な，お薦めの辞書はないでしょうか。

*Oxford Wordpower Dictionary*は，平易な学習英英辞典として定評があります。この辞書は，見出し語の定義が具体的でわかりやすいだけでなく用例も豊富で，英語で発信するためのヒントが詰まっています。

例えば，octopusは，a sea animal with a soft body and eight tentacles（= long thin parts like arms）と定義されています。この定義を見れば「animalには海の生物も含まれる」ということに気付きます。また，日本語ではタコの足と言いますが，英語ではlegではなくarmと捉えていることもわかります。次にsurgeon（外科医）は，a doctor who performs medical operationsと定義されています。ここから「手術をする」と言うときの動詞にはperformを使えばよいことがわかります。computerはどうでしょうか。定義はan electronic machine that can store, find and arrange information, calculate amounts and control other machinesとなっています。ここから「情報を保存する」はstore informationで「情報を整理する」はarrange informationと言えばよいことがわかるのです。また，TOPICという囲み記事もあり，computerに関連した表現を学習することができるよう工夫されています。

Most people use their **computers** for sending and receiving emails and for **word processing**（= writing letters, reports, etc.）… You **log in/on** with your **username** and **password**. You **type in** words on a keyboard and **print out** documents on a **printer**. Information is displayed on the **screen** and you select the **icons**（= small pictures or symbols）using a mouse.

意外と知られていないことですが，*OALD*（*Oxford Advanced Learners' Dictionary*）のもとになったのは，A. S. Hornbyが第二次大戦中の1942年に出版した日本人学習者を対象とした学習英英辞典*ISED*（*Idiomatic and Syntactic English Dictionary*）です。computerという単語が出ていないなど内容的には古い部分もありますが，定義文がわかりやすいので教材研究の際に役立ちます。新装版が販売されているので今でも入手可能です。

問題演習をコミュニケーションに結び付けるには？

大学入試に向けて，４択問題や長文問題の演習は避けて通れません。問題演習をコミュニケーション指導に結び付ける手立てはないものでしょうか。

言語形式に焦点を当てた問題演習だけでは，コミュニケーション能力は育ちません。コミュニケーションの根幹は，意味内容の伝達だからです。文法はコミュニケーションを支える大切なものですが，文法知識の演習だけではコミュニケーション能力は育成できません。例えば，仮定法の形式を教え，それに当てはめて英文を作らせるだけの授業では，物事の外側だけを内容を伴わない状態で見せていることになります。

1．多肢選択問題：言語形式から発話の意図へ（⇨ Q11-4）

多肢選択問題でも，場面や文脈に生徒の注意を向けさせたいものです。ですから，問題集のページを指定してやみくもに生徒に解かせる，模擬試験の過去問をそっくり印刷して渡すなどといったことは避けるべきです。次の会話のように，場面や文脈を意識する必要があるような問題を取捨選択し，教員間で良問を共有していくことが大切です。

【薬局での会話】

Clerk：What can I do for you?

Customer：(　　　　　　　)

ア　You can do anything.　　　イ　You can sell me some medicine.

ウ　I think I have a cold.　　　エ　Are you sick?

筆者の勤務校の高校１年生のうち，44％の生徒がイを選択しました。正解はウですが，文脈に目線が行かず，What can I …? → You can … という文法上の対応関係のみに注意が向く高校生が多いことを示している典型例です。言語構造が表す表層の意味と，話者の発話の意図は必ずしも一致しません。

A：The phone is ringing.（電話が鳴っているよ。）

B：I'm in the bath.（風呂に入っているんだよ。）

が典型的な例です。Aの発話は平叙文ですが，その意図はCan you answer the phone? という「依頼」で，Bの意図はNo, I can't. という「断り」です。このような分野の研究は，語用論（pragmatics）と呼ばれています。

2．長文読解問題：読み取った内容を深めて語り直す

大学入試の長文問題は，高校生が興味を引く内容の宝庫です。例えば，最近よく話題になる「海洋プラスチック問題」は入試でも出題されています。

Plastic does not merely look like food. It smells, feels, and sometimes even sounds like food.（中略）The plastic itself often does little harm to sea birds, but the surface of such plastics contains harmful chemicals. At least 180 species of marine animals, from tiny plankton to huge whales, have been consuming plastic. Plastic has been found inside the stomachs of a third of the fish caught around the United Kingdom. They include those that humans usually consume as food. Animals of all shapes and sizes are eating plastic, and 12.7 million tons of it are entering the oceans every year.　（神奈川大学2019年度入試・冒頭部分を抜粋）

① 内容理解を深めるために

内容を意識して読んでいれば，下線部「プラスチックの表面に有害化学物質が吸着している」という部分が気になるはずです。どのような有害物質なのか。どうしてプラスチックの表面に吸着しやすいのか。このような疑問に対する答えは，新聞・雑誌やインターネットなどで関連する別の文章を探して読ませることによって深めることができます。

② わかった内容を伝える

聞き手に内容を説明するようなつもりで音読させてみましょう。授業中に長文のすべてを音読練習する時間は取れないかもしれませんが，家庭学習では意味伝達を意識した音読練習を必ず行わせたいものです。次の授業の冒頭には文章を見ずに，「話題は何だったのか」「その話題に関してどのような事実・意見が述べられていたのか」などを言わせてみましょう。これが口頭での要旨要約の土台となります。さらに進んで，内容に関して追加の具体例や自分の考えを話したり書かせたりすることもできます。

このような活動で使用する英語のレベルは，平易なものでかまいません。自分の身の丈に合った英語をフルに活用して「内容を伝える」苦労を経験させることが重要なのです。長文問題を表面的な内容理解にとどめず，発信の領域の力も育て，これからの４技能入試（⇨ **第11章**）に対応できる総合的な力を伸ばしてあげましょう。

文法の「知識」を「技能」として活用するには？

「知識」を「技能」として活用できる「コミュニケーションを支える文法指導」は，どのような点に留意して行えばよいでしょうか。

1．コミュニケーションの中で学ぶ

① 場面や文脈のある英文の中で文法事項を扱う

言語形式（form），意味（meaning），機能（function）の３つの要素のバランスを取りながら指導することが大切です。例えば，to＋動詞の原形や動詞の-ing形で「～すること」という意味になるだけでは不十分で，どのような場面や状況でどのような働きを持つか（function）を理解することが必要です。インプットとして，“My hobby is running with my dog.”と１文のみを提示するのではなく，“Today I will tell you about my hobby. My hobby is running with my dog. I like running with my dog, but I don't like running alone.”と写真とともに提示することで，使われる場面や状況とともに意味が理解できます。さらに，生徒とやり取りをしながら，“What is your hobby? Oh, soccer! Watching soccer games or playing soccer? I see. Ms.○○'s hobby is watching the professional soccer league in England.”などと続けて，さらに理解を促すことも可能です。中学校でも動名詞や不定詞は学習していますので，My brother's hobby is running with his dog. He has been interested in guide dogs.（介助犬の写真を提示）His dream is to be a dog trainer. He has wanted to be the trainer for a long time.” などとして，動名詞と不定詞を対照的に提示してto不定詞の未来志向性に気付かせたり説明したりすることもできます。

② アウトプットで既習文法事項の選択や複数使用を促す活動を

意味のあるアウトプットにより，言語形式への気付きが促されたり，言語形式と伝えようとする内容や意図が合っているかを検証したりします。これにより，形式と意味，機能の結び付きを強めることができると言われています（Swain, 1998⇨ Q3-1）。複数の言語形式から適切なものを選択するだけでなく，既習の言語形式を複数組み合わせて発話内容を適切に表現する経験も必要です。どの場面・状況のどの種類の言語活動がどの文法事項と結び付きやすいか，検討しておきましょう。例えば，「二学期の抱負をALTと伝え合

おう」という活動で，モデルを示したうえで生徒に発表を促せば，to不定詞や動名詞を用いた次のような発表を行うことができます。

"In class, I'll try **to ask** as many questions as possible **to improve** my English, and I won't be afraid of making mistakes. At home, I'll avoid **using** my smartphone **to concentrate** on **doing** my homework."

2．文法知識を技能として活用するための指導のアイディア

① オリジナル・ストーリーやスキットづくり（⇨ Q5-10）

新出文法事項の学習後に，当該文法事項を含んだ文の前後に英文を自由に追加して，文脈を作る活動を個人やペア，グループで行います。対話文形式にするかモノローグにするか，分量や場面を指定するかによって難易度が変わるので，生徒の実態に合わせて調整しましょう。よくできた英文を全体で共有すると文法事項への理解が深まります。下の作品例は，"no matter how" を用いて，生徒たちが体育祭練習の様子をスキットで表現したものです。

Moe：Yui, I really want our class to win the sports day.
Yui：You know, **no matter how** crazy it sounds, the best way is to stop practicing before and after school!
Moe：Wow, I think it works because everyone in our class is dead tired.

② 海外の映画やドラマなどの活用（⇨ Q4-21）

映画などを用いて登場人物や文脈に適した「翻訳」を付ける活動は，「言語形式・意味・機能」を考えながらそれにふさわしい日本語を考えることになるので，生きた文法の使用場面を学ぶよい機会となります。また，逆に日本語の字幕から英語でどのような表現を用いているかを考えさせる活動も考えられます。"I must have done something right." という１文も，「助動詞must＋have＋過去分詞で，私は何か正しいことをしたに違いない，という意味です」と教員が文法と意味を説明し，生徒にドリルを行わせるだけでは不十分です。映画*The Devil Wears Prada*（2006，邦題『プラダを着た悪魔』）で，Anne Hathaway演じる主人公のAndreaがやっと仕事で一人前と認められるという大事な場面で使われていたこの表現に字幕を付けさせ，実際の字幕と生徒自身が付けた字幕の違いを比べてみるのもおもしろいでしょう。また，音声を消して字幕のみを映してこの場面のやり取りをアフレコで実演させるのも楽しく有意義な活動になります。

「英語表現」や「論理・表現」の授業の進め方は？

「英語表現」や「論理・表現」の授業で，文法説明と問題演習に終始せず，コミュニケーション活動の時間をどうすれば確保できるでしょうか。

1．科目の目標は

学習指導要領（2009年告示）の「英語表現Ｉ」の目標は次のように示されています。「英語を通じて，積極的にコミュニケーションを図ろうとする態度を育成するとともに，事実や意見などを多様な観点から考察し，論理の展開や表現の方法を工夫しながら伝える能力を養う。」

この目標から，めざすゴールは「伝える能力」の育成であることがわかります。また，「論理・表現」の目標にも，「話すこと［やり取り］」「話すこと［発表］」「書くこと」の３領域を対象とすることが明示されています。

しかし，「英語表現」の授業では，文法項目別に教員が説明し，問題演習を行って終わりという指導が多く行われてきました。文法知識の獲得が中心となるこのような授業では，その知識を「活用」して話したり書いたりする技能を養う言語活動を行うことができません（⇨ Q4-14）。科目の目標からも，「伝える能力」，つまり「話す力」と「書く力」を伸ばす目標を設定し，評価も生徒の表現力を測るものに変える必要があります。

2．単元目標の設定から言語活動へ

まずは単元，そして毎時間の指導目標をCAN-DOの考え方，つまり，「英語を使って～することができる」というように，「生徒が何をできるようになるか」を中心として設定することです。その目標を達成するために必要な文法を学習して使っていくという考え方です。

「英語表現Ｉ」の現在完了形を扱う単元について考えてみましょう。*Vision Quest English Expression I – Standard Revised.*（啓林館）Lesson 4では，見開きの左ページに現在完了形を使った例文が示され，右ページに穴埋めや選択，並べ替えなどの問題があります。目標を「現在完了形を教える」という教員側からの目標設定をした場合には，左ページの例文を解説して，右ページの問題を解いて文の形を確認する指導になってしまいます。しかし，「これまでに行ったことのある場所について説明することができる」という目標

を設定したと考えてみましょう。この目標を達成するためには，まずはティーチャー・トークで教員が経験したことを生徒に話す中で，現在完了形を使って形と意味，そして使い方を提示することができます。生徒は教員の経験談を聞いた後で，教科書の左ページの例文を見て形を確認します。そして，右ページの問題も機械的に解答させて答え合わせをするのではなく，生徒とのインタラクションの中で使えるようにしていくことができます。上記教科書の次の問題を考えてみましょう。

I ______________ a horse twice. [ride]

単に文の形を覚えるだけなら，下線部にhave riddenを入れて終わりになりますが，この解答の後に，教員が “How about you?” や “Have you ever ridden a horse?” と生徒に質問をしたり，ペアで会話をさせれば，生徒は自分の経験について次のように表現する機会を得ます。

S_1：I have ridden a horse twice in Iwate. My grandparents live there.
S_2：I have never ridden a horse yet, so I want to try sometime.

また，同教科書の並べ替え問題には次のような問題があります。

今までに海外に行ったことがありますか。

Have (be / you / abroad / ever)?　＊下線部の動詞は完了形に変える。

Have you ever been abroad? と正解を確認して終わりではなく，クラスの中でこの質問を用いて複数の生徒とやり取りを行った後に，ペアワークでのやり取りを行うことで，次のようにすべての生徒がこの現在完了形の質問をし，その質問に答えることになります。

S_1：Have you ever been abroad?
S_2：Yes, I have. I have been to Korea and Singapore.
S_1：Really? When did you go there? …

どちらの場合も，目標に沿って現在完了形を用いて生徒自身の経験を伝える活動になっています。すべての例文と問題文でこうした活動を行うことは難しいかもしれませんが，まずは生徒とのやり取りが可能な文ではこのような活動の場面を増やします。そして評価する際にも，インタビューテストやライティングテストで，「～することができる」という観点から表現力を評価すると決めておけば，授業でのコミュニケーション活動も自然に増えていきます。

英語で進める授業で文構造や文法事項を理解させるには?

文が長く複雑になると生徒は構造を把握できません。英語を使った授業で複雑な文法や文構造の理解を助けるには，どのような指導が有効でしょうか？

1．使いながら使えるようにするために

文法の支えがなければ，コミュニケーションは成立しません。ですから，文法指導はコミュニケーション活動とうまく融合して，実際に使わせながら使えるように指導する必要があります。しかし，従来の文法指導では説明と問題演習に終始してしまい，コミュニケーションと関連付けて指導することが十分とは言えませんでした。限られた時間の中で「使わせながら使えるようにする」ためのコミュニケーション活動を十分に行うためには，文法用語や用法などの説明や演習は必要最小限に圧縮して，言葉として英語を使いながら身に付ける時間を最大化する必要があります。

EFL環境のわが国では，英語は日常の使用言語ではありません。このような環境で外国語を身に付けることは，スポーツや楽器の習得と似ています。例えば，プールサイドで泳ぎ方の説明を聞いただけでは泳げるようになりません。熱心に泳ぎ方の説明をしたところで，自分で泳いでみなければ泳げるようにはならないのです。これと同じことが文法学習にも当てはまります。教員の説明を聞いて問題演習をすれば，文法事項についての「知識」は得られるかもしれません。しかし，それだけでは「絵に描いた餅」にすぎず，「技能」は身に付きません。実際に使った経験がなければ，文法知識を活用してコミュニケーションを行う力は身には付かないのです。

2．PPP型の授業手順を見直す

文法事項の導入から発展的なコミュニケーション活動に至る典型的な流れとして，積み上げ式の「PPP型」と呼ばれる次に示す手順がとられてきました。

〔Presentation〕 新出の文法事項を導入して理解させる。
→〔Practice〕 口頭練習や問題演習で文法形式に慣れさせる。
→〔Production〕 文法事項を使ったコミュニケーション活動を行わせる。

しかし，この流れでは〔Presentation〕で教員の提示や説明を聞いて理

解することに多くの時間が割かれがちです。〔Practice〕の段階も，形式と意味を結び付けるための型の練習が中心となれば，言葉として英語を使っているとは言えません（⇨ **Q5-3**）。文法事項を活用したProduction活動の質を高めるには，現実により近い場面を設定し，自分の考えたことを表現させるような活動を考える必要があります。現実的な言語使用の場面を設定するには，次のような点を明確にする必要があります（⇨ **Q5-2**）。

- 場面（どのような場面でそのやり取りや発表が行われるのか？）
- 話し手（どのような人物なのか？　聞き手との関係は？）
- 聞き手（どのような人物なのか？　話し手との関係は？）
- 機能（何を伝えるために話すのか？　伝達の目的は？）

3．コミュニケーション活動の在り方

コミュニケーション活動を大きく２つに分けて考えてみましょう。１つは，言語形式の習得を重視した「リハーサル」的な疑似コミュニケーション活動，もう１つは，伝達内容を重視した「総合的・統合的」なコミュニケーション活動（⇨ **Q5-4**）で，「言語使用の経験」により近いものです。

最初のうちは学習した文法事項を意識した活動になることは避けられません。この段階では生徒の発話に誤りが多く出がちですが，実は誤りを犯すことも大切です。実際に使ってみて間違うことで，理解できていなかった部分に気付き，その弱点を修正することができるからです。活動を通して理解を深めるためには，次のような流れで進めることが考えられます。

① 現実的な場面を設定して，言語の機能（function）を意識したやり取りを通して導入する。説明は必要最小限で済ませる。（⇨ **Q2-7**）
→② 明確な場面や意味を伴った言語形式の口頭練習を行わせる。
→③ リハーサル的な活動を行わせ，生徒の誤りの傾向を把握する。
→④ 共通する誤りがあれば，全体に向けて注意を喚起して説明を補足し，活動を継続する。練習が不十分だと判断した場合には，もう一度②に戻って言語形式の意識化と定着を図り，再び③を続ける。

④の段階をクリアできれば，実際の言語使用により近い総合的・統合的コミュニケーション活動に移行します。文法事項は，ほぼ無意識に使えるようになってはじめて定着し内在化したと言えますから，ここでは伝達内容に意識を集中させ，文法は意識せずに活動できるようになることをめざします。

指導した文法事項を発表まで高めるには？

「知識・技能」の一体的な育成が求められる中で，指導した文法事項を「発表」のレベルまで高めるには，どのように展開すればよいのでしょうか。

1．文法指導と言語活動

学習指導要領では，「英語の特徴やきまりに関する事項」について，単に知識として理解させるだけではなく，その知識を「実際のコミュニケーションにおいて活用できる技能」として身に付くように指導することが強調されています。さらに，文構造や文法事項などの言語材料と言語活動とを効果的に関連付けて指導することが求められています。つまり，文法事項を教員の日本語での説明によって理解するだけでは不十分で，生徒がその文法事項を実際に使って表現活動を行うことで身に付けられるように指導する必要があるのです。これは，体育の授業で，教員が逆上がりのしかたを解説するだけでは生徒はできるようにはならず，生徒自身が実際に何度も繰り返して逆上がりの練習をしながらその方法を体得し，できるようになっていく過程を考えれば，当然のことと言えます。

どの文法事項を［発表］まで高めるか。上記の考え方からも，基本的には習得させたい文法事項すべてと言うことができます。ただし，ペア・ワークでの練習のレベルから，教室でクラス全体に行うスピーチまでさまざまな発表のスタイルがあるため，それぞれについて考えてみます。

2．特定の文法事項を扱う発表活動

ある文法事項を取り上げ，その文法事項を使う状況を設定して発表活動を行う場合です。ここでは，生徒が使用する文法事項は，教員のコントロールによって限定されているため，発表前に文法事項を提示して支援を行うことになります。そして，発表を通して繰り返し同じ文法事項を使用するとともに，クラスメートの発表から使い方を学ぶことができます。

① まとまりのある話題について話す場合

受動態を学習した場合の発表としては，観光地の紹介や自分が大切にしているものの紹介などが考えられます。こうした場合には，生徒それぞれが異なる場所や異なるものを紹介することになるため，グループ内でのスピーチ

やクラス内での発表などが適しています。また，関係代名詞を学習した場合にも，歴史上の人物や好きなスポーツ選手，あるいは好きな映画などを紹介する中で関係代名詞を使うことになり，それぞれの生徒ごとにまとまりのある内容を話すことになります。そのため，他の生徒が発表者について知る機会となり，聞こうという興味・関心を持つことができるので，発表に適した言語材料と考えられます。

② 話題の広がりを期待できない場合

一人ひとりの生徒の話す内容に大きな違いがなく，話題を展開させていくことが期待できない場合には，「話すこと［やり取り］」での言語活動にとどめ，その活動後に数名の生徒にクラスで発表をさせるだけの場合もあります。例えば，現在完了形の継続用法を扱った場合などです。“He has lived in Japan for five years.”という文を学習し，使いながら練習する際には，次のようなやり取りを行うことで，現在形と現在完了形を使い分ける練習にもなります。

S_1：Where do you live?
S_2：I live in Yokohama.
S_1：How long have you lived in Yokohama?
S_2：I have lived in Yokohama for ten years.
S_1：Do you like Yokohama?
S_2：Yes. ....（自由に会話を続ける）

3．タスクとして複数の文法事項を扱う発表活動

学期末などに，複数単元で扱った題材や文法事項を総合的に扱う発表活動です。例えば，教科書で扱われている環境問題をもとに，自分たちの町を住みやすい場所にするためにできることを発表する場合などです。こうした活動では，教員のコントロールは少なくなり，生徒自身が話す内容に合わせて必要な文法事項を選択して活用することになります（⇨ Q5-2）。自分と町の関係を現在完了形（継続）で表し，町の現在の状況について受け身を使って表現したり，他の町との比較で比較表現を用い，これから自分たちがしていきたいことについて不定詞を使うなどです。こうした活動では，より適切に表現するための表現方法を考えるため，それぞれの生徒が既習の文法事項を復習し，自ら活用する機会となります。

「言語の働き」を授業にどう生かすか？

「言語の使用場面」はわかるのですが，「言語の働き」は授業でどのように取り扱えばよいのでしょうか。

学習指導要領では，「言語の働き」（機能：function）を次の５つに分類し，それぞれについて代表的な例を示しています。

① コミュニケーションを円滑にする
② 気持ちを伝える
③ 事実・情報を伝える
④ 考えや意図を伝える
⑤ 相手の行動を促す

授業で言語活動を設定する際には，具体的な使用場面で使われる言語の働きを考えたり，取り上げる言語の働きはどのような使用場面で必要になるかを考えたりして，具体的な文脈を設定した指導を行うことでコミュニケーションのための英語学習になります。

1．文法指導と言語の働き

文法指導を行う際に，具体的な文脈がなく英文を提示した場合，文の形を理解するだけの指導にとどまり，生徒はその文がコミュニケーションにおいてどのような働きをするのかを知ることができません。その結果，なぜその文法事項を学習しているかという目的がわからないままになってしまいます。このため，それぞれの文法事項が使われる使用場面と働きを考えた導入や言語活動を考えることが必要になります。

① There構文

生徒が適切に使うことができない文法項目の１つにThere構文があります。友人と食事に出かける相談をしている場面で，“There is a new Italian restaurant near the station.”と言えば，「駅の近くに新しいイタリアンレストランがある」という情報提供にとどまらず，「イタリアンを食べに行きませんか」という「考えや意図を伝える」機能の中の「提案する」という言語の働きを持つことになります。同じ英文でも，もし友達との会話中にこの文を突然言い出したとしたら，聞き手が知らない新しい話題を始めるために「相手の行動を促す」言語の働きの中の「会話を始める」や「誘う」という働きを持っていることがわかります。このように具体的な使用場面と合わせた働きを示すことで，すでに話題にのぼっているイタリアンレストランについて説明する場合の“The Italian restaurant is near the station.”との文の形・意味・言語の働きの違いを学ぶことができます。

② 現在分詞による修飾

現在分詞による修飾の例として，the dog sleeping on the chairという表現を考えてみましょう。sleeping on the chairという語句がdogという名詞を修飾しているという「形」，そして「椅子で眠っている犬」という「意味」の指導だけで終わってしまった場合には，このsleeping on the chairという語句がどのような言語の働きをしているかを理解できていないままになってしまいます。次のような場面を考えてみてください。

Look at the dog.
（犬が何匹かいるため，どの犬のことか特定できない…）
Look at the sleeping dog.
（眠っている犬が２匹いるため，どの犬か特定できない…）
Look at the dog sleeping on the chair.
（どの犬のことか特定できた！）

もし犬が一匹しかいなかった場合には，はじめの“Look at the dog.”とだけ言えばいいのですが，他にも犬がいて特定できないために，ここで使われている現在分詞が，「事実・情報を伝える」という機能の中の「描写する」という働きをしていることがわかります。

③ 関係詞節

同じく名詞を修飾する機能を持つ関係詞節についても，「事実・情報を伝える」機能の中の「描写する」という働きは大切です。“I met a man whose sister is a popular singer.”という文では，“I met a man.”だけではどのような男性に会ったのかがわからず，コミュニケーション上意味のある文としては成立していません。そのため，“whose sister is a popular singer”が必要な描写を行い，対象となる名詞（man）を限定することで意味を持つ文になっていることがわかります。このような言語の働きを意識しないと，“I met a man.”と“His sister is a popular singer.”という２文を機械的につなぐという指導で終わってしまうことになります。

2．表現と言語の働き

生徒がやり取りの中で，伝えたいことをより正確に表現できるようになったり，会話を継続させることができるようになったりするために，さまざまな働きを持つ表現を指導することも大切です。ここでは，「コミュニケーションを円滑にする」という機能の中から，２つの働きについて考えてみます。

①「言い換える」

次の英文で考えてみましょう。電車に乗っていて，大きな声で話している２人の男の子について話をしている場面です。

What do you think about those boys? I mean, they are noisy.

聞き手に「あの男の子たち，どう思う？」と言った後に，これだけでは「うるさい」というメッセージが伝わらないために，「言い換える」という働きを持つ“I mean”で伝えたい内容を言い換えて表現することができます。

②「話題を発展させる」

次は，２人が会話をしている場面です。

A：I had a great time in Yokohama.

B：Oh, did you? What did you do in Yokohama?（Tell me more about it.）

このような表現を使うことで，相手の話に興味を示していることを伝えるとともに，さらに話を発展させていこうという意志を示すことになります。ペア・ワークで会話を継続させるための指導（⇨ Q5-8）をする際に，どのように話を続けていけばよいかについて，このような具体的な表現を示すことで，言語の働きを学習する機会とすることができます。

③ 相手意識を持って言葉を使い分ける

「相手の行動を促す」という言語の働きを考える際に，次のように話す相手がどのような人物かを変えた言語活動を行うことによって，より適切な表現を使い分ける意識を持たせることも大切です。相手に「座る」という行動を促す際に，次のような表現を使い分けることで，時と場，相手に応じてより自然なコミュニケーションを行うことができる力（社会言語能力：sociolinguistic competence）を育てましょう。

まだ子どもの弟や妹に対して — Sit down.
教員が生徒に指示を出して — Sit down, please.
面接の場面で面接官が — Please have a seat.

英語の名詞構文を理解させるには？

the building of bonfires on hilltopsなどの名詞構文を，生徒は「丘の上の焚き火の建物」と直訳するだけです。どのような指導が必要でしょうか。

1．圧縮された名詞構文を解凍する

2018年に告示された「高等学校学習指導要領解説　外国語編・英語編」の文法事項では，前置詞の用法として「名詞化した動詞＋前置詞」(cancellation of the concertなど)が例示されています。これはcancel the concert(コンサートを中止する)という動詞句（他動詞＋目的語）を名詞化したものです。the building of bonfires on hilltopsもこれと同じで，build bonfires on hilltops（丘の上で焚き火をたく）という動詞句を名詞化した表現です。動名詞はbuilding bonfires on hilltopsのように直接に目的語を率いることもできますが，普通の名詞と同様に冠詞や前置詞句を伴うこともできるのです。

このような「名詞構文」は文を圧縮して派生したもので，和訳を通して理解するのに最も不向きな表現と言えます。ですから，People built bonfires on hilltops. This event mainly took place in Scotland. のように，文に解凍してパラフレーズした方が，語句相互の意味関係が明確になり，生徒にとって理解しやすくなります。

名詞化されるのは動詞だけではありません。Jack's absence from the partyは形容詞absentを名詞化して圧縮した表現で，解凍するとJack is / was absent from the party. となります。

それでは，次の例はどうでしょうか。

Rachel Carson stressed ①the interrelation of all living things and②the dependence of human welfare on natural processes.

①を「全生物の相互関係」と訳しても今ひとつ意味がはっきりしません。②を「人類の幸福の自然の過程への依存」などと直訳してしまったら，まったく意味不明です。①，②は先ほどと同様の圧縮構文ですから，名詞化された動詞を解凍することが必要です。

②を先に考えてみましょう。dependenceは動詞dependの名詞形です。ですから，名詞句②を文に解凍すると，Human welfare depends on natural processes. となりdependenceとon以下の結び付きが明確になります。①を

文に解凍すると，All living things are interrelated. となります。ここでinter-という接頭辞の意味を考えることによって，最終的には，All living things are related to each other. という文にたどり着くことができるのです。

それでは，Jeannette Rankin wouldn't go a step outside her belief that war is wrong. の下線部はどうでしょうか。この場合，「戦争は間違いだという彼女の信念」と和訳しても意味は通じるかも知れません。しかし，動詞believeを使ってShe believed that war is wrong. と解凍した方が，〈believe＋that節〉という意味関係をより正確に理解できるようになるはずです。

2．生徒への指導法

最後に，名詞構文が密集した文章を読んでみましょう。「和訳しなさい」と単に指示するだけでは，意味を深く考えずに表面的な直訳をして済ませてしまいがちです。そのような場合は，作業を２段階に分けて次のように指示するだけで結果は違ってきます。

ア．次の①～③は名詞構文です。中心となる名詞をもとの動詞・形容詞に戻して文の形に解凍しなさい。

イ．アで文に解凍したものの内容を，簡潔な日本語で表しなさい。

①Japanese workers' **pride** in their work and ②**loyalty** to their company are reflected in ③their **capacity** to produce goods that are not only competitive in price but reliable in quality.

①～③は，それぞれ次のように解凍できます。

① Japanese workers are **proud** of their work.
「日本人労働者が自らの仕事に誇りを持っていること」

② They are **loyal** to their company.「会社への忠誠心を持っていること」

③ They are **capable** of producing goods.「ものづくりに長けていること」

名詞構文は「この場合のofは『…を』と訳した方が自然な日本語になる」というような翻訳技術として語られがちです。しかし，「自然な日本語になる」のはあくまでも結果です。その前提となるのは，構造を正確に把握することです。名詞構文は高校生に発信するところまで求める必要はなく，理解にとどめてよいでしょう。しかし，名詞形をもとの動詞・形容詞に解凍して，句と句の意味関係を明確な英語に言い換えてみることは，平易な英語で発信するためのトレーニングとしても非常に有効な練習となります。

時制や準動詞を使えるように指導するには？

内容中心の活動の中で，時制や準動詞を正しく使えるようにするには，どのような説明や練習が有効でしょうか。

1．形式中心の練習から内容中心の活動へ

言語形式中心の操作練習，例えば，「You have practiced the piano for a long time. を疑問文に書き換えよ」といった問題には対応できても，「ピアノをずっと練習しているの？」と質問したいときに現在完了形が出てこずに，現在形や過去形，あるいは進行形を使ってしまう生徒は少なくありません。既習の言語材料の中から，伝達したい意味内容に最適の言語形式を選択する練習が欠けているのでしょう。「準動詞」とは不定詞・動名詞・分詞のことですが，「動名詞しか目的語に取らない動詞の頭文字は“megafeps”（mind, enjoy, give up, avoid, finish …）」という知識があるだけでは，「スピーチを書き終わった？」と尋ねたいときに，Have you finished **writing** your speech? という文を瞬時に口に出すことはできません。ここでも不定詞か動名詞か選択して使う練習が必要になります。適切な時制や準動詞を選択することは，動詞の原形を適切な形に加工するという点では似通っていると言えます。

2．コア（core）となる意味の理解で応用力の基礎づくり

① 現在形，現在進行形，現在完了形の持つコアの意味を理解させる

「私は神戸に住んでいます」は，なぜI live in Kobe. で，I am living in Kobe. ではないのか生徒たちに考えさせてみましょう。動詞は状態動詞（stative verb：like, have, liveなど）と動作動詞（dynamic verb：go, speakなど）に分けることができます。動作動詞の現在形は，I jog in the morning. のように，繰り返し行われる習慣などを表します。状態動詞の現在形は，今の一時点だけでなく「今を中心に過去と未来へ広がっている時間」を指します。現在進行形は行為の途中・最中であることを表し，「動き」や「変化」を含意します。

liveは状態動詞なので進行形にならないのが普通ですが，一時的な仮住まいのように臨時性を強調する場合は，動作動詞としてMy sister is living in my apartment for the moment. のように現在進行形を使うこともあります。

② 不定詞と動名詞のコアとなる意味

不定詞のtoは方向性を表す前置詞からきています。ですから，「～することに向かっている→これから～する」という未来の含みを持つことがよくあり，I like to swim.は「好きだから泳ぎたい」という含みを持ちます。一方，動名詞は不定詞よりも名詞的な意味が強く，普通の名詞と同じように使われます。I like swimming.は単に好みを述べているだけで「泳ぎたい」という含みは持ちません。また，次のア，イの例に現れるように「～したこと」を表すこともあります。不定詞・動名詞の両方を目的語にとることができる動詞try, forget, rememberなどを使った次のような文を対比させて，両者の意味の違いに気付かせることができます。

ア　I **tried** to swim in the river today.　川で泳ごうとした（→やめた）
　　I **tried** swimming in the river today. 川で泳いでみた（→泳いだ）

イ　I **forgot** to lock the door. 鍵をかけ忘れた（→かけなかった）
　　I **forgot** locking the door.　鍵をかけたのを忘れていた（→かけた）

③ 現在分詞と過去分詞のコアとなる意味

現在分詞と過去分詞は，名称が混乱を招きがちですが，現在・過去といった時制とは直接関係しません。他動詞から派生した現在分詞は「～する，している」という能動の意味を，過去分詞は「～された，されている」という受動の意味を表します。この本質が理解できていないと，「興奮している人々」と言いたいときに，日本語の干渉から*exciting peopleと誤って表現しがちです（正しくはexcited people)。日本語の字面との対比では十分な理解が難しい場合には，exciting（人を興奮させるような）/ excited（興奮させられている）という意味の対比を，We were **excited** with the **exciting** soccer game.のような例文を通して理解させてから口頭練習に移るとよいでしょう。他の語についても，ウ～クのように工夫した用例を提示することで，現在分詞と過去分詞の表す意味と使い方を身に付けさせることができます。

ウ　We were **bored** with his **boring** lecture.

エ　I was **confused** with her **confusing** explanation.

オ　I was **disappointed** at the **disappointing** result.

カ　We were **interested** in her **interesting** lesson.

キ　They were **surprised** at the **surprising** fact.

ク　I got **tired** after the **tiring** day.

「助動詞＋完了形」を生き生きと使う指導をするには？

「助動詞＋完了形」を自然な状況で導入して生徒に使わせるにはどうしたらよいでしょうか？

1．「助動詞＋完了形」には二通り

ここでの完了形は完了不定詞（have＋過去分詞）と呼ぶこともあります。「助動詞＋have＋過去分詞」の表す意味は，次の①，②のように二通りに分けることができます。

① 過去の行為・状況に対する可能性の判断

You must have been here last night.

（あなたは，昨夜ここにいたに違いない。）

② 過去に実現しなかった行為に対する後悔

I should have practiced harder for the concert.

（コンサートに備えて，もっと一生懸命に練習しておけばよかった。）

②の用法は，仮定法過去完了If I had not been very busy, I could have practiced more.（忙しくなかったら，もっと練習できたのに。）（⇨ Q4-23）と重なりますので，本稿では，①に絞って考えることにします。

過去の出来事について「～した（だった）はずがない」「～した（だった）に違いない」などと発言するのは，どのような場面でしょうか。すぐに思いつくのは，「相手の嘘をあばく」ような場面です。例えば，相手が，“I was not here last night.” と主張したことに対して，それが嘘だと判断して，“You must have been here last night.”と言って，相手の主張の矛盾を指摘して，問い詰めていくような場面です。このようなやり取りは，推理小説やドラマで刑事や探偵が犯人を追い詰めていくようなときに頻出します。TVドラマの『刑事コロンボ』や『古畑任三郎』をご覧になったことがある方は，番組の最終盤にコロンボ警部や古畑警部が犯人を問い詰めて，犯行を認めさせる場面を思い出すことができるでしょう。

2．刑事コロンボ『汚れた超能力』（1989）の映像を使って

魔術師のMax Dysonが自宅の作業場で亡くなっているのが発見されました。ギロチン台の仕掛けに横たわっていたので作業中のミスによる事故死の

ように見えました。しかし，コロンボはDysonの遺体がマイナス・ドライバー（slotted screwdriver）を持っていたのに，彼の手が届くところにあるのがプラスねじ（Phillips head screw）であることに疑念を持ち，自称超能力者のBlakeの犯行だと考えて問い詰めていきます。以下の会話では，真犯人のBlakeはコロンボを警部補（lieutenant）という職名で呼んでいます。

Columbo：But ①it **couldn't have been** an accident.（中略）
Blake：What do you think it means, Lieutenant?
Columbo：Well ... to me it means that ②Mr. Dyson **couldn't have had** the slotted screwdriver in his hand.（中略）What would he be doing with it? And it means that ③Mr. Dyson **must have been working** with the Phillips head screwdriver. And when he died, the Phillips head screwdriver fell on the floor like this.（中略）④Somebody, somebody who was here **must have picked** up the other screwdriver by mistake, and put it into Mr. Dyson's hand maybe to make it look like an accident. But it wasn't an accident, sir. That's what these two screwdrivers tell us.

下線部①～④はすべて「助動詞＋完了形」で，①「これは事故だったはずがない」，②「マイナス・ドライバーを握っていたはずがない」，③「プラス・ドライバーを使って作業していたはずだ」，④「この現場にいただれかが，誤って違うドライバーを拾ったに違いない」の意味で，過去の行為・状況の可能性を否定したり断定したりする表現です。脈絡のない例文の羅列でなく，このように場面の中で触れることで発話の意図がよく理解できます。

また，完了不定詞のhaveは弱形で発音され，語頭の/h/が脱落して前置詞ofと同じように聞こえるため，聞き取ることは容易ではありません。最初は場面全体の概要を捉えさせ，その後に①～④が表している意味を推測させるとよいでしょう。

音変化に意識を向けさせながら繰り返し聞いて口頭練習させ，ロールプレイを行わせることで，「助動詞＋完了形」を自然なリズム・音調で使えることに近づけていくことができます。（⇨ **Q4-14**）

Q4-22 「過去完了」を生き生きと使う指導をするには？

「過去完了」を自然な状況で生徒に使わせながら定着をめざすにはどうしたらよいでしょうか。

1．完了形の表す「時間の幅」

完了形の第一の機能は，「過去の時点から基準となる時点までの時間枠を設定すること」で，基準となる時点までに何かが行われたことを表します。図で示したように，現在が基準ならば「現在完了（have / has＋過去分詞）」を使い，ある過去の時点を意識して「その時点までに何かが行われた」ことを表したい場合には「過去完了（had＋過去分詞）」を使います。

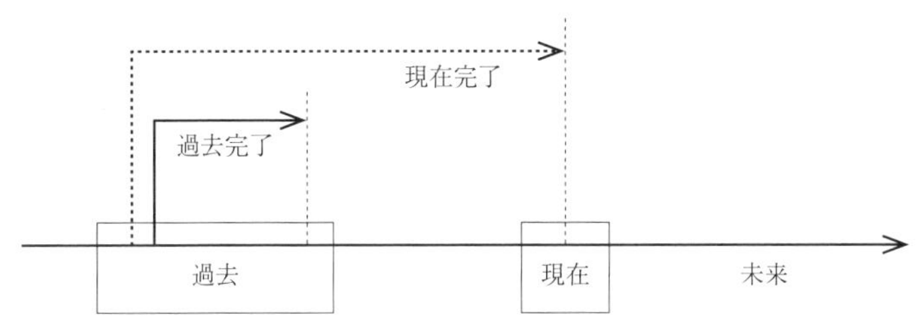

このように完了形は時間の幅を意識した表現です。過去のある時点の出来事を表す過去形とは，ここが違っています。例えば，「宿題が終わった」と言いたいときに，多くの生徒がI **finished** my homework. と表現しがちです。しかし，過去形の文は「いつ終えたのか」という時点に言及する方が普通です。宿題を終えた時点ではなく「現時点で宿題が終わっている」ことを表すにはI **have finished** my homework. とする方が自然です。このような，過去形と現在完了の表す意味の違いを確認しておくことが，過去完了を導入する準備として必要です。

2．過去完了が使われる状況

現在完了は，次のように「現時点から過去を振り返る場面」で使われます。

John　: Why are you so scared?
George　: I **have** never **ridden** on a roller coaster.

この状況を，後日ジョンが他の人に伝える場合には，「ジョージが怖がっていた」時点が基準となり，そこから過去を振り返ることになるため，過去完了を使ってGeorge was so scared because he **had** never **ridden** on a roller coaster.と言わなければなりません。生徒に練習させる際は，完了／結果，経験，継続を区別させるよりも，過去の時点をしっかり意識させる必要があります。文中に過去の時点が明示的に現れていなくても，文脈の中の暗黙の了解として話が流れていくことが少なくないからです。

3．自然な状況での練習や活動の工夫

① 文脈のあるパタン・プラクティス

自然な状況をつくり出すには，過去完了を使って表現することに最も自然で，それ以外の表現を使うと不自然となるような状況を設定する必要があります。こう言うと難しそうですが，次のように，自分の発話を違う表現で言い換えるような状況を設定すれば，無理なく練習することができます。

【例】（　　）の動詞を適切な形に変えて言いなさい。

Brian was no longer there. He (*go*) away.

この流れだと，過去形を使ってHe **went** away.と言ったのでは話がつながりません。過去完了を使ってHe **had gone** away.と言う必要性があるのです。同じような例をいくつか挙げておきましょう。

ア　The theater was no longer open. It (*close*) down.

イ　Joan no longer had her guitar. She (*sell*) it.

ウ　I didn't recognize Steve. He (*change*) a lot.

少し慣れてきたら自由度を上げ，エ，オのように最初の文だけを与えて続きの文を言わせることもできるでしょう。

エ　Rick wasn't at home when I arrived. He ____________________.

オ　I arrived at the theater late. The concert ____________________.

② 時間の前後関係を意識した練習

I bought a bag last week, but I lost it.のように時間順に出来事を述べる場合には過去完了は必要ありません。しかし，述べる順序を変えると，I lost a bag I had bought last week.のように過去完了を使わなければなりません。このように時間の順に生徒の意識を向けさせる練習もできます。

カ　I knew the ending of the movie because I (*read*) the novel.

キ　Before we got married, we (*know*) each other for many years.

③ いきなり即興ではなく準備ができる作文から教員が足場かけを！

過去完了を使う必然性が必要ですし，一方的な指示だけでは活発な活動にはなりません。最初は過去完了を使った［　　］内の例を提示してもかまいませんが，この部分は生徒の想像力にゆだね，みなをアッと言わせる英文をペアで考えてライティングさせ，発表にまでつなげましょう。

1．Our teacher got angry because [none of us had done the homework].

2．Before Kenta and Miho got married, [they had already had a house with ten rooms].

教員は机間指導でヒントを与え，修正への助言をし，モニター力を十分に発揮し，生徒の発表時には生徒を励まし，支援する活動の促進者（facilitator），支援者（supporter）の役割を担います。生徒の状況により，このような足場かけ（scaffolding ⇨ Q3-1）をしてあげましょう。

④ 発表で終わりにせず，定着を図るために＋αのインタラクションを！

生徒たちの発表した英文を使ってQ&Aの活動を行います。最初，Qは教員がリードし，生徒たちに答えさせるといった手順も必要かもしれません。また，過去完了の文に関しては，Whyで始まる疑問文のQ&Aが生徒には容易でしょう。以下，上記の文を使ったやり取りの例です。

1．T：Group A said, “Our teacher was angry because none of us had done the homework.” I want you to think why nobody had done their homework. Why had you failed to do your homework? Give us your answer, S_1.

S_1：Because … he had given us too much homework to do!

2．T：As for the second example, Group B said, “Before Kenta and Miho got married, they had already had a house with ten rooms.” Actually, I don’t think they need such a large house for two of them. What do you think? Tell us your ideas. Yes, S_2.

S_2：Before they got married, they had already had such a large house because they had loved each other deeply, and had thought they would soon have a lot of babies!

1.の活動では突拍子もない内容で盛り上がることも重要ですが，2.ではあくまでもロジカルな答えであることが必要です。

「仮定法」を生き生きと使う指導をするには？

「仮定法過去」や「仮定法過去完了」を自然な状況で生徒に使わせながら定着をめざすにはどうしたらよいでしょうか？

1．形だけ，ルールだけ「教える」ことからの脱却

2018年告示の学習指導要領では，仮定法の基本的なもの(仮定法過去)は中学校で指導することになりました。従来は高校で初めて学ぶ文法事項でしたが，戸惑う生徒が少なくありませんでした。なぜなら，現在のことを表現するのに「過去形」を使い，過去のことを仮定するのに「過去完了形」や「助動詞＋have＋過去分詞」という極めて複雑な形を使うのですから。多くの生徒は，仮定法過去完了などは形を見ただけで，もうお手上げという感じになります。

現在のことや過去のことを仮定するのになぜ「過去形」や「過去完了形」を使うのかを説明してあげることは大切です。論理的に説明をするとようやく納得する生徒もいます。しかし，この「説明」のみで終わってはいけません。また「形」のみ教えて，それを何度も練習するだけでは無味乾燥なドリルになってしまいます。生徒は自分とは関係のない文を何度も繰り返し「言わされている」だけでは楽しくありません(⇨ Q2-7)。もちろん，形を覚えるパターン・プラクティスを否定しているのではありません。言語習得の過程では習慣形成も必要です。しかし，生徒が「生き生きと」学ぶことができ，そしてさらなる定着をめざすには，生徒主体のアウトプットが不可欠になってきます。生徒が「自分で考え，心で感じ，それを自分の言葉で表現する」という活動を最終的には取り入れることが大切です。

2．「生き生きと」アウトプットさせる例

① 場面や状況を設定する

どのような文法事項の習得の場合にも当てはまりますが，特に仮定法に関しては具体的な場面を与えることが重要です。いきなり，自分のことを表現するのが難しい場合は，まず教員の側で，生徒のまわりで起こりそうな状況を設定してあげるとよいでしょう。以下はその一例です。

Mika and Keita are good friends. Right now, Mika is in trouble. She lost her house key. She has been looking for it desperately, but hasn't found it yet. This is her second time, so Mika's parents will not be happy about it. Keita has decided to give some advice to Mika.

② なりきって会話させる（なりきり会話）

①で示した状況で，ペアでロールプレイを行わせ，KeitaとMikaになりきって会話をします。会話はある程度枠組みを作っておいて，目標文法事項である仮定法を使うようにコントロールするとよいでしょう。役割を変えれば二人とも目標文を発話することができます。

Mika ：I think I'm in trouble. I've lost my house key!

Keita ：Oh, no! You lost it again?

Mika ：Yes ….(look disappointed). I've been looking for it, but I cannot find it! What should I do?

Keita ：Well …, if I were you, ________________________________.

この下線の部分に「私だったらこうするだろう」という自分ならではのアドバイスを入れます。もちろん，Keitaである自分は現実には鍵をなくしていないので，I would … という仮定法過去を用いることになります。

③ なりきってライティングさせる（なりきりライティング）

次の設定を加え，仮定法過去完了を用いてライティングを行います。

Thanks to Keita's advice, Mika finally found her house key! After she got home, she decided to text Keita saying "Thank you."

ここでは全員がMikaになりきってKeitaにお礼のテキストメッセージを送る，という設定にします。目標文法事項である仮定法過去完了を使うようにコントロールします。"Without your advice"，または "If I had not found my house key," などの文に続けて過去の状態を仮定して書くことを指示します。

④ 最終的には「なりきり」から「自分自身」へ

恥ずかしがり屋の生徒には②や③の「なりきり」が効果的ですが，最後は仮定法を使って自分自身の想いを表現させてみましょう。I have been very busy these days. I wish I had more time to relax. What do you wish? と教員が発すれば生徒は自分の思いや願いをこちらに伝えてくれます。I wish I had no tests! I wish I were smarter! I wish I had longer summer vacation. などと口々に言いながら生徒の目が輝き始めます。

第5章

4技能5領域の指導方法と留意点

「5領域」とは？

2018年告示の学習指導要領では，従来の4技能が5領域に分けられましたが，それはなぜですか。

1．4技能から5領域へ

従来，学習指導要領では，言語活動は「聞くこと」「読むこと」「話すこと」「書くこと」のいわゆる言語の「4技能」について行うとされてきました。しかし，EU諸国の外国語教育の共通の指標として設定された「ヨーロッパ共通言語参照枠」(CEFR：Common European Framework of Reference for Languages) では，4技能のうち，Speakingを①spoken interactionと②spoken productionに二分されていることを受け，わが国の学習指導要領においても，「話すこと」を①［やり取り］と②［発表］に分けて「五つの領域」とされたのです。新教育課程では，高等学校「外国語」は，統合的な言語活動を通して5領域の力をバランスよく育成する「英語コミュニケーション」と，「話すこと［やり取り］・［発表］」「書くこと」の3領域の発信力強化に特化した「論理・表現」に科目が再編されました（⇨ Q1-9）。

2．「話すこと［やり取り］」と「話すこと［発表］」の指導

①「話すこと［やり取り］」(spoken interaction) とは，一人もしくは複数の人々との対人的なインタラクション，いわゆる会話のことですが，「スピーキング＝会話」とは限りません。スピーチやレクチャーを行ったり，ビジネスでプレゼンテーションを行ったりする場合など，一人もしくはそれ以上の聞き手や聴衆に向かって，話し手がほぼ一方的に情報を伝えることもあります。これが，②「話すこと［発表］」(spoken production) です。

①の［やり取り］では，会話，情報交換，インタビュー，ディスカッションやディベートの進め方などを指導し，会話を円滑に進めたり，協調的に対話を進めるための方略 (communication strategy)，例えば，考える間をつなぐ表現や繰り返し要求，理解の確認や相づちなども指導します。

②の［発表］は，現代社会で強く求められている能力で，日常会話よりもフォーマルな表現の指導や，複数の聞き手やより多くの聴衆を引き付けて話すプレゼンテーションの技法を指導することが求められます。

「学習活動」と「言語活動」の違いは？

アウトプット活動には「学習活動」と「言語活動」があると言われますが，両者の違いは何ですか。具体例を示して説明してください。

1．「学習活動」と「言語活動」

学習した文構造や文法事項などを使用することによってその定着と内在化（intake）を図る活動には，次の２種類があります。

① 学習活動

反復・模倣や置き換え練習など，新たに学習した言語材料の理解を深め，定着を図るドリル的活動（manipulation drills）です。正しい形（言語使用の正確さ：accuracy）を身に付けさせる活動ですから，必要に応じて伝達に支障をきたさない小さな文法的誤り（local errors）も指導します。学習活動の作成上の留意点と具体例は，次の Q5-3 を参照してください。

② 言語活動

自己表現活動，情報の伝達活動や交換活動など，伝達目的を遂行するために，学習した言語材料を自ら使ってみる疑似コミュニケーション活動（language use activities）です。多少の誤りがあってもスムーズに運用すること（言語使用の流暢さ：fluency）をねらいとする活動ですので，生徒が積極的・主体的に英語を使おうとする態度と伝達内容，伝達目的の達成度を評価し，伝達に支障を及ぼす重大な誤り（global errors）以外は活動を止めて訂正することは我慢し，活動後に必要に応じて個人や全体にフィードバックします。

2．「言語活動」をつくる

言語活動の設計に際しては，次の４点に留意します。

① インフォメーション・ギャップ（information gap）をつくる

例えば，「話すこと［やり取り］」の活動では，対話者の一人だけに情報を与えるなどして，対話者間に交換すべき情報の格差を作ります。

② 生徒に選択（choice）させる

与えたモデルをそのまま繰り返す（repetition）のではなく，学習段階に応じて，語彙や表現形式，伝達内容を生徒自身が選択できるように活動を設計します。

③ フィードバック（feedback）を返させる

一方通行にならないように，相手の質問に答えたり，発言に相づちをうったりするなど双方向のやり取り（interaction）になるよう促します。「書くこと」の言語活動の場合も，読み手が書き手にフィードバックを返す機会を作るように工夫します。

④ 言語の「使用場面」と「働き」を意識する

「使用場面」と「働き」，つまり，「どのような場面や状況」でのコミュニケーションなのか，その表現を使って「何ができるのか」という言語の働き（function）に着目し，活動では生徒にそれらを意識させましょう。

3．基本的な「言語活動」の事例

ここでは，2.に示した4条件を踏まえた「比較級」の定着を図る言語活動として「ロール・プレイ（role play）」の例を示します。

ペアになる生徒A，Bのそれぞれに，次のような演じるべき役割が英語で記された2種類のタスク・カードの1枚を配付します。

〈Student A〉

You are an exchange student from Japan living in the US. You want to leave the university dormitory and start living with your friend in an apartment. Go to a real estate agency to find a good apartment to live in.

The place you are looking for

Rent: less than 600 dollars
Size of the apartment: more than 50 m^2
Number of the bedrooms: more than 2
Location: within 10 minutes' walk from the campus

〈Student B〉

You are a real estate agent. You have three apartments available right now. An exchange student from Japan will visit you to find an apartment to live in. Talk with him/her and recommend the best apartment that will match his /her preferences.

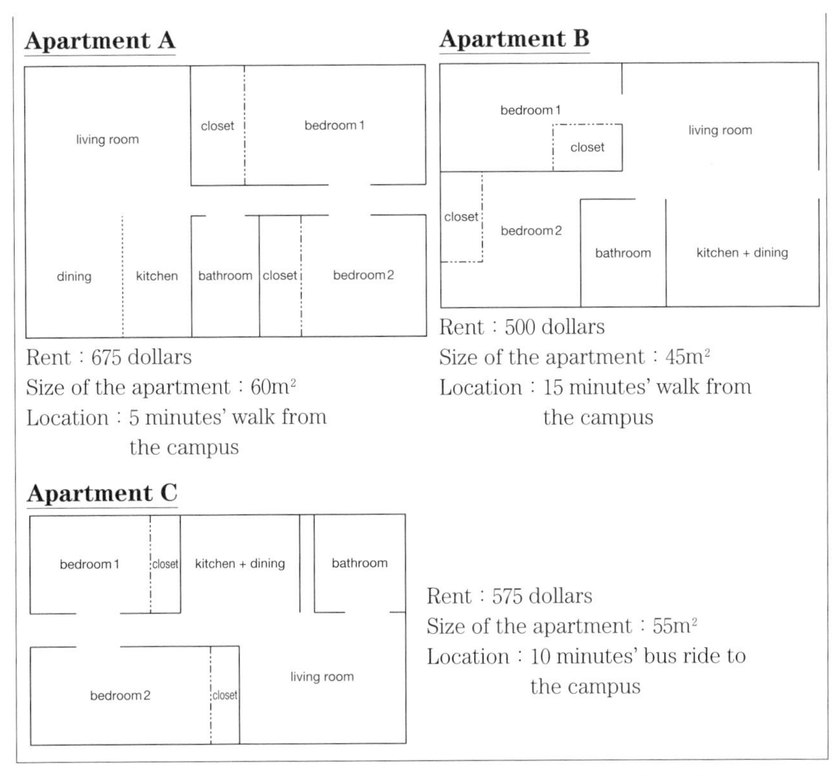

生徒は自分の持つカードに書かれた英文を読み，次のような「やり取り」を行います。

B (Real estate agent)：Hello. May I help you?

A (Exchange student)：Yes. I am a university student and I am looking for an apartment with two bedrooms.

B：Okay. How about Apartment A? It's very big and close to the campus.

A：Yes, but it's too expensive. Is there anything cheaper? I am looking for an apartment for less than 600 dollars.

B：How about Apartment B or C? They are smaller than A, but they are less than 600 dollars.

A：C is nice, but it's much further from the campus than A and B. B is okay but a lot smaller. Can I go and see B and C?

B：Sure.

Q5-3 コミュニケーションにつながる学習活動の条件は？

コミュニケーションの基礎力を育成するにはドリル的な活動も必要ですが，コミュニケーションにつながる活動にするにはどのような工夫が必要ですか。

1．ドリル活動の留意点

学習活動（⇨ Q5-2）では，新しい言語材料を導入した後，それが含まれた英文を用いたドリル的な練習活動を通じて定着を促します。例えば，関係副詞が目標文法事項の場合，次のような活動がしばしば行われています。

> 次の英文の下線部を入れ替えて練習しよう。
> I will never forget the day <u>when we first met</u>.
> ① when we went to the restaurant　② when you first came here
> ③ when my sister was born　④ when I passed the exam

このような活動は，文法の形式の理解と定着を促すことを目的として行われるのですが，以下のような問題点があります。

① 生徒が意味や使用場面を考えなくても，語句をつないで読み上げるだけで活動を行うことができる。

② 活動中に意味や使用場面を考えさせたとしても，内容に現実味がないため，生徒が活動にすぐに飽きてしまう。

そのため，上記のような単純なドリル活動では，目標文法事項の定着を図り，運用能力につなげることはできません。

2．コミュニケーションにつながる活動にするための工夫

では，どのようにすれば上記のようなドリル活動を，意味内容を伴い，生徒たちが自分のこととして興味・関心を持って行える学習活動にすることができるでしょうか。以下の改善案を見てください。

〈学習活動の改善案〉
あなたのこれまでの人生で重要なポイントになった年について，下の表を参考にしながらノートに書こう。

1. 2003 / 2004			I was born
2. (　　　)			I entered elementary school

3. (　　　)	is the year	when	I entered (junior) high school
4. (　　　)			I first met [__________]
5. (　　　)			I learned *Kakezan*
6. (　　　)			I learned how to ride a bicycle
7. (　　　)			I started to learn English

改善案は，1.の例と同様のチャート形式のドリル活動ですが，生徒が自分自身のことをもとに意味を考えながら活動を行う必要があります。ペアで内容の確認をした後，教員が解答例を提示する際，次のように１～２文付け加えて繰り返させることで，まとまりのある英文を提示することも可能です。

【例】2003 is the year when I was born. I was a big baby. My mother said I was over 4,000 grams and very healthy.
2009 is the year when I learned how to ride a bicycle. I fell down many times, but I tried again and again. My brother helped me a lot.

このようにドリル的な学習活動であっても，現実味のある内容を扱うことで，意味内容を伴った活動にするとともに，生徒の興味・関心を高めることができます。形の定着を図る学習活動においても "meaningful drill" になるよう工夫することが大切です。このような「現実的な意味を伴った活動」を行うことで，以下のような「言語活動」につなげることも可能になります。

〈言語活動例〉
上で作った文を使って，あなたの思い出に残っている年を，その理由も含めて紹介するまとまりのある英文を書いてみよう。

〈生徒作文例〉

2014 is the year when I started to learn English. My English teacher was Ms. Matsunaga. She spoke English very well and taught us many English songs. I liked her classes and studied very hard. When I was a third-year student, I took part in a speech contest. I will always remember the day when I got the first prize! It is the best memory from junior high school.

「統合的活動」とは？

「統合的活動」と「言語活動」はどこが違うのでしょうか。具体例も紹介してください。

1.「統合的言語活動」とは

実際に言語を使用する場面を設定し，伝達目的を遂行するために，学習した言語材料を使ってコミュニケーションを行う活動を言語活動と呼びます（⇨具体例は Q5-2 ）。

日常生活の中で，言葉を用いてコミュニケーションを行う場合，「聞くこと」「読むこと」「話すこと［やり取り］」「話すこと［発表］」「書くこと」の４技能５領域のいくつかを同時に，あるいは順次関連付けて行なっている場合が多くあります。例えば，講義を聞きながらメモを取る場合，「聞くこと」と「書くこと」を同時に行っています。また，広告を見ながら何を買うかを家族と話し合う場面では，「読んだこと」をもとにして「話すこと［やり取り］」を行なっています。

言語活動の中でも，このように「話すだけ」，「書くだけ」など単一の技能や領域のみを扱うのではなく，複数の技能を使用する活動を「統合的活動（integrated activity）」と呼びます。統合的な言語活動は，何のために聞いたり読んだりするのか，聞いたり読んだりした後，何をするのかを明確にした活動であり，現実場面でのコミュニケーションにより近い活動と言えます。

2．統合的活動の具体例

①「聞くこと」と「話すこと［発表］」を関連付けた活動例（留守番電話に残されたメッセージを聞き，その内容を人に伝える活動）

1）準備するもの：「一緒に映画に行く予定のキャンセル」や「待ち合わせの時刻・場所の変更」「パーティーに持参してほしいもののお願い」などの内容を英語で録音しておきます。

2）活動内容：ペアの一人の生徒が教室の前に集まり，ある内容のメッセージを聞きます。ペアのもう一人の生徒は教室の後ろに集まり，別の内容のメッセージを聞きます。それぞれ２～３回聞いた後，再度ペアになり，聞いた内容を相手に伝え合います。活動後，全体で音声を聞かせたり，スクリプトなどを配付したりして内容確認を行います。聞かせる題材をいくつか用意して，3～4人のグループ活動として行うことも可能です。

②「聞くこと」「書くこと」「話すこと［やり取り］」を関連付けた活動例（講義を聞いてその内容をレポートとしてまとめる活動）

1) 準備するもの：ある題材について，まとまりのある英文と，提示資料（絵やプレゼンテーションソフトで作成したファイル）を作成しておきます。

2) 活動内容：生徒はALTや日本人教員が話している内容を，メモを取りながら聞きます。その後，メモをもとに，指定された語数（50～100語）で英文レポートとしてまとめます。メモを取った後，聞き取れなかったことについて教員に質問をする時間を設定すれば，「話すこと［やり取り］」の要素を取り入れた活動にすることができます。

③「読むことと」「話すこと［やり取り］」「書くこと」「話すこと［発表］」を関連付けた活動例（教科書本文に書かれた情報を読み取り，その内容についてペアで話し合い，話し合ったことをもとに自分と相手の意見を英語で書き，最後にそれをもとにして発表させる活動）

1) 準備するもの：ディスカッションやディベート（⇨ **Q6-7,8**）に適した教科書本文があれば，いつでも実施できます。

2) 活動内容：教科書本文を理解したうえで，教員がその内容について生徒の「思考」を促す参照質問（referential question⇨ **Q6-6**）を投げかけます。生徒に自分の意見を書かせてから，Read & Look-up方式で意見交換を行わせます。生徒がこの活動に慣れてきたら，まず即興でやり取りを行わせ，その後，綴りや文法にも注意を払って自分と相手の意見を英語で書かせ，Read & Look-upで練習後，全体に発表させます。

3．統合的活動の留意点

統合的な活動では，生徒がその活動ができなかった場合，それが，どの領域に関する箇所でつまずいているのかを確認することが大切です。活動後，それぞれの生徒が，「聞いた内容を理解できていたのか」「話した内容や使用した語彙や文法が適切であったか」などについて振り返る時間を設定したり，振り返った内容に対して教員が助言やコメントを与えたりすることで，統合的活動を生徒の学びにつなげることが重要です。

「聞くこと」の指導の留意点と指導法は？

毎時間授業の最初にリスニング・テストを実施していますが，答え合わせだけに終わらず，聞くことが苦手な生徒を伸ばすにはどう指導すればよいでしょうか。

1．「聞くこと」の指導の留意点

まず「100％聞き取らなくては！」と構えず，はっきりと明瞭に発音される大切な内容語を中心に聞き取り，概要・要点を捉えられればよいのだということを教えてあげることが大切です。あらかじめポイントを与えて聞き取らせれば，生徒の不安感を取り除き，うまく聞き取れたという成功体験を味わわせ自信を付けてあげることができます。

2．英語のリスニングの困難点とそれを克服する指導法

日本人にとって英語の聞き取りはなぜ難しいのでしょうか。学習者の困難点を特定し（玉井，1992），それへの対応策を考えて実行する（髙橋，2003）。これはすべての教科指導に共通する授業改善の方法です。

① 発音が日本語とは異なるうえに，話される速度が速くついて行けない

英語を聞く機会をできるだけ多く与え，ある程度の自然なスピードの英語に慣れさせてあげることが大切です。この点はALTにも留意してもらいましょう。生徒の理解を助けるのは，スピードを落とすことによってではなく，ティーチャー・トークの事前の吟味・検討，実物や映像，絵や写真などの視覚教具（visual aids）の活用，教員の豊かな表情やジェスチャーなどで支援するよう心がけましょう。

② 語彙力が不足していると推測能力が働かず，文法能力が弱いと聞き取れなかった箇所を補って理解することは難しい

リスニングでは，「少しぐらいわからないところがあっても，全体から類推して要点が理解できればよい」とは言いますが，未知語が連続すると，推測能力が働かず意味理解は困難になります。教科書に出てくる語彙だけでなく，話題に応じて関連する語彙を提示したり，生徒たちに調べさせたりして，綴りを書けなくても「聞いて意味がわかり，通じる発音で口に出して言えるオーラル・コミュニケーションのための語彙」を日頃から増やしてあげるように努めましょう。

また，聞き取り困難箇所は，リダクションが起こって弱く速く発音される機能語の部分に集中しますので，聞き取れなかった部分を文脈からの意味類推と，「ここではこう言っているはずだ」と文法知識を使って予測する「耳＋頭で聞き取る方略」を指導してあげましょう。

③ 話される音声はすぐに消えてゆくため，一部でも聞き取れない箇所があると心理的なパニックに陥り，すべてわからなくなる

音声が一瞬にして消えてしまうリスニングでは，一部分でもわからない箇所に出会うと心理的にパニックに陥り，その箇所以降は聞く余裕がなくなって，すべてがわからなくなってしまいます。これを克服させるには，②の文法知識活用方略とも関係しますが，概要・要点を聞き取る指導を中心に行いながら，「聞き取りにくい箇所を聞く耳を育てる指導」を補足的に行ってあげることが有効です。理屈は単純明快で，一般に「自分で発音できないものは聞き取れない」ということです。個々の単語の発音と，自然な速度で話される文中での単語の発音は同じではありません。大切な内容語はゆっくりと明瞭に発音されますが，そうでない単語は弱く早く発音されますし，２つの単語の発音がつながって１つのように発音されたり（連音），音がつながるだけではなくWould you ～が「ウッヂュー」と発音が変わったり（同化），単語１語では発音されるのに実際には発音されない（脱落）などといった音の変化があちこちで起こります。このような「語と語の連結による音変化」の指導を教科書の音読練習や，歌やチャンツなどを通して地道に続けていくことが，リスニングの基礎力として転移します。

３．個に応じた事後指導

答え合わせをして終わりではなく，聞き取り後にスクリプトを配布して，聞き取れなかった箇所をマークさせ，なぜ聞き取れなかったのか原因を考えさせ，それを克服する勉強法を指導してあげましょう。

① スクリプトを読んでも英文の意味がわからない

1) 意味不明の単語が多すぎる。➔語彙力の増強

2) 単語はわかるが，英文の意味がわからない。➔文法力の補強

② スクリプトを読めば英文の意味がわかるのに聞き取れなかった

➔語と語の連結による音変化の学習と自然な速度での音読練習の継続

「話すこと[やり取り]」の指導の留意点は？

「話すこと［やり取り］」の代表的な活動例と活動を行わせる際の指導上の留意点を紹介してください。

1．「話すこと［やり取り］」の力を育成するための活動例

① 教科書本文

> One day, Christian found a belt in the house and picked it up in his teeth. Ace tried to take the belt away from him, but for the first time he angrily showed his sharp teeth. Ace was shocked, and that reminded him that Christian was a wild animal.
>
> A few days later, the two men met George, an expert on lions from Africa. George said that Christian should join other lions in the wild. John and Ace knew that a life in the wild was best for Christian, so they finally agreed with George's idea.
>
> In 1970, the three men went to Kenya to set Christian free. They also needed to train Christian to live in the wild. Christian, then, met his new lion friends and learned their ways of living.
>
> Their last day arrived quickly. John and Ace spent one last fun day with Christian. The next morning, they left early without saying goodbye.
>
> *ELEMENT English Communication I*.（啓林館）Lesson 2, "Christian the Lion"

② 活動の手順

生徒が教科書本文を読む前に，第一段落の内容を英語で導入した後，"Ace and John had two choices. They could send Christian to a zoo in London, or they could send Christian to the wild in Africa. Before we read the story, let's discuss which is better for Christian." と生徒に話し，ペットとして飼育していたChristianを動物園に送るべきか，それとも野生に返すべきかを話し合うことを伝えます。

まず，"Let's talk about the good points of sending Christian to the zoo in London." と生徒に質問し，数人の生徒に発言させます。単語のみで答えたり，誤りのある英語で答えたりした場合，リキャスト（recast）して生徒に正しい英文をフィードバックします。また，以下に示すように生徒の

発言内容のキーワードを板書しておきます（板書例参照）。次に，“Now let's talk about sending Christian to the wild in Africa.” と言い，野生に戻すことの利点を生徒から引き出し，キーワードを板書しておきます。

【板書例】

a zoo in London	the wild in Africa
can get food be safe doesn't have to hunt can meet Ace and John	can be free can get more friends ⋮ ⋮

そのうえで，生徒に“Suppose you were Ace and John and discuss what you should do about Christian.” と伝え，疑似的な話し合いを行わせます。

生徒同士で話し合いを始める前に，まず教員と一人の生徒が板書の内容をもとに話し合いを行うことで，活動で何をすることが求められているかを明らかにします。その後，役割を変えたりペアの相手を代えたりしながら，活動を複数回行います。そうすることで生徒は活動に慣れるとともに，他の生徒の意見から学び，それを取り入れて話すことも可能になります。

この活動の後，“Which do you think Ace and John decided to do?” と問いかけ，動物園とアフリカのどちらに送ることに決めたかを推測させ，手を挙げさせたうえで，教科書を開かせ，読ませます。こうすることで，本文をより興味・関心を持って読もうとする生徒の意欲を高めます。

このような「やり取り」の活動を読みに入る前に行うことで，積極的に英語を使ってコミュニケーションを行う場面を設定することができます。

2．「話すこと〔やり取り〕」の指導の留意点

「やり取り」の力を育成するためには，特別な活動を行うのではなく，日々の授業で，教科書の内容について意見を伝え合う活動を行うことが大切です。

また，やり取りをする際には，学習目標とする語彙やフレーズ等を，教員と生徒とのやり取りの中で提示することで，それらの「使い方」についても生徒に提示することができるので，英語に苦手意識を持っている生徒も，それらを積極的に使いながら活動に参加するようになります。

「チャット」の効果的な指導法は？

ウォーム・アップに「チャット」を取り入れたいと思います。「帯活動」として継続する場合，どのように指導していくとよいでしょうか。

1．帯活動としての効果的な実施方法

① パートナーを替えて，同じ話題で数回行わせる

チャット（chat）は，教員の示した話題について生徒同士で会話を継続させる言語活動です。教員が話題について自分のことを少し話してから“Talk about ～ in pairs.”と指示を出したり，“Start with the question, “______?”のように話題となる疑問文を示したりしてチャットを始めさせます。同じ話題で数回行わせますが，話し相手は毎回替えるようにします。生徒同士で使える表現を学び合ったり，1度目はうまく話せなくても，回数を重ねると，その話題について言えることが増えていきます。

② 会話技術や会話表現を１つ示して使わせる

毎回のチャットで，会話技術や会話表現を１つ指導します（⇨ Q5-8）。例えば，次のような技術や表現です。

- um, wellなどのつなぎ言葉（fillers）を使って会話の間を埋める。
- 相手が“I saw a movie.”と言ったら，“Oh, you saw a movie. What did you see?”のようにオウム返しに述べて，相手の言ったことを確認しつつ「話を聞いている」というサインを出し，関連する質問をする。

2．チャットの後の活動

① レポーティング活動

パートナーが話した内容を「即興」で別の人に伝えさせるレポーティング活動を行わせると，話のまとめ方や即興で話す力を高めることができます。自分の感想を付け加えさせると，より豊かな活動になります。

② ライティング活動

チャットの後で，自分が言ったことを書かせたり，相手の言ったことを書かせたりすることにより，じっくりと発話内容を振り返ることができ，その気付きや学びを次のチャット活動につなげることができます。

ICレコーダーを活用した振り返りも効果的です（⇨ Q9-4）。

対話(やり取り)を継続させる指導は？

ペアで会話させても長続きしません。相手に配慮したやり取りのしかたや対話者間の協力も含め，会話を継続させる段階的な指導法を紹介してください。

1．対話（やり取り）を継続させるための要素

対話（やり取り）を行っている場面を想像してください。話し手は時にはまとまりのある内容を，時には短い１文程度の情報を相手に与えます。聞き手は相づちをうったり，わからないところを確認したり，質問したりします。このように話し手と聞き手が相互に「協力」しながら対話は成り立ち，継続させることができます。これらの要素を練習する機会を設けることで，生徒は次第にやり取りが上手になっていきます。

やり取りが上手になるための要件として，次の３つが挙げられます。

① どんな話題に対しても何かしら言うことを持っている

１つの話題で数回対話することで，「この話題ではこういうことを言えばよい」と生徒は学んでいきます。知識のない話題や考えたことのない話題では日本語でもうまく話せないものです。そこで，最初は身近な話題から始め，さまざまな話題の対話をさせることで経験を積ませ慣れさせます。

② 相手が言ったことに関連する質問ができる

相手が言ったことに相づちをうったり，質問したりすることで対話は成立します。しかし，生徒は質問されることはあっても，概して質問する機会は少ないものです。そこで，生徒に質問するよう促しましょう。

③ 相手の質問に対し，自発的に情報を加えて返すことができる

相手から質問された際，求められている情報のみを応答したのでは，紋切り型の質疑応答のようなやり取りになってしまいます。対話を続けるためには，自ら情報や自分の考え，気持ちを加えて相手に返すよう励まします。

2．対話（やり取り）を継続させるための活動

① ２文以上で応答するＱ＆Ａ

1.で述べた①～③を身に付けさせるための言語活動を紹介します。まず，帯活動として生徒同士でさまざまな話題に関してQ&Aを行わせます。生徒をペアにし，一方がワークシート例①のような質問（＝話題の提示）を行いま

す。他方は2文以上でその質問に応答していきます。例えば，“Are you good at playing sports?”に対し，“Yes, I am. I'm on the tennis team and practice every day.”などと2文以上で応答させます。毎回相手を代えて行わせると効果的です。

慣れてきたらディスカッションやディベートで扱うような話題（ワークシート②を参照）を入れるとよいでしょう。また，2文での応答を3文以上にしたり，1つの話題について1分間ずつチャット形式で行わせるなど，継続的かつ段階的に指導を発展させていきます。

ワークシート例①

	Question
01	Are you good at playing sports?
02	Have you ever been abroad?

ワークシート例②

	Question
01	Do you think Japan should welcome more refugees?
02	Do you think we should wear school uniforms?

② 教科書本文についての質問作成とQ&A

教科書本文を音読させた後で，生徒に本文内容についての質問文を複数作成させ，教科書を閉じてペアでQ&Aのやり取りを行わせます。

③ チャットにおける会話技術

対話を継続させるためには，話題を切り出す，話す順番を得る，話す順番を相手に渡す，相手が黙ってしまったときに対処する，などの会話技術を駆使する必要があります。例えば，相手が黙ってしまったときのことを考えてみましょう。何かを思い出そうとしているのなら，相手が言いそうなことを挙げて，想起のための援助を行います。話すことが尽きてしまったようなら新しい話題を切り出します。話している最中に適切な単語が出てこない場合には，他の語句や表現で代用したり（substitution），説明したりして相手に伝えます（circumlocution）。単語の定義文を言う，言い替える（paraphrase）などの練習も意図的に取り入れましょう。

「話すこと［発表］」の指導の留意点は？

「話すこと［発表］」の代表的な活動例と活動を行わせる際の指導上の留意点を紹介してください。

1.「話すこと［発表］」の力を育成するための活動例

① 教科書本文

> Let's take another look at nature. Nature has solved various problems with different systems and designs. Living things in nature have survived through hard times. Some have survived millions of years because of their designs. Nature is a good designer that has built up effective systems without changing the environment. We should guard this treasure of ideas and learn about those systems. How about looking around for hints of new technology hidden around you?
>
> *Revised ELEMENT English Communication I*.（啓林館）Lesson 7, "Biomimetics"

②「話すこと［発表］」の指導の道筋

この単元では，「私たちは，自然から製品開発のヒントを得るなど，さまざまなことを学ぶことができる」ということが具体例とともに述べられています。このような単元であれば，「環境をどのように守るか」というタイトルでスピーチをさせることを単元の最終目標にすることが考えられます。

しかし，この単元の内容を理解し，音読を繰り返しても，それで生徒がまとまりのある英文で原稿を書けるようにはなりません。生徒が意見を持てるよう，教科書をより深く理解し，題材について自ら考える機会を与えなければ，意見を持つことができるようにはなりません。

上記の文では，まとめとして，「私たちはアイディアの源を守り…」と書かれています（下線部参照）。しかし，「自然や生物が守られなければならないのが現状である」ということについては具体的な説明がありません。その内容を生徒がきちんと理解しなければ，環境を守ろうという意識を生徒に持たせることは不可能です。そこで，補足資料として，以下のような内容の英文を与え，即興で読ませます。

〈配付する英文の構成〉

第１段落（導入）　：Biodiversityとは何か
第２段落（本論①）：Biodiversityが危険にさらされている理由①（森林伐採等による生物の生息地の消失）
第３段落（本論②）：Biodiversityが危険にさらされている理由②（地球温暖化）
第４段落（結論）　：Biodiversityを守る必要性

内容理解について英問英答で確認した後，“In order to protect biodiversity, what kind of idea can we get from nature?”という題で英語で話し合わせ，数人の生徒に話した内容を発表させ，全体で共有した後，以下の構成でスピーチ原稿を書かせます。

〈スピーチ構成案〉

第１段落：biomimeticsについて（具体例を１つ示す。30～40語程度）
第２段落：biodiversityについて（30～40語程度）
第３段落：社会の発展とbiodiversityをどう両立するのか（30語以上）

このような構成にすることで，第１段落は教科書本文，第２段落は新たに配付した英文の内容や表現を活用しながら書くことができます。また，第３段落では即興で話し合った内容をもとに意見を書くことができます。こうすることで，生徒が普段の授業での活動が英語でのスピーチ活動につながることを実感することにもなります。以下は生徒のスピーチ原稿例です。

生徒スピーチ原稿例①（スピーチ原稿全文）

Biomimetics is a new word which means learning from natural systems. For example, the 500 series bullet train reduces air resistance that causes noise by using the shape of a kingfisher's beak. In this way, we can solve various problems by biomimetics without damaging the environment. We should protect nature so that we will not lose its treasure of ideas.

Now, however, many species are going extinct, so our biodiversity is in danger. Even now, something with an important solution to help our society may be disappearing. That is a serious problem for humans and the earth. One of the reasons for the crisis is global warming. It is caused by an increase of carbon dioxide in the atmosphere.

But we know something which can reduce it. Plants. Plants take in CO_2 and emit oxygen. I think we can create a machine which can copy the system of plants. This may be a practical way to balance our social development while protecting the earth's biodiversity.

生徒スピーチ原稿例②（第３段落のみ）

I believe we can develop our society without damaging the environment. To do this, we'll have to stop global warming. For example, if we can develop new materials that can adjust our body's temperature, we don't have to use air conditioners. That can help us reduce the CO_2 in the air. Then we can stop global warming and protect nature.

２．指導上の留意点

生徒にいきなり“What do you think?”と意見を求めても，日頃授業で意見を言うことに慣れていない生徒から意見を（しかも英語で）引き出すことはとても困難です。そのため，生徒から意見を引き出す前に，言語材料のサポートだけでなく，教科書の題材について，異なる視点で書かれた英文や異なる意見の英文を読ませたり，聞かせたりする場面を作るなど，生徒に意見を構築するための内容に関するサポートを行う必要があります。例えば，教科書の内容にあえて反論するような内容の英文を読ませ，どちらの意見に賛成するかを考え，意見を発表させる場面を与えると，生徒は教科書や別の意見が書かれた英文の内容や表現を借用しながら意見を発表することができるため，活動の難度が下がり取り組みやすくなります。

また，意見を言わせる際には，型を与える前に，さまざまな意見が出るような場面を作りましょう。意見をまとめるまでに，即興での意見発表を繰り返すことで，話す内容や，使用する語彙や文がよりよいものになっていくことを生徒に経験させることが大切です。

スピーチやスキットの発表のさせ方，聞かせ方は？

スピーチなどの発表を行わせると，暗記して発表するだけで，言葉が聞き手に届かず，聞き手も耳を傾けていません。よい方法はないでしょうか。

1．よい聞き手の育成

ペア活動で，片方の生徒が音読や自分の言葉で本文の概要を伝えるリテリング（retelling ⇨ Q4-4，Q6-5）等を行っているとき，もう一人の生徒はどのような態度で聞いているでしょうか。教科書やノートを見たり，相手を見ずにメモを取ったりしていないでしょうか。コミュニケーションを円滑に行ううえで，聞き手の役割は非常に大切です。そのため，音読活動等を行なっているときから，次のように，「聞き方」を練習する場面をつくるとよいでしょう。

① 理解していることを伝える。
　相手が音読している英文をきちんと理解できれば（話していることを聞き取れれば），うなずきながら聞く。
② 相手の言葉を繰り返す。
　音読やリテリングで，２～３文に一度，相手の言った英文を繰り返す。
③ 相づちをうつ。
　“Really?”などの定型表現ばかりではなく，“Did he?”など疑問文の形で相づちをうつ練習を行う。
④ 相手が話している最中に５Ｗ１Ｈで質問をする。
　話を聞きながら“Why?”などの質問をはさみ，話し手はそれに答える。

上記のような練習を普段から行っておくことで，話し手に対して，協働的，積極的に「聞く」態度を身に付けることができます。スピーチをする際，話し手がとても緊張することは誰もが理解しています。授業でお互いに助け合いながら活動を成功させることの大切さ，聞き手がきちんと話し手を見てうなずきながら聞いてあげることで，緊張が解け，自信を持って話すことができるということを生徒に理解させることも大切です。

2．生徒の個性・創造性を発揮させる工夫

意欲的に発表させ，集中して聞かせるには，発表の内容が勝負です。

〈モデルスキット例〉

A：Hey, ________. Let's go see a movie.
B：That's a good idea! What kind of movie do you want to see?
A：I want to see a romance movie.
B：No way! Romance movies are very boring.
A：I think romance movies are very touching.
B：Yes, but they are too slow.
A：You are wrong. They make you happy!
B：Do they? Well, ... OK. Let's go see a romance movie then.
A：Thanks. Let's go.

語彙リスト（一部抜粋）
Action：exciting, thrilling, scary, violent
Romance：heartwarming, boring, dull

モデルスキットをもとに生徒がオリジナルスキットを作成するために，次の手順で指導します。

① モデルスキットを覚えて演じる。
② 語彙リストを参考に，下線部を自分たちの考えに合うように変えて演じる。
③ 場面を変え，新たなスキットを創作する（野球観戦に誘うなど）。

このように段階を経て，オリジナルのスキットを作成し，発表させることで，それぞれのペアが話題や場面の異なるスキットを創作して演じることになるので，暗唱発表では居眠りする生徒も，発表内容に興味・関心を持って聞こうとします。さらに，登場人物の人間関係や年齢などについても意識して作成させると，さらに個性・創造性に溢れる作品をつくるようになります（⇨ Q4-14）。

3．発表する時期の工夫

スピーチやスキットは，練習して最後に発表するのが一般的ですが，一度発表した後，再度構成し直して発表する機会を与えるのも効果的です。教員からのフィードバックやアドバイスよりも，他の生徒のよい発表が刺激になり，「もっとよい内容にしたい」「もっとうまく伝えたい」という気持ちを持たせることができ，改善しようとする意欲を高めることができます。

スピーチ指導の長期的な目標と計画の立て方は？

話題の選定や内容構成，話し方など，高校３年間を見通したスピーチの指導の進め方を紹介してください。

1．学年ごとの目標を立てる

まず，次に示すように，各学年で「どのようなスピーチができるようになるか」という学習到達目標（CAN-DO）を設定し，高校３年間の長期的な見通しを持って指導をしたいものです。

① **第１学年の目標**：聞いたり読んだりした内容について，簡単な語句や文を用いて意見や感想を書き，その内容を他者に伝わるように話すことができる。

② **第２学年の目標**：聞いたり読んだりした内容について，まとまりのある文章でその概要や要点を説明したり，意見や感想を書くとともに，その内容を他者に伝わるように話すことができる。

③ **第３学年の目標**：社会的な話題について，意見やその理由を論理的に複数の段落で書くとともに，その内容を他者に伝わるように話し，発表後に質疑応答のやり取りを行うことができる。

2．どの単元でスピーチ指導を行うかを決定する

以下の例のように，使用教科書の題材内容を精査したうえで，それぞれの学年のどの単元でスピーチに関する指導を行うかを決めます。〔以下の例の使用教科書は，*Element English Communication Ⅰ～Ⅲ*（啓林館）〕

① **第１学年**：*Ⅰ*，Lesson 7, “Biomimetics”
活動の内容：バイオミメティクスとは何かを説明するとともに，環境問題やその解決方法について，意見を述べる。

② **第２学年**：*Ⅱ*，Lesson 4, “Life in a Jar”
活動の内容：第二次大戦中のポーランドのユダヤ人強制居住区での史実の内容を説明するとともに，生徒自身の経験等に基づいて，共感を覚えた場面等をまとまりのある英語で紹介する。

③ **第３学年**：*Ⅲ*，Lesson 2, “How can we save disappearing Languages?”
（⇨本文や活動の概要は **Q6-9**）

活動の内容：論題に対して賛成か反対かを理由とともに述べるとともに，話
　　　　　　した内容をもとに質疑応答などやり取りを行う。

３．スピーチ活動を行う単元までに身に付けさせたいことを考える

スピーチ活動を行う単元までに，生徒が何をできるようになっている必要があるか，そのために何を事前に行っておくべきかを考え，目標とするスピーチができるレディネスを確認し，必要に応じて指導を行います。

① 第１学年のLesson 7でスピーチを行う前にできるようになっていること

1) 中学校で学んだ語彙や文法を使用して教科書の内容を説明することができる。
2) 音読活動をペアで行う際，聞き手を意識し，意味の区切れを意識しながら読むことができる。
3) 教科書本文のリテリング活動をペアで行う際，聞き手を意識し，アイコンタクトをとって話すことができる。

② 第２学年のLesson 4でスピーチを行う前にできるようになっていること

1) トピック・センテンスとサポート・センテンスからなるパラグラフ構成を理解し，話したり書いたりすることができる。
2) ディスコースマーカー（discourse marker）を使いながら，文と文のつながりを意識して英語を話したり書いたりすることができる。

③ 第３学年のLesson 2でスピーチを行う前にできるようになっていること

1) 段落構成を理解することができる。
2) スピーチ等を聞きながら，メモを取ることができる。
3) メモをもとに質疑応答をすることができる。

これらのことができるようになる指導や活動を，それ以前の単元のどこで行うかを考えて長期的な見通しを持って計画的に実施することで，スムーズにスピーチ活動につなげることができます。

４．まとめ

スピーチを特別な活動とせず，教科書本文の内容をもとに３年間を見通した計画のもとで指導することで，単元を通して付けたい力を明確にすることができ，学年の担当教員全員で目標を共有することができるようになります。

即興での発話力の伸ばし方は？

生徒が英語を使って即興で対話したり，意見を発表したりできる指導をめざしています。効果的な指導とフィードバックの方法を紹介してください。

1．文法指導を即興での対話につなげる

ある文法事項を指導する際，教科書の例文や活動では，その文法事項がどのような場面で使われるか，また，どのようなコミュニケーションの目的で使われるか等について指導が難しい場合があります。そこで，以下のような活動を行うことで，文法事項が使われる場面や目的を理解させ，コミュニケーションの場面で使えるように指導することができます。

〈使用場面の分析〉

現在完了の形式や意味を学んだ後，次のような使用場面を提示します。

場面①

A：Have you ever been to USJ?

B：No, I haven't.

A：Me, neither. I heard that it was a very fun place to go. Why don't we go there together sometime?

B：Sure. Will you be free this weekend?

A：No, I have a club activity this weekend. How about next weekend?

B：OK.

場面②

A：Have you ever been to USJ?

B：No, I haven't.

A：I went there last Sunday. I had a great time there. I even took a picture with Hello Kitty!

B：Really? I love Hello Kitty. I wish I could go there soon.

英文を読ませた後，それぞれどのような場面でこの会話が行われているか，また，登場人物Aがなぜ"Have you ever been to USJ?"と言ったか（場面①では相手を誘いたい，場面②ではUSJに行ったことを自慢したいなど）を考えさせます。その後，それぞれの場面において，登場人物Bが"Yes, I have.”と答えた場合，登場人物Aが何を言うかを想像力を働かせて考えさせます。最後に，“Have you ever been to ～?”を使用してオリジナルスキットを作成させ，発表させます（⇨ Q5-10）。このような活動を行うことで，生徒は文法を学ぶことがコミュニケーション能力を伸ばすことにつながることを実感するようになります。また，即興での発話を行う際，学んだ文法を実際に使おうとする態度の育成につなげることができます。

2．即興での意見の発表とフィードバック

アウトプットの活動を，授業や単元のまとめとして位置づける場合が多くあります。しかし，そのような最終段階では，生徒は「正しい内容」を「正しい英語で」話したり書いたりすることが求められます。もちろんこのような段階は必要なのですが，即興で発話をさせるためには，「正しい内容でなくても」「正しい英語でなくても」よい場面を設定することも必要です。

例えば，教科書本文のオーラル・イントロダクションですべての内容を導入せず，後半の内容や結末などを生徒に推測させ，即興で話させる活動を行うことができます。また，生徒が教科書を黙読した後，理解の程度を確認する際，本文の行間に隠れている内容や，登場人物が実際に行った会話の内容などを考えて発表させる活動を行うこともできます。これらの活動では，生徒が単語だけで答えたり，文法の誤りのある英文で話したりする場合が多くありますが，まずは話そうとする態度を評価し，褒めたうえで，生徒が伝えようとした内容をできる限り易しい表現で言い直してあげること（recast）が大切です。

3．スピーキングテストの工夫と，生徒が振り返る時間の設定

スピーキングテスト（⇨ Q10-11,12）では，授業で行なった活動に関連した内容について生徒が話せるかどうかを測ります。その場合，生徒はある程度話す内容がわかっている状況でテストを受けることになりますが，そこに即興で答えなければならない質問を入れておくことで，「授業で学び練習してきたことはできたが，即興の場面では答えられず悔しい！」といった生徒の気持ちを引き出し，やる気を高めることができます。また，テストの内容を録音し，生徒が話した内容を書き出し，使用した語句や文を客観的に振り返る場面を与えることで，次の学びにつなげることが可能になります。

「読むこと」の活動例と指導上の留意点は？

リーディング能力を育成するための代表的な活動例と活動を行わせる際の指導上の留意点を紹介してください。

教科書本文は，特定の文構造や文法事項を学習するためにだけあるのではなく，和訳することが最終目的でもありません。どの英文にも筆者が存在し，伝えたい情報やメッセージが込められています。読むという行為は，読者が既存の知識（スキーマ：schema）を利用しながら，単語や文のつながりを正しく理解し，そのうえで筆者がその文章に託したメッセージや情報を自分のものとして獲得していくことです。

1．スキーマの活性化

実生活の中で，何の予備知識も関心もない文章をいきなり読むことは稀です。まず，題材に関する生徒の先駆知識（スキーマ：schema⇨ Q6-2）を活性化させてあげましょう。「読む」前のレディネス作りです。教員はその手助けを行います。

① 本文タイトルの利用

各課には必ずタイトルが付いています。例えば，“2100：A World with, or without, Sea Turtles?”ならタイトルそのものが読者である生徒たちへの「問いかけ」になっています。まず，sea turtleの写真を提示して，知っていることを発表させたり，実際にその「問いかけ」についての自分なりの考えや理由を言わせたりして，生徒のスキーマを活性化させましょう。

②「口絵」の利用

口絵や写真の内容を英語で描写させ，本文の内容を推測させるなど，スキーマを活性化させ，読む動機づけを行います。例えば，ある課の冒頭の人工衛星の写真を指して，“What do you see in the photo? Describe the photo?”と質問し，生徒に英語で説明させる，“How do they get energy for astronauts living in the satellite?”と質問するなど，インタラクティブに進めることで，スキーマの活性化だけではなく，satellite，energyなどの新語を先取りすることもできます。

2．発問の工夫

本文を機械的に疑問文に置き換えるだけの質問をしていませんか。本文に明示的に書かれた情報を問うだけではなく，本文には使われていない語句を使用して質問を作ったり，文章全体の理解を要する推測質問（inferential question）や本文の話題に関する生徒の体験や考えを求める参照質問（referential question）をしたりするなど，バランスよく発問しましょう。（⇨ Q6-6 ）。授業では，どうしても「教員＝質問する人，生徒＝答える人」という役割分担が固定化しがちです。生徒に質問を考えさせ，ペアやグループで尋ね合わせるなど，生徒に主体的・能動的に読みに関わらせる機会を設けましょう。

3．テキストタイプや目的に応じた活動

読む英文の種類や目的を踏まえた指導を心がけましょう。英文にも，描写文，説明文，新聞記事，手紙，物語などさまざまなテキストタイプがあり，グラフや表，ポスターなどいわゆる「非連続テキスト」を含むものもあります。また，情報を得るために読んだり（reading for information），批判的に読んだり（critical reading），小説や詩などのように楽しむために読む（reading for pleasure）など，目的によって読み方も変わってきます。また，テキストタイプや目的に応じて，必要な情報のみを拾い読みするスキャニング（scanning）や概要を速読するスキミング（skimming）など，個別のスキルが存在します。テキストタイプ，目的，使用するスキルを意識した活動を計画する必要があります。スキャニングでは，ウェブサイトを閲覧し，それをまとめさせることもできます。スキミングは，素早くテキスト全体を読み，要点を把握するためのスキルです。例えば，まとまりある英文を読ませたうえで，ふさわしいタイトルを考えさせる活動などがあります。

4．他技能との統合

他技能と統合させて指導することも大切です。例えば，本文理解が終わってから，生徒にキーワードを抽出させ，それを見ながらペアで要約を伝え合わせた後にそれを書かせるなど，複数の技能を統合した活動を体験させることで，理解を発信に結び付けます（⇨ Q5-4 ）。

「書くこと」の活動例と指導上の留意点は？

ライティング能力を育成するための代表的な活動例と活動を行わせる際の指導上の留意点を紹介してください。

たいていの教科書にはそのレッスンの終わりに学習した内容や話題に関して生徒の意見や考えを書く活動が掲載されていますが，本稿ではそれ以外の「書くこと」の活動例，特に教科書の題材を利用した例を紹介します。

1．教科書本文をもとにした英作文

本文を応用して，下の例のように，本文とは異なる語句を与え英語に直させます。生徒にとって身近な話題を選ぶことがポイントで，日本語もできるだけくだけた口語表現を用い，あえて主語を省略するのもよいでしょう。

〈あなたはどっち派？〉

教科書本文	応用版
• Which do you eat for breakfast, rice or bread? • About 50 percent of Japanese people eat bread. • Why do many of us choose to eat bread for breakfast?	• スマホには，iPhoneとAndroidのどっちを使ってる？ • 日本人の約70%がiPhoneを使ってるんだって。 • どうしてそんなにiPhoneがいいのかな？

（*New One World Communication I*.（教育出版）Lesson 2をもとに作成）

2．リテリング（retelling：再話⇨Q4-4，Q6-5）

「話すこと」の活動でよく使われるリテリングも「書く」活動として行なえます。話す前段階として，あるいは，話した後に綴りや文の正確さに留意して書かせることもできます。本文の内容理解や音読活動を十分行ってから取り組ませます。単なる暗唱にならぬよう，盛り込むべき内容やイラスト，キーワードなどを与えて足場かけ（scaffolding⇨Q3-1）をしてあげましょう。生徒にイラストやマッピングを作らせることもできます。

3．登場人物になりきってライティング

自分の考えや意見を書く活動はなかなか難しく，書きたがらない生徒も少なくありません。そのような場合には，教科書の登場人物になりきって書く

「なりきりライティング」があります。例えば，*New One World Communication I.*（教育出版）Lesson 6, "We Are the World"では2010年にハイチで起こった地震の支援活動に参加したJordin Sparksさんが紹介されています。Sparksさんになりきって，"The reason why I took part in *We are the World 25 for Hiti*"というテーマで書かせます。書くべき内容や情報は本文にあるので，最小限それらを使って書くことができます。生徒たちに「自分ならこうする，こうした」など想像をふくらませて加筆するよう指示をします。他人になりきって空想の世界に遊ぶことで，書くことへの抵抗が少なくなります（⇨ Q7-6，Q8-7）。

4．ポスター作成

学期末や学年末にこれまで学習した中で特に印象に残った課を選び，英語のポスターを作らせます。このポスター作りは，学期や学年の学習内容の復習として効果的です。最近ではインターネットでポスターのフォーマットを無料でダウンロードもできるため，フォーマットだけ与え，後は自由にポスターを作らせます。本文をQ&A形式に直したり，クイズ形式にしたり，表やグラフにしてもよいこと，また，画像やイラストは自由にはり付けてもよいことなどを説明します。よい作品は取っておき，次回の作品例として残しておきます。仲間の作品から学ぶ「ポスター発表」の時間も設定しましょう。

5．「書くこと」の指導の留意点

①「書くこと」の活動では，生徒たちが書く情報や知識を持っていることが前提となります。そのため，いきなり自分の考えを書かせたりするのではなく，教科書の題材で学習した情報や知識を使うことから始め，段階的によりcreativeなライティングへと高めていきましょう。

② だれに向けて書いているのか，だれが読んでくれるのか，読み手を意識して書かせるようにしましょう。

③ 生徒に書きっぱなしにさせ，評価やフィードバックがなければ，生徒は書く活動をなおざりにしてしまいます。読み手や評価は，教員だけでなく生徒同士でもかまいません。評価やフィードバックは必ず与えましょう。

④ 生徒が書いたものを教室で共有することも大切です。他の生徒の作品を読んだり聞いたりすることにより学び合いができます。一人の生徒のアウトプットを他の生徒たちのインプットとして活用しましょう。

生徒の発話や作文の誤りへの対処は？

過度の修正は生徒の意欲を阻害しますし，誤りの放任では英語力が向上しません。生徒の発話や作文の誤りを修正する適切な方法を教えてください。

コミュニケーション重視ということで，ともすると生徒の誤りの修正を放置してしまいがちですが，自分の誤りを生徒に気付かせ修正を促すために，教員によるフィードバックは重要です。では生徒の誤りへの対処にはどのような手法があるのでしょうか。以下，誤りの修正方法を生徒の「発話」と「作文」に分けて紹介していきます。

1．発話の誤りの修正方法と留意点

① 発話の誤りの修正方法

1) 明示的方法：生徒に誤りがあることを伝え，正しい表現方法を伝える。

S：I never think of that.

T：In this case, you should say, "I have never thought of that."

2) メタ言語的なフィードバック：メタ認知的なヒントやコメントを与える。

S：I visit my grandmother in Kagawa last Friday.

T：Pay attention to the verb tense. In this case, you have to use the past tense.

3) 繰り返し（repetition）：生徒の誤りを含む発話をそのまま繰り返す。

S：The cat kicked.

T：The cat kicked?

4) 誘発（elicitation）：途中まで繰り返すなどして自己修正を引き出す。

S：He wondered where was he going.

T：He wondered where …

5) 明確化の要求（clarification request）：生徒の発話が理解できないことを伝える。

S：I happened the accident.

T：Could you say that again?

6) リキャスト（recast）：内容を受け止めながら，生徒の誤りを教員がさりげなく正しく言い直す。

S：I was a lot of fun.

T：Oh, you had a lot of fun. How interesting!

リキャストはコミュニケーション重視の教室環境で，昨今よく使われている方法です。その理由は，コミュニケーションを継続しながら生徒の誤りをさりげなく修正することにより，1)発話に誤りがあるという情報，2)言語的に何が正しいかという情報，3)修正の機会，を生徒に提供することができるからです（高塚，2009）。

② 修正にあたっての留意点

自分の誤りを教員に修正してもらうことは必要であると思いながらも，他のクラスメートの前で誤りを修正されることに不安を覚えている生徒もいます。だからといって修正を避けるのではなく，だれにでも誤りはある，間違うことは悪ではない，むしろお互いの誤りから学ぶというクラスの雰囲気づくりが大切です。そのためには，例えば個人の誤りを修正した後，クラス全体で正しい英文を繰り返したり，その後さらに続けて何人かを指名し，正しい英文を繰り返させるなど，クラス全体で誤りの修正を共有しているという雰囲気をつくるとよいでしょう。

日常のコミュニケーションにおいて，相手の言っていることが理解できない場合，話を中断して意味を確認することはよくあります。お互いの意図を確認する意味交渉（negotiation of meaning）は教室外でも頻繁に起こることなので，教員は生徒にそのことを伝え，この活動に慣れさせるよう心がけてください。

その他，学習者の誤りの修正にあたっては，以下の点に留意してください。

1) 修正を行う際には，しっかり教員に注目させることが大切です。気付きが敏感でない生徒には，声のトーンを変えたり，修正箇所を強調するなどの工夫をするとよいでしょう。
2) 修正箇所が，長かったり，複数箇所ある場合は，生徒によっては負担が大きく，すべてを理解できない危険性が高いので，修正箇所を短くして示したり，伝達上重要な誤りに絞って気付かせるなどの工夫が必要です。
3) ある１つの修正方法では，生徒が誤りに気付かず修正ができない場合は，複数の修正方法を織り交ぜて修正を与えるインタラクション強化（interaction enhancement）（和泉，2016）という方法があります。例えば，誤りの繰り返しだけでは気付かない学習者には，次のようにリキャストなど他の修正方法を継続して与えます。

S ：*How long will dinner be ready?

T ：How long will dinner be ready?（繰り返し）

S ：Yes.（誤りの指摘に気付いていない。）

T ：You mean “how soon will dinner be ready?”（リキャスト）

S ：Yes. How soon will dinner be ready?

4) 口頭で修正のためのヒントを与えても学習者が修正できそうにない場合は，板書して視覚的に確認させてもよいでしょう。誤った英文を黒板に書き，“What’s wrong with this sentence?” などと問いかけ，正しい英文を考えさせます。正しい英文が生徒から引き出せれば，それを板書し，繰り返させます。

5) コミュニケーション重視の授業でも，学習目標とする文法事項の誤りや頻度の高い誤りについて説明が必要な場合は，タイミングを見計らい説明の時間を取るとよいでしょう。授業を中断したくない場合は，後で生徒たちの誤用をまとめたプリントを配布するなどの方法で，フィードバックすることも可能です。

2．作文における誤りの修正方法

① 誰が修正するのか

1)教員が修正する，2)教員の指導（ヒント）で生徒自身に気付かせ自己修正させる，3)ペアやグループで互いの誤りを指摘し合って修正する，などの方法があります。だれが修正するかによって修正方法は異なってきます。

② 修正方法―直接的フィードバックと間接的フィードバック

作文の修正には，「直接的フィードバック」と「間接的フィードバック」があります。直接的フィードバックは，教員が生徒の作文の誤っている箇所に直接正しい形を示す方法です。間接的フィードバックは，1)下線などで誤りの箇所を示す，2)下の例のように，下線などで誤りの箇所を記すとともに，誤りの種類を記号などで示す方法ですが，誤りの数を示すだけといった方法もあります。

G＝文法の誤り，*VT*＝動詞の時制の誤り，*WO*＝語順の誤り，*S*＝綴りの誤り

e.g. This is the village where (*G*) my sister and I visit (*VT*) last Sunday. We enjoyed every moment. Our gaide (*S*), Nao, picked up us (*WO*) at the station.

誤っている箇所をすべて修正する直接フィードバックは，生徒にとって短期的には誤りの修正効果があるかもしれませんが，教員側の負担も大きく，生徒の誤りは継続し，改善されない場合も多いようです。一方，間接的フィードバックによる修正方法は，教員の負担も減り，生徒が自分で誤りを発見する機会を持ち，自ら誤りを修正するため，学習効果がより高いと考えられます。特に生徒が自ら修正できそうな誤りや意味理解に大きな影響を及ばさない誤り（local error）には，間接的フィードバックで誤りを指摘すればよいでしょう。一方，意味の伝達に重大な影響を及ぼす誤り（global error：例えば語順や語彙の誤り，文構造の主要素の使用に関する誤りなど）や，単元の学習目標とする事項に関する誤りは，それをクラス全体に示し，修正を生徒に考えさせる方法もあります。ただし，コミュニケーションに大きな支障を及ばさないlocal errorであっても，多くの生徒によって何度も繰り返され，改善が見られないようであれば，global errorに準じた扱いをする必要があります。いずれにせよ，教員の修正は効果的であるとされており（Ferris, 2003），書きっぱなしにさせるのではなく，学習者のレベルや作文の内容に応じて教員がフィードバックを与えることが大切です。

③ 自由英作文やエッセイ・ライティングの修正とフィードバック

自由作文やエッセイ・ライティングなど，内容的にまとまりのある作文の修正には大きく分けて２つあります。１つは「言語面に関する修正」で，これには表記法（綴り，句読法，大文字・小文字），語彙（正確さ，適切さ），文法に関する事項が含まれます。もう１つは「内容面に関する修正」で，これにはアイディア，主張，文章の構成や組み立て，文と文やパラグラフのつながりなどに関する事項が含まれます（⇨ Q7-8）。

言語面の修正では，上記②で示した修正方法が適用できます。一方，内容面の修正に関しては，何がよくないかなど教員によるコメント（例えば，「主題に対して論拠が整理して書かれていない」など）を与え，生徒にもう一度自分の作文を見直させます。内容へのフィードバックは，日本語のほうが生徒には理解しやすいでしょう。内容面に問題がある生徒の作文を例として取り上げ，何がよくないか，どう修正したらよいかをクラス全体で考えさせることも有効です。改善案の議論も日本語で行うことが望ましいでしょう。

④ 生徒同士の修正

教員による訂正だけでなく，ペアやグループで作文にコメントし合ったり，修正を加え合ったりすることも可能です。生徒同士のコメントや修正は，教員の負担を減らすだけでなく，生徒同士で学び合う協働学習の場となります。生徒によっては修正やコメントを求めると“Good”としか書かない生徒もいます。それを避けるために，「意味や内容がよくわからなかった箇所には，下線を引き，？を付ける」「句読法，綴り，語彙，文法などの誤りを指摘できる箇所には，×を入れる」「よい表現や内容の箇所には，花マルを付ける」など，具体的にチェックする項目を与えるとよいでしょう。

⑤ 書き直し

教員が時間と労力をかけて施した修正も生徒に活用されなければ意味がありません。教員が修正しても，当該の生徒に書き直しをさせなければ，教員によるフィードバック自体の効果が低くなることを示した研究も見られます（有嶋，2005）。教員による修正を行った後は，書き直しをさせることも組み込み，指導をすることが大切です。

生徒に書き直しをさせるにあたっては，教員は生徒に自分自身で書き直す復習が大切であることを強調します。自ら誤りの訂正をしなければ，教員が誤りを示してもフィードバックを与えていないことと同じであることを伝えます。したがって教員が直接訂正を与えている場合でも，生徒には単に正しい形を写すだけでなく，なぜ間違っているのかを考えながら直すよう指示します。また，間接的に誤りの箇所を示している場合は，どのように直せばよいのかを辞書などを参考にして考えながら直すよう指示します。いずれの修正方法においても，自分が書き直した英文を推敲させた後に提出させることが望ましいでしょう。

生徒が書き直した作文を使って，教室の活動につなげることも可能です。例えば，正しく書き直しができていなければ，その箇所を取り上げ，クラス全体にどう表現すればよいかを考えさせます。そうすることでクラス全体を巻き込み，誤りへの気付きが強化されます。

さらに，生徒の書き直した作文を点検することにより，教員は自分が与えた修正方法が適切であったかどうかを判断できます。生徒の英語力や間違いの種類によって，どのような修正方法がよいか，教員自身が修正方法を振り返ることが可能になります。

「プロセス・ライティング」の進め方は？

スピーチ原稿など，まとまりのある英文を書かせる際には「プロセス・ライティング」の手法が有効だと聞きました。指導の手順を紹介してください。

1．内容マッピング

英文を書く前に，関係すると思われる必要情報を箇条書きで思いつくままに書いていく段階です。生徒からアイディアが出てこない場合や慣れるまでは，教員が内容マップの枠組みを作成してもかまいません。下の例は「群生型マップ」と呼ばれるものですが，「枝分かれ式マップ」「表型マップ」など，アイディアを視覚化するさまざまな枠組みがあります（米崎，2008）。テーマによって使いやすい枠組みを選ぶとよいでしょう。なお，マッピング作成時には日本語でアイディアを書き出してもかまいません。一人ではなかなかアイディアが出てこない場合は，ペアやグループでアイディアの交換をさせます。

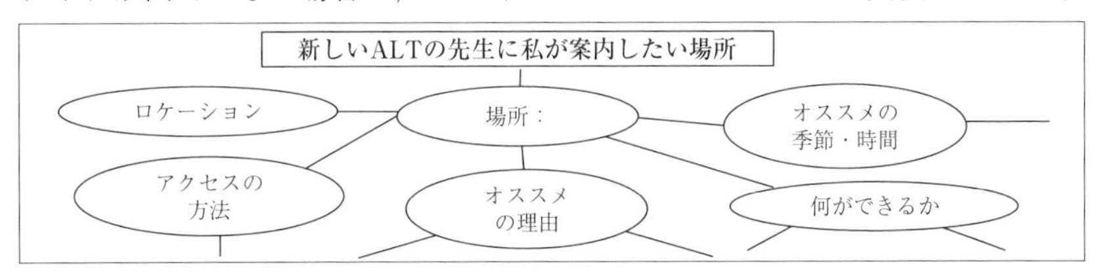

2．フローチャート

① 導入…私たちの学校に，新しいALTの先生が来る。
　　新しいALTの先生に案内したい場所→宇治川沿いのウォーキングコース
② 展開…理由
　　1）天ヶ瀬ダムから宇治川にかけてたいへん景色がよい→自然を堪能
　　2）宇治の主要な観光地を堪能→世界遺産の平等院鳳凰堂も見ることができる。
　　3）アクセスも便利→JR，京阪電車
　オススメの季節・時間
　　→春や秋（理由）桜や紅葉が楽しめる。ウォーキングなので暑くもなく寒くもない方がよい。
　　→日中より夕暮れ時がオススメ。朝の観光客が少ない時間帯もよい。
③ 結び…ALTの先生にはありきたりの観光地ではない場所を案内したい。
　　宇治川沿いのウォーキングコースは最適！
　　気に入ってくれるといいな。

アイディアがある程度揃えば，書く順番を決めて(numbering)，内容を整理し(labeling)，前頁のように時系列で表現できるようフローチャートに変形します。「導入－展開－結び」(Introduction – Body – Conclusion) の構成を明示して構造化し，それにしたがって書いていきます。「導入」と「結び」はあらかじめ決めておき，「展開」部分の内容だけを考えさせてもかまいません。

3．プロセス・ライティングの手順

① **First draft**：フローチャートをもとにして英語で一次稿を書きます。「導入」「展開」「結び」を意識し，段落を作っていくことも指示します。

② **フィードバック**：1)自己フィードバック，2)仲間からのフィードバック，3)教員からのフィードバックがあります。だれからのフィードバックであれ，要は生徒がフィードバックを利用し，自分のドラフトを修正できるよう「肯定的なフィードバック」を与えることです。読み手がいることを意識して書かせるには，2)のピア・フィードバックが有効です。他の生徒の英文を読むことで，誤りに気付き，発想も広がります。次はピア評価の一例です。時間があればペアを代えて行うのもよいでしょう。

> ペアの英文を読み，あてはまれば□に✓を入れましょう。
> 6，7は原稿にチェックしてください。
> 1□パラグラフにtopic sentence（main idea）が含まれているか。
> 2□パラグラフにsupporting sentence（理由，例など）が含まれているか。
> 3□パラグラフにconcluding sentence（main ideaを別の表現でもう一度繰り返す）が含まれているか。
> 4□つなぎ言葉（first, however, for example, ...）がうまく使われているか。
> 5□英文に一貫性が見られるか。
> 6　英文でよくわからなかったところに下線を引いてください。
> 7　英文で，興味の持てたところ，よい表現，おもしろいアイディアの箇所に◎を付けてください。

③ **Second draft**：フィードバックを参考に，生徒は修正，加筆を行います。教員はできればこの時点で文法の誤りの修正だけでなく，文章の構成や内容に関する助言も行います(⇨ Q5-15)。必要ならば何回かリライトさせます。

④ **作品の発表，共有**：書き上がった作品はペアやグループで読み合ったり，口頭で発表したりします。グループの中で一番よい作品を選び，それをさらにクラスで共有するとよいでしょう。他の生徒の作品はよいインプットとなり，またモデルとなります。

第 6 章

本文の内容理解を深め
コミュニケーションへと
発展させる授業

教科書本文の内容理解を深める教材研究とは？

本文の表面的理解に終わらず，内容を深め「思考，判断，表現」に導く教材研究の視点とその生かし方についてアドバイスしてください。

1．検定教科書の題材は「宝の山」！

検定教科書本文の題材選定は，著者が最も意を注ぐところであり，高校生が興味・関心を持つ題材，高校生に知ってもらいたい，考えてもらいたい題材など，高校生という年代の生徒の知的レベルに合い，授業で取り扱う教育的価値のある題材が選ばれています。

教科書の内容がつまらないと言う生徒の声，さらには教員の声を聞くことさえありますが，「教科書を生かすも殺すも，それを指導する教員次第」です。与えられたインプットを学習者が自分自身に引き寄せて，自己の経験や考えと照らし合わせながら思考し，それを表現するなど行動に結び付けたときに「真の学び」が起こると言われています。これを実現するための授業準備（教材研究）を行って，教科書を創造的に活用できてこそプロの教員です。

2．教材研究のポイント

① 生徒の語彙や言語構造上の理解困難点を予測し，指導方法を考えておく

文法説明では，簡潔にして明瞭な説明を心がけましょう。生徒に持たせている文法参考書と同じ説明を繰り返すだけなら授業も教員も不要です。より専門的な語法・文法書を読んで理解したうえで，「なるほど，そうか！」「言葉っておもしろい！」と生徒たちの目の鱗(うろこ)を剝がしてあげられるように，わかりやすく気付きを与えられるように準備します。

英語教員のリファレンスとしては，例えば次のような文献をお薦めします。

江川泰一郎（1991）『英文法解説（改訂三版）』金子書房

安井 稔（1996）『改訂版 英文法総覧』開拓社

Swan, M.（1984）Basic English Usage. Oxford University Press

Thomson, A.J. & Martinet, A. V.（1986）*A Practical English Grammar.* [Fourth Edition] Oxford University Press

② 生徒の目線で，本文を読んだ際に何に疑問を感じるかを考え，必要な情報を得ておく

英語教員の視点は，語法・文法などの言語面のみに向かいがちですが，1．

で述べたように，本文題材を生徒の身近に引き寄せて思考を促すことを忘れないようにしましょう。「なんとか和訳はできたけど，何のことなのかピンとこない」という「わかったようでわからない」もどかしさを多くの生徒は感じています。教科書本文には明示的に書かれていない背景知識や行間に隠された情報を教員が調べ，それを英語での口頭導入の中で生徒に理解可能な英語で伝えてやることで，「あっ，そういうことか！」と気付かせ，本文の理解を深めてあげましょう（⇨ Q6-2,3，Q7-8）。

③ 教材研究に基づいたハンドアウトやワークシートを作成する

教材研究に基づいて，予習／復習プリントを作成する，授業中に本文理解を深めたり生徒たちの情動を刺激して思考を深めさせたりするような補充の読み物教材を提供するなど，生徒のやる気を引き出す独自のワークシートを作成しましょう。教科書のページをただ機械的に追って「消化する」のではなく，指導する生徒たちの興味・関心や学力レベルに合った独自教材を開発して提供しましょう。授業が豊かになり，生徒との信頼関係が深まります。

④ 教科書題材に関連して，自分自身のことを英語で語り聞かせる

これは，題材を生徒の身近に引き寄せるのに非常に有効です。題材に関連した教員自身の経験や考えなどを生徒に理解可能な英語で語り伝えられるように準備しておきましょう。教員の自己表現こそ，生徒たちの自己表現への動機づけとなるとともに，スピーキングやライティングなどの発表・表現活動のよきモデルとなります。モデル演示では，表情豊かに，ゆっくりと明瞭に「言葉を聞き手に届ける意識」で行い，学習指導要領が求める「相手意識」を持った伝え方のモデルを示します。

また，必要に応じて実物や写真などの視覚教具（visual aids）を見せながらShow & Tell形式で行うなど，よりよいプレゼンテーションのモデル演示を意識して行います。音声インプットだけでなく，プリントなどで文字インプットとしても与えることもインプットの意識化と活用のためには有効です。

⑤ 教科書本文の内容理解を深め，思考を促す発問を準備する

教科書本文に書かれた事実情報を問う質問ばかりではなく，国語の授業のように読みを深める質問，生徒自身の経験や考えを引き出す質問など，さまざまな質問を準備しましょう（⇨ Q6-6）。

生徒を引き付ける教科書本文の口頭導入の方法は？

教科書本文を英語で口頭導入してみたいと思います。生徒を引き付け，本文への興味・関心を高める口頭導入の方法を紹介してください。

1．本文の口頭導入の目的

① 生徒が自ら本文を理解し，音読できるレディネスをつくる

生徒がいきなり文字言語を理解しなければならない障壁を取り除き，教員の話す英語に耳を傾けながら，本文の概要や新語の意味を推測させ，英語を英語で理解する機会を与えます。また，質問に英語で答えたり，理解したことを発表したりするやり取り（interaction）を通した運用の機会も与え，授業が単なる予習の答え合わせに終わらぬように，「授業の中での学びと運用」の場を確保します。

② 生徒が自己の経験と照らし合わせることで題材への関心を高める

「教科書の本文なんて，僕らには関係ない！」と生徒が思っている限り，どんなに優れたインプットもインテイクされることはありません。教員は，生徒たちとは直接関係がなさそうに思われる題材をアレンジして彼らの身近に引き寄せて関連付けてあげることで，一人ひとりの生徒が自ら考え，表現する動機づけを行います（⇨ Q6-1）。

③ 行間に隠された情報を補うことで，テキストに息吹を与える

例えば，The new system has been introduced in many countries. という文を訳せても，many countries が具体的にはどの国のことを言っているのかわかっていないと，この文の意味を本当に理解することはできません。表面的に日本語に訳せてもその意味を実感できないことが「教科書はつまらない」と生徒に思わせる主たる原因です。このギャップを埋め，真の意味理解へと導くのが教員による口頭導入です。

2．口頭導入の２つの方法

① オーラル・イントロダクション（Oral Introduction）

既習の文構造や語彙を用い，難しい語句や文は易しく言い換えるなど生徒に理解可能な英語を使って本文の概要・要点を口頭(oral)で伝え理解させる導入方法です。教科書を開いて行うリーディング(reading comprehension)への

レディネスをつくるために行います。生徒たちの理解を促進するために，適宜，絵や写真などの視覚教具（visual aids）も活用しましょう。導入後はTrue or False quizやQ&Aなどを行い，生徒の理解度を確認します。

② オーラル・インタラクション（Oral Interaction）

オーラル・イントロダクションでは，導入中，生徒はもっぱら教員の話す英語に耳を傾けます。生徒は聴きながら活発に思考していますが，発話のチャンスがないという意味で受け身になります。これを改善した双方向の導入方法がオーラル・インタラクションで，生徒とのやり取りを通して，本文の概要を一緒に作り上げながら理解させます。教員と生徒とのやり取りを通して行うので，うまく進行できれば導入後に生徒の理解度を確認する必要は特にありません。

3．2つの口頭導入の使い分け

題材に関する生徒の先駆知識（スキーマ，schema）の有無が選択の基準です。

① 本文の題材内容に関して，生徒にほとんど知識がない場合

生徒にとって初めて知る内容なので，題材に関して引き出すべきスキーマがありません。このような題材には教員主導で新たな知識や情報を生徒に伝達するオーラル・イントロダクションが適しています。

② 本文の題材内容に関して，生徒がすでに知識を持っている場合

スポーツ・芸能など生徒たちに人気の話題，他教科で学習した内容などが題材なら，スキーマがあるので，教員が一方的に語って聞かせるよりも既知の内容を英語での「やり取り」を通して追体験させるオーラル・インタラクションが適しています。

いろいろな手の内を持ち，目的に応じて最も適切な手段を選択し，それを効果的に使いこなすことが大切です。

4．生徒を引き付ける口頭導入の具体例

① オーラル・イントロダクション例

〈本文〉

After working for about eight years as a doctor in Japan, I went to Switzerland for further study. It was there that I joined Médecins Sans Frontières (MSF), “Doctors Without Borders,” an NGO established in

France in 1971. MSF helps people all over the world who are sick or injured as a result of war and disaster, no matter what their race, religion, or politics is.

I had been thinking about how I might be of some help to others as a doctor. I wanted to see different cultures and places. I had read about MSF and I had friends who had donated money. I sent a letter to an MSF office in Paris saying that I wished to join the organization. They said yes and I was sent to the Madhu refugee camp in Sri Lanka, where fighting was going on.

CROWN English Communication II.（三省堂）Lesson 4, "Crossing the Border"

＊以下，教員が提示する写真はすべて教科書掲載のものです。

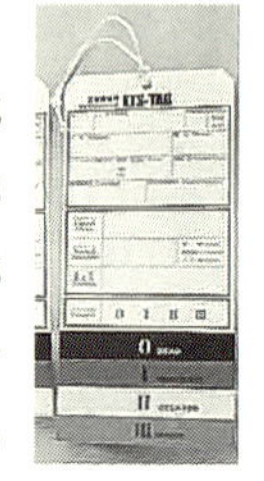

T：Look. Where can you see this tag?（Ss：Airport?）At the airport? I'm afraid you cannot. Actually, this tag is used in a hospital. This tag is called "triage tag." Look at this woman. She is a doctor. Her name is Dr. Kanto Tomoko. She worked in a hospital in Madhu, Sri Lanka. Here（地図を指して）. Repeat after me. Madhu, Sri Lanka. Why did she use triage tags in that hospital? What kind of hospital is it?（Ss：??）That's OK. You can guess the purpose of this tag later and I'm sure you will understand it well by the end of this lesson.

Now I will tell you about Dr. Kanto Tomoko. She was the first Japanese to work in Médecins Sans Frontières.（Ss：メディスンサン？）It sounds different from English, right? It's French. Médecins Sans Frontières, MSF is an international volunteer organization, a volunteer group. OK, repeat after me. Médecins Sans Frontières is an international organization.（生徒のリピートに対して）Yes, in English, it's called "Doctors Without Borders." Have you ever heard of it?

What does "border" mean? It's the line that divides two countries or areas… If you want to go on a trip to Bhutan and India, you should pass across the border, right?（板書で略図を描いたりスライドで地図を見せたりする）

—中略（最初のパラグラフの終わりまで説明）—

T：I have a question about her career, job history as a doctor. Dr. Kato had worked in Japan for about 8 years. Why did she decide to work in MSF and go to a small hospital in Madhu, Sri Lanka? I think she was of great help to the patients, sick people in Japan.

貫戸医師が日本を離れてスリランカの地でMSFの一員として働く決断をした理由は，「自力で教科書本文を読ませる部分」として残しています。単元末のOptional Readingの英文で扱われている"triage tag"を冒頭に取り上げるのは，レッスン後半で彼女が患者の生死を分ける判断をするkey itemとなるからです。また，迅速な医療判断を目的の１つとする"triage"と，難民キャンプの過酷な状況の関連性を読み取ることが本文読解のポイントにもなります。"refugee"は本文第１段落のpeople who are sick or injured as a result of war and disasterから意味を類推させたいと考え，key / new wordsの１つですが，あえて説明を避けています。（⇨ **Q6-4**）

② オーラル・インタラクション例

〈本文〉

When Nobu's parents learned that their son was blind, they were very sad. However, they soon discovered that he had a special talent. When Nobu was two, he heard his mother sing "Jingle Bells." A few minutes later, he surprised her by playing the tune on his toy piano.

As soon as Nobu began taking piano lessons at the age of four, he surprised his teachers with his memory. Nobu is able to read music by touch, but he likes to learn by ear. He listens to a tape recorded for him and remembers what he hears.

The piano is Nobu's great love. He especially likes Debussy, Chopin, and Beethoven. He plays jazz, and once had a chance to meet the popular musician Stevie Wonder. He is also blind from birth.

CROWN English Communication I. Lesson 4, "Seeing with the Eyes of the Heart"

T：Do you play any musical instrument? Who plays the piano in this class? Ms.〇〇, how long have you played the piano?

S：For about 10 years.

T：Wow! You've had a lot of piano lessons and learned how to play it. Now I want everyone to listen to this.（辻井伸行さんが２歳の時のJingle Bellsの演奏をビデオで視聴させる）How old do you think this little boy is?

Ss：Three?

T：He is just two years old. Did you notice anything?

Ss：He was playing the piano with his mother's voice.

T：Right. His mother started singing and then he played the piano with her. What else?

Ss：He was not reading … 楽譜？

T：Good point! Actually, he cannot read a "score" because he is blind. He has been blind since he was born.

S_1：えっ，目が見えないって!? どうやって曲を覚えるんですか？

T：Thank you for your question, S_1! How does he remember the tune like "Jingle Bells?" He is able to read music by touch（ジェスチャー）, but he likes to learn "by ear". That means?

S_1：He listens to music and he can remember it. He is genius!

T：Yes, he can learn by listening. He listens to a tape recorded for him and learns by ear. When his parents listened to him playing Jingle Bells, they discovered… they found he had a special talent for music.

曲を聞かせ，映像から生徒の気付きを引き出し，インタラクションを通して本文の概要を捉えさせます。インタラクションを優先させているので，新語の発音練習は，オーラル・インタラクション後にまとめて行います。

生徒の学習段階に応じた口頭導入とは？

口頭導入の進め方は，題材や言語材料の難易度，生徒の学習段階により異なると聞きました。それらに応じた口頭導入の方法を紹介してください。

1．教科書本文の難易度や生徒の学習段階に応じた口頭導入の３類型

① 口頭導入の基本型

既習の文構造や語彙を用いて未知語の意味や本文の概要・要点を生徒に伝え，理解させる口頭導入の基本型です。「導入」ですので，本文内容のすべてを詳細にわからせる必要はなく，ポイントを捉えさせ，あえて扱わずに残した部分は，本文のリスニング・タスクや詳細理解のために行うQ-A Reading（⇨ Q6-4）などで取り扱います。

② 情報補足型の口頭導入

題材内容が難しくなる高校では，本文に明示的に書かれていない背景情報や行間に隠された情報を補足することで，より正確で深い本文理解へとつなげてあげましょう。教科書は限られた紙幅の中，総語数や新語数の制限の中で書き下ろされるため，本文は，必要不可欠な情報のみに絞られ，行間に飛躍が生まれることがあります。教材研究をもとに，テキストと生徒たちの想像力・理解力のギャップを埋め，本文を生徒たちの身近に引き寄せてあげる（⇨ Q6-1）のが，情報補充型の口頭導入です。

③ 突き放し型の口頭導入

①や②は，教科書を開く前に生徒の困難点を除去し，読んでスラスラと理解できるレディネスを作るために行う「親切な導入方法」です。「落ちこぼし生徒」を作らぬために，授業では親切な指導を行うべきですが，「親切も過ぎれば仇」となります。教員がいつも横について口頭導入をしてやることはできないので，自力で読む力を持った自律した学習者（⇨ Q8-1）を育てなければなりません。また，読む前に概要や要点を教えてしまっては，生徒たちの「読む楽しみ」も奪ってしまうでしょう。

①，②の親切な導入を通じて，生徒に理解の能力がついてきた段階では，映画の予告編のように教員による導入は最小限に抑え，生徒が「知りたい，読みたい！」と思う動機づけを行い，リーディング・ポイントを提示して，生徒自らに読み取らせてみましょう。本稿では，この③の突き放し型の口頭

導入の進め方を取り上げます。

2．突き放し型口頭導入の具体例

テキストは，古代ローマ人の生活や入浴文化を紹介する*New One World Communication Ⅲ*.（教育出版）Lesson 1, "Ancient Rome" です。（本文中の下線を付した単語は，生徒に配布するワークシート（⇨ p.170）で語義を与えます。）

The ancient Romans got up around 6:00 when the sun rose, after that they had a light breakfast of bread, honey, and milk. Around 7:00 children left home for school and adults began their work for the day. At that time, it was thought ideal to work for several hours from morning to noon. At noon, they finished up their work and then it was time for leisure. First, they had lunch at café called a "bar." For lunch, they had wine, eggs, olives, or salted sardines. After lunch, they spent time watching wild animal fights or the gladiators' matches in the Colosseum, or enjoying plays in the theaters. After that they went to public baths and spent a long time there. Around 5:00 in the evening, they went back to their houses and had a moderate supper. They finished it before the sun set completely. Finally, they went to bed shortly after dark.

In this way, Romans led comfortable lives which can't be compared with our lives now. The public bath called *Thermae*, which were multiple facilities with saunas, swimming pools, playing fields and libraries, were exactly like the health spas and resorts we have in Japan today.

Have you ever read *Thermae Romae*, the smash hit comic? This work was made into a movie. Its main character is a Roman citizen named Russias who is a bathhouse architect in ancient Rome. He traveled through a time warp to modern Japan, where he was shocked by Japanese bath culture. He brought back various ideas to make use of in designing his *Thermae*.

Now, let's take a look at bath culture in ancient Rome. Few Roman houses had their own baths; most people went to large public bathing establishments. These were not just places to get clean. Men went to the baths after a day's work to exercise, play games, meet friends, chat, and relax. Women either had their own separate baths, or went in the morning.

Cleaning rooms, where people left all their clothes on shelves, led to a series of progressively hotter chambers. The heat could be either dry like in a sauna, or steamy like in a Turkish bath. The idea was to clean the pores of the skin by sweating. Soap was a foreign curiosity; olive oil was used instead. Afterwards there were cold plunge baths or swimming pools to close the pores. This might be followed by a relaxing massage, before going home for dinner.

As you can see, Roman society was so rich and developed culturally that there are many things we can learn from their lifestyles about 2,000 years ago.

以下に突き放し型導入の事例を紹介します。イントロは簡潔です。

T：Do you like seeing movies? I like it, especially I like seeing comedies. My favorite movie is *Thermae Romae*. It was fun and interesting. Have you ever seen the movie? Does anybody know who played the hero and the heroine in that movie?

S：Abe Hiroshi and Ueto Aya.

T：Right. Ueto Aya played a Japanese girl who was a daughter of an owner of an old hot-spring inn in Tohoku District.（温泉旅館で働く上戸彩の映画の一場面の写真を見せる。）Abe Hiroshi played the hero named Russias. He was not a Japanese man, you know.（阿部寛が演じるルシアスの写真を見せる。）Where did he live?

S：古代ローマ帝国。

T：Yes. He was a citizen of the ancient Roman Empire about 2,000 years ago. He was a bathhouse architect who designed and built large bathhouse in Rome.（ローマ帝国時代の大浴場遺跡の写真を見せる。）

Today, we're going to read the text about ancient Rome. Here are some questions. I'd like you to read the text silently to answer these four questions.

このように教科書題材の概要を簡潔に導入し興味を持たせたうえで，質問が書かれたワークシートを配布して，課題をクラス全員で確認し，必要な情報を求めて生徒に速読（scanning）させます。本文中の下線を付した大学入試でも注釈が付くような新語は，意味を与えてやるとよいでしょう。

〈ワークシート〉

【Task】Read the text silently and answer in Japanese.

Q1. How did the ancient Romans spend their life? —How long did they work a day? How did they spend their leisure time?

Q2. Do you know what "Thermae" means? Explain what it is.

Q3. How did ancient Romans enjoy their bathing? How was it different from ours?

Q4. Which would you like to live in, in modern Japan or in ancient Rome? Why do you think so?

注）gladiator：剣闘士，剣奴（古代ローマで，市民の娯楽のために闘技場で他の剣闘士や野獣を相手に死ぬまで戦わされた奴隷や捕虜，罪人）
moderate：適度な，頃合いの
smash hit：（歌・映画などの）大ヒット，大当たり
progressively：次第に，徐々に
chamber：（ここでは）湯ぶね，浴槽
pore：（皮膚の）毛穴
curiosity：珍品，珍しい物
plunge bath：大浴槽

Q 6-4 英語で進める本文の詳細理解の方法は？

英語で本文の口頭導入を行っていますが，概要理解はともかく，詳細理解には不安が残ります。英語で進めながら詳細理解を促すよい方法はないでしょうか。

1．英語で進める授業の永遠の課題と一抹の不安

訳読を極力排除して授業の大半を英語で進めながら「本文の詳細理解」をどう担保するのかは，指導上の大きな課題です。これが，英語で進める授業の意義は認めても多くの教員が踏み切れない原因です。

2．本文の詳細理解と内在化を促す "Q-A Reading" の薦め

中学１・２年生レベルの身近で易しい本文なら，オーラル・イントロダクションやオーラル・インタラクション（⇨ Q6-2 ）で本文の概要を理解した後，生徒たちはすぐに音読練習に入ることができます。しかし，教科書本文の量も多く内容も難しくなる高校では，「思考・判断・表現」の前提として，より詳細な本文理解に基づいて本文中の英文を内在化し，それらを活用できるようになることが求められます。

従来の訳読式教授法では，ここで生徒の日本語訳の確認と教員による日本語での英文の構造や意味の説明が入るところですが，この指導法では，日本語訳はわかっても学習した英文を英語のまま理解することや，語彙や表現の用法を定着させることができませんでした。そこで "Q-A Reading" と名づけるこの方法では，口頭導入を補完するために，口頭導入で概要を把握させた後，開本させて教員が本文に関するさまざまな質問を英語で行いながら，生徒とのインタラクションを通して英文の内容理解を深めるとともに，適宜本文の音読も交えながら英文の定着を促していきます。

3．本文の詳細理解と内在化を促す "Q-A Reading" の進め方

「国境なき医師団」に参加した日本初の医師である貫戸医師（⇨ Q6-2 ）を扱った次のテキストを例に，進め方を示します。

> The most difficult thing about our work at Madhu was making decisions. We had to think about the local situation, because looking at the situation through Western or Japanese eyes could lead us to make

wrong decisions. Since our medicines as well as our medical equipment were very limited, we had to look at each situation as it happened and choose the best thing to do.

I clearly remember the day when a woman brought her five-year-old boy to our hospital. I saw immediately that he was beyond help. We gave him oxygen, but he was pale, his breathing was difficult, and the oxygen mask made him uncomfortable. He was not improving. We were using our last tank of oxygen. We didn't know when the next tank was coming. If another person needing oxygen arrived, maybe this tank could save his or her life. I made my decision and made a sign to the nurse who was working with me to turn off the oxygen. The nurse simply couldn't do it. I waited five seconds and then turned it off myself. I did it because I thought it best to leave the child in the hands of God. Was that the right decision? I still don't know.

CROWN Communication English II – New Edition.（三省堂）Lesson 4, "Crossing the Border"

〈Q-A Readingの進め方〉

T：In the Madhu refugee camp, both their medicines and their medical equipment were very limited. Do you remember the situation there?
（前時の内容を想起させる。）

Ss：Old equipment … 28,000 refugees but two nurses … only 8 beds.

T：Exactly. Could the doctors look at the situations through Western or Japanese eyes?

Ss：No, they couldn't.

T：The doctors had to think of the local, particular and poor medical situation at Madhu. Otherwise, if they hadn't done that, they could have made …?

Ss：Wrong decisions.

T：That's right. Read the first paragraph after me.（第１段落を後について音読させる。）As Dr. Kanto says, the best decision depends on each situation. Here is the example of a five-year-old boy. How was the boy when he was brought to the hospital? Was he OK?

Ss：No, he wasn't.

T：Right. Please repeat. "The boy was beyond help." I am sorry to say, but the boy was dying. This “beyond” means something is not possible. So, ... it is impossible …?

S_1：It is impossible … to help the boy.

T：Yes, and the boy looked “pale”. His face was almost white. He could not breathe well and Dr. Kanto thought that the boy looked uncomfortable because of the oxygen mask. Dr. Kanto had to do the most difficult thing as a doctor …. What was that?

Ss：Making decisions.

T：Why was it difficult for her to make decisions about the boy?

S_2：She had to turn off the oxygen. It was the last oxygen tank.

T：OK. If there were another patient, and you could save that patient by the tank, what would you do? 君だったらどうする？

S_3：I will … I would not turn off the oxygen … maybe …

T：Oh, so you would use the last oxygen tank for the boy who was beyond help. That means you should give up another life that you could save ....（生徒の思考を更に促すための発問）Well, she decided to turn off the oxygen and asked the nurse to do, but she couldn't do that. Dr. Kanto waited for five seconds before she turned it off herself. Hmm … she waited five seconds ….（実際５秒待つ。）For this five seconds, what was Dr. Kanto thinking about?

Ss：何も考えられなかったんじゃない？　なぜ看護師は指示に従ってくれないのかってDr. Kantoは戸惑ったんだよ…（生徒のつぶやきをかき消すように“In English!” などと言わないようにしたい。教員は生徒の思考を妨げず，間を置いて英語での表現を促すとよい。）

S_4：I think … Dr. Kanto had much pressure because she had to kill … “turn off” means she kills the boy.

T：Thank you, S_4. Dr. Kanto had much pressure on her decision because her decision would kill the boy.

S_5：I think five seconds were… was … necessary for Dr. Kanto to … 覚悟を決めるって？

T：（他の生徒たちに）How do you say “覚悟を決める” in English?

S_6：“Make decisions” じゃダメなの？　だって，“The most difficult thing was making decisions."って言っているから…。

T：Good idea, S_6. You think Dr. Kanto must have taken great responsibility（責任）for this decision. Making decisions about other's lives（人の命に関わる決断）has more serious meaning, just like "覚悟を決める" in Japanese. It's more serious than deciding to do something for ourselves.「準備をする」のprepareを使って，prepare herself for ～としてもいいね。

S_5：Well, five seconds was necessary for Dr. Kanto to prepare herself for … the boy's death.

T：Then, she left the child in the hands of God. 文字通り，彼女は少年を「神の手に委ねた」んだね。（leave ～ in the hands of Godと書かれたカードを示し，リピートさせる。）Dr. Kanto tried her best as a doctor working in the refugee camp and she prepared herself for the boy's death, and finally she left the child in the hands of God.

このような英語でのT-Sインタラクションを通して，日本語訳一辺倒ではなく，さまざまな形で本文に何度も触れながら意味理解を深め，大切な文は音読させ，時に内容について「思考」を促しながら，英文のインテイクを促します。少し準備すれば実施可能で「英語で進める授業の本文の扱い」として有効です。特に，登場人物の心理や事実の背景について話させれば，より深い読解力の育成につながり，思考力・判断力を伸ばします。

上記の例で，「最後に貫戸医師から5歳の少年を病院に抱えてきた家族にその時の判断と思いを伝える手紙を書く」といったライティング・タスクを設定すると「思考力・判断力」に加えて「表現力」を伸ばすこともできます（⇨ **Q6-6**）。Think − Pair / Group − Shareの手順で，考えたことをまず仲間と伝え合い，さらに教員のサポートも得ながら，クラスで共有する授業をめざしましょう。

なお，このテキストに関するライティングテストの出題例は，**Q10-14**をご覧ください。

暗唱からプレゼンテーションに発展させるには？

単なる暗唱発表でなく，生徒が教科書本文を自分の言葉で語り伝えることができるようにするには，どのような手順で指導すればよいでしょうか。

1．音読の質を向上させる

生徒が教科書本文を「意味のある言葉」として語れるように指導しましょう。音読の質を高めるには，「意味を音声に乗せて語りかける」見本を教員自らが示す必要があります。

音読指導では，CDや教員のモデルをまねて練習させることが一般的ですが，これだけでは自力で音調をつくり出す力は育ちません。土屋（2000）は，こういった従来方式の音読指導の問題点を，「（モデルの後に続いて音読する）この音読練習法では，生徒は常にテープや教員のモデルを真似ることになる。これが問題である。このやり方を続けていると，生徒はモデルがないと自力では読めないという，非常に困った習慣を身に付けてしまう。要は生徒自身にどう読むかを考えさせることである。いつもモデルを先に与えるのではなくて，どこで区切って，どこに強勢をおき，どんな抑揚をつけるかを，生徒自身に研究させるのである。自力で正しく音読できるようになるためには，このような指導を中学校２年生あたりから少しずつ積み重ねていくことが必要である。（下線は引用者）」と指摘しています。

2．虫食い音読

音読と話すことにはギャップがあります。両者を段階的につないでいく活動として，「虫食い」になったプリントを配り，空所を補いながら音読させます。前置詞や冠詞などを適切に使って話したり，動詞を適切な時制や態，動名詞・不定詞・分詞などの形にして使用するトレーニングです。内容のわかっていることを正しく言えるようにすることが目的で，暗記を促す活動ではないため，内容語は空所にしないことが基本です。瞬時の判断で空所を補いながら音声化する活動なので，答えは書き込ませずに行います。このプリントは家庭での復習にも活用させるとさらに効果的です。

One World English Course I.（教育出版）のLesson 3, “The Past, Present and Future of Umbrellas”, Part 2を使った活動例を紹介します。

教科書本文

Around 1750, a British Trader, Jonas Hanway, saw people in Paris put up their umbrellas on rainy days. Back in London, he copied what Parisians did, but Londoners sneered at him. In those days, umbrellas were used only by women on sunny days. Nevertheless, he kept carrying his umbrella because it was useful when it rained. Gradually people came to accept his idea, and some of them started to follow him.

① 空所に前置詞を補う

(　　) 1750, a British Trader, Jonas Hanway, saw people (　　) Paris put up their umbrellas (　　) rainy days. Back (　　) London, he copied what Parisians did, but Londoners sneered (　　) him. (　　) those days, umbrellas were used only (　　) women (　　) sunny days. Nevertheless, he kept carrying his umbrella because it was useful when it rained. Gradually people came to accept his idea, and some (　　) them started to follow him.

② 空所に限定詞（冠詞・所有格・this / that等）を補う

Around 1750, (　　) British Trader, Jonas Hanway, saw people in Paris put up (　　) umbrellas on rainy days. Back in London, he copied what Parisians did, but Londoners sneered at him. In (　　) days, umbrellas were used only by women on sunny days. Nevertheless, he kept carrying (　　) umbrella because it was useful when it rained. Gradually people came to accept (　　) idea, and some of them started to follow him.

③ 空所の動詞を適切な形に変える

Around 1750, a British Trader, Jonas Hanway, (*see*) people in Paris (*put*) up their umbrellas on rainy days. Back in London, he (*copy*) what Parisians (*do*), but Londoners sneered at him. In those days, umbrellas (*use*) only by women on sunny days. Nevertheless, he kept (*carry*) his umbrella because it was useful when it (*rain*). Gradually people came (*accept*) his idea, and some of them started (*follow*) him.

3．音読からスピーキングへの段階的指導―Read & Look-up

音読とは，聞き手に向かって「音声で内容を伝える」活動，つまり「語って聞かせる」活動だと先ほど述べました。「相手に伝えるつもりで話す」ように指導するには，「意味を受け取る」聞き手が必要となります。聞き手の重要性について，West（1960）は次のように述べています。

Speaking a language is a form of behavior: it is spoken BY someone TO someone. It is of the great importance that the teacher should train his class to obey the rule, "Never speak with your eyes on the book: you are not talking to the book; you are talking to Someone." He should be talking either to another pupil or to the teacher, or even to an imaginary person, but not to the book nor to the corner of the room. The pupil should read some words, then look up and speak them to someone, or as to someone.（中略）… he has to carry the words of a whole phrase, or perhaps a whole sentence, in his mind. The connection is not from book to mouth, but from book to brain, and then from brain to mouth.（下線は引用者）

1行目の下線部behaviorの定義は，英英辞典（*OALD*）では，the way that somebody behaves, especially towards other people となっています。単に「行為」という訳語を当てただけでは不十分で，「相手（この場合は聞き手）がいる行動」と理解すべきでしょう。最後の下線部では，「黙読して意味を確認し，顔を上げ，テキストを見ないでその意味を聞き手に伝えるべく言葉を口にする」手順の意義が書かれています。つまり，Read & Look-upは，新指導要領の目標にも記されている「相手意識」を持って語る練習なのです。

Read & Look-upでは，テキストに目を戻す際に次にどこから黙読すればよいか見失いがちです。一度に黙読する語句ごとに改行した次のようなプリントを作って配布すれば，このような混乱を避けることができます。黙読する語句や文の先頭を左手親指で順次押さえながら行わせます。

Around 1750,
a British Trader, Jonas Hanway,
saw people in Paris
put up their umbrellas on rainy days.
Back in London,
he copied what Parisians did,

but Londoners sneered at him.
In those days,
umbrellas were used only by women
on sunny days.

4．記憶の負荷を軽減したKeyword Reproduction

Reproduceの意味を英英辞典で調べると，to make something happen again in the same wayと書かれています。したがって，reproductionはもとと同じ言語形式を再現する活動だと言えます。そのため，これは新たに学習した語彙・文法を定着させるための活動であり，使える英語を増やしていくための学習活動（⇨ Q5-2）として位置づけるべきでしょう。

Reproductionでは，丸暗記を求めないことが重要です。ヒントも何も与えずに丸暗記をさせようとすると，「覚えた英文を忘れぬうちに急いで口から吐き出す」だけの活動になってしまい，意味が頭から抜け落ちてしまう危険性があります。それを避けるために，次のようなキーワードや絵を提示し，そのヒントを見て「内容を思い出して」言語化する，という手順を採るとよいでしょう。

1750　British Trader, Jonas Hanway,
saw　Paris　umbrellas　rainy days
Back　London　copied　Parisians　did
but　Londoners　sneered　him
those days　umbrellas　only　women　sunny days

5．自分の言葉で語るRetelling（再話）活動

Retellの意味を英英辞典で確認すると，to tell a story again, often in a different wayと書かれています。リテリングでは，もとの文章の言語形式を正確に再生することは求めず，「違った言い方」「より易しい言い方」で語り直す（再話する）ことが求められているのです。今までに身に付けた語彙・文法を駆使して，自分が使える範囲の言葉で意味を伝えさせます。Retellingは前時の復習などで，教科書を閉じたままで教員と生徒が内容に関するやり取りを行いながら前時の内容を要約するような，意味中心の活動場面で行うのに適していると言えるでしょう（⇨ Q4-4）。

「思考・判断・表現」を促す発問やタスクとは？

生徒に自分の考えを整理して英語で表現し，発表させたいと思います。思考・判断・表現を促す発問やタスクの作り方を紹介してください。

1．発問の種類とねらい

「発問能力は教員の指導力の要（かなめ）」と言われ，主として次の３種類に分類できます（髙橋，2011）。

① Display Questions（事実質問／表示質問）

本文に明示的に書かれた事実情報を問う質問で正解は１つ。教員は正解を知っており，生徒の基礎的な本文理解を確認する質問です。

② Inferential Questions（推測質問）

本文には直接書かれていない行間に隠された情報を推測させたり，文章全体から推論して答えさせたりする質問で，文脈から意味を類推する読解力を養います。

③ Referential Questions（参照質問／関連個人質問）

生徒自身の経験や考えを問うなど，本文の内容に関連した質問で応答は生徒により異なり正解はなく（open-ended），教員も生徒の答えを予測できません。生徒の思考を促し，表現力を伸ばします。

それぞれ目的や育成される力が異なりますので，バランスよくこれら３種の発問を行うことが求められますが，①の質問しかない授業も少なくありません。自分の授業を振り返ってみましょう。

2．思考力・判断力・表現力を伸ばす授業展開と発問の事例

基本的には，生徒のレディネスに配慮しながら，Display→Inferential→Referential Q. となるように教員の発問を組み立てていきます。発問やそれを生かす授業の流れ，単元全体の構成を確認していきましょう。

次は植物の多様性を扱った *CROWN English Series II*. Lesson 7, “Wilderness in a Bottle”（三省堂）の本文です。

> I would like to emphasize that conserving diversity within a given species is just as important as it is to conserve different species. Every individual plant has its own characteristics, giving it an advantage in a particular

environment. The more varieties they are for a given species, the greater the chances are for the species to survive. Seed banks are helping us find the loss of global plant diversity. In one place we can keep seeds for all kinds of plants from all over the world — grasses from the Tropics, plants from our fields and gardens, and wild plants that have never been changed by the hands of human beings. We have been trying to save the world's rain forests, grasslands, and wetlands, but even national parks have no guarantee of long-term security. Although seed banks cannot replace the natural environment, they can offer any insurance service to other conservation techniques. Finally, I would like to suggest that the seed bank project be promoted even further in the rest of the world.

① 前時の復習としてのDisplay Q.

復習として，植物が我々の生活にもたらす恩恵とseed bankという多様な植物の種を保存する取り組みの利点について発問します。

1) Why are plants so important for us?

2) Why are seed banks a very efficient means of conserving plants?

1)のように一見平易な質問も，かえって漠然として生徒には答えにくいことがあります。provide, benefit など前のパートで学習した語彙を用いて“What kind of benefits can plants provide for us?”などと補足してやると，生徒はより具体的に必要な情報を答えることができるでしょう。

② 生徒に読む動機づけを与える口頭導入時のInferential Q.

本文の中に答えが見つかるDisplay Q.を，本文を読む前に発問することでReferential Q.として既習の知識や学習をもとに類推させます。発問のタイミングによって同じ質問でもその質が変わるのです。他教科も含む既習の知識や情報をもとに，生徒は情報や互いの考えを比べたり選択したりします。

（さまざまなジャガイモの写真や近所のスーパーで購入したジャガイモを見せながら）

“Can you believe that these vegetables belong to the same species? These are all potatoes. These are the varieties in a species.（実物のジャガイモを手に）I think I just need this kind of potatoes. This looks delicious.（形や色が流通しているものとは大きく異なる種のジャガイモの写真を示しながら）The others look strange. I don't want to eat them. However, it is said that it's very important to conserve diversity within a given species. Why is it important? Talk with your friends around you."

やり取りをする中で「なぜだろう？」という疑問が湧き，本文を読みたいというレディネスが作られたところで本文の聴解・読解に移ります。

③ 教科書本文読解後のInferential Q. とReferential Q.

本文読解後に発問するInferential Q. とReferential Q. の例を示します。

1) Food banks can offer any 'insurance service' to other conservation techniques. What does 'insurance service' mean? (I.Q.)

2) Do you think diversity within a species has been lost? (I.Q.)

3) Why do we need to keep the seeds from our fields or gardens? (R.Q.)

4) There're five global seed banks and more than 1,000 seed banks in the world. Is it still necessary to promote the seed bank project? (R.Q)

1)のように英文では比喩がよく用いられます。別のものにたとえることで，母語であれば読み手は理解しやすくなりますが，英語では理解を妨げる原因ともなります。こうした部分を取り上げることで，生徒は何度も英文を読み返したり，単語や特定の１文の理解だけでなく情報をつなぎ合わせて理解を深めたりしようとして，思考や判断を働かせます。2)では，さまざまな種を保護するのと同様に同一種内の多様性を保護するのが大切であるということから，同一種内の多様性が急速に失われていることが類推できます。

3)，4)のようなReferential Q. を作る際には，生徒の日常生活や身近な話題・関心にいかにつなげられるか，本文の内容を理解する生徒がどの程度の関連・背景知識（schema）を有しているか，の２つがポイントになります。例えば，この発問を考えさせた後で，3)については日本の「里山」における生物の多様性が注目されており，多様性が自分の国にも関わる問題であることを気付かせてくれる英文記事を読ませたり，4)では熱帯雨林の森林破壊のスピードや失われる種の数を特集した海外の動画を視聴させたり，さらには"Is there anything for you to do to help conserve a diversity within a given species?"と発問してライティングにつなげることもできるでしょう。

３．思考力・判断力・表現力を伸ばす単元指導計画とタスクの事例

Genius English Communication II. Lesson 8, "Emotions Gone Wild, Read On! 8, Curiosity Doesn't Kill Cats"（大修館書店）の授業で「動物の知性や感情」をテーマにプレゼンテーションへ発展させた単元指導計画とそのタスクの事例

は次のとおりです。

〈単元指導計画〉

時間	学習過程	主な活動
1	Oral Introduction（単元及び題材への興味づけ）	動物の知性や感情，賢さについて，教員の説明を聞く。"What animal do you think is the smartest?" という発問について，教員が示したリストの中から各自が賢いと思う動物を３つ選んでグループでディスカッションを行う。
2	Oral Interaction（新語や発表関連語彙，表現の導入）	教科書本文のPart 1は教員と生徒のオーラル・インタラクション（⇨ Q6-2）で一斉学習を行う。動物の知性や感情に関する語彙と教科書の新出語彙を導入する。（発表語彙の補充）
3－6	Inquiry-based Learning in Four Research Groups*1	生徒自身の興味・関心に基づいてＡ～Ｄの４つのグループに別れて英文を読んだり，海外のWEBサイトや動画を調べて，プレゼンにふさわしい情報を収集したりする。
7	Setting Goals*2 & Making Handouts*3（個人目標の設定とハンドアウト作成）	教師が提示したプレゼンのゴールと発表する際の表現や構成の工夫（ストラテジー）に基づいて生徒自身が特に重点的に取り組みたい部分を目標として設定する。また，聞き手がプレゼンの要点を理解できたかを確認するために，プレゼン時にハンドアウトを作成し配布する。
8 9	Presentation Practice	グループ内でプレゼンのシミュレーションを行い，プレゼンの方法やハンドアウトを修正する。
10 11	Jigsaw Activity*4（ジグソー学習）	Ａ～Ｄグループより１人ずつが集まり新たな４人グループを作る。インフォメーション・ギャップを生かしてプレゼンや簡単なディスカッションを行う。
12 13	Reading Comprehension Reflection	各グループで使用した主教材すべてを読む。第１時の発問"What animal do you think is the smartest?" について，もう一度ディスカッションを行うとともに，活動の振り返りを行う。

〈タスクの事例〉

① グループ別の協働学習の設定（*1)

生徒の興味・関心に応じて，使用する主教材を選択させ，選んだ教材ごとにグループになって英文を読んだり関連動画を視聴したりする学習を行う。プレゼンの練習もグループ内で行い，聞き手に要点をわかりやすく伝えるための工夫を話し合ったり聞き手に発言を促す質問を考えたりするなど，各グループで主体的に活動を行う。

【実際のグループ分けと使用した主教材】

- Group A：Lesson 8, Part 2, 3の教科書本文（primary emotionとsecondary emotionという２つの概念の相違点を明らかにする。）
- Group B：教科書巻末に付いているLesson 8の発展教材Read On! 8（猫を取り上げて，好奇心や知性について考察させる。）
- Group C：チンパンジーに関する記事を教員がリライトした英文（人間とチンパンジーとの相違点について考察する。）
- Group D：動物の知性や感情に関する英文（生徒が自由に英文素材を探し，グループ内で１～３つの英文に絞り込み，動物の知性や感情について考察する。）

② 生徒自身によるプレゼンの目標設定（*2）

教員はあらかじめプレゼンで到達してほしい目標をＡ～Ｃの３段階のルーブリックの形で提示して説明する。また，発表時の工夫について，内容の構成や聞き手にわかりやすい表現方法（ストラテジー）をまとめたリストを渡し，生徒一人ひとりが英語学習上の自己の課題や習熟に応じた目標設定ができるように支援する。このような工夫により，次の表のように，生徒はより具体的な目標を設定し，協働学習やプレゼンの練習，発表に目的意識を持って取り組めるようになる。

観点	ポイント	あなたのプレゼン目標
英語	不自然な表現がなく，既習語彙や文法を適切に使用している。	"Self-awareness"などの難しい単語は言いかえたりして分かりやすく伝える。
表現の工夫	構成が明確で，聞き手の反応を確かめながら要点をわかりやすく伝えている。	聞いている人とアイコンタクトを取る。聞き手の反応を見るために間をあけたり重要な所をくり返したりする。
ハンドアウト	プレゼンの理解に効果的な資料になっている。	聞き手が穴うめをした時，プレゼンのキーワードがまとまっているようにする。
内容	テーマに沿いながら，話し手の視点や意見に加えて，なぜその内容を扱ったのか，理由が述べられている。	自分が面白いと思ったポイントや人とチンパンジーとの違いをプレゼンのメインにする。動物とどうやって共存するかの意見も入れられたら入れる。

③ 生徒自作のハンドアウトの作成と配布（*3）

プレゼン時に相互評価を行う代わりに，伝えた要点を聞き手が理解できたかを確認できるような設問や穴埋め問題を付けた自作のハンドアウト（右はその一例）を作成し配布させる。これにより，話し手は要点をわかりやすく伝えることを意識し，聞き手は評価でなく，内容に集中でき，解答できないときは質問したり説明を求めたりするやり取りのきっかけとなる。

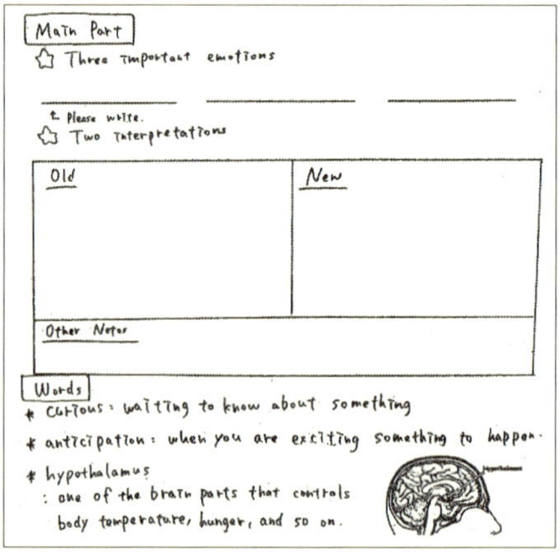

④ Information gapを用いたジグソー学習（*4）

A～Dのグループを解散し，新たなグループを編成して英語でのプレゼン活動を行う。新しいグループには同じ内容について調べた生徒がいないようにし，生徒は新しい情報を聞きながら，動物の知性や感情について自分なりの考えや意見をまとめるために傾聴したり質問したりする。

【Jigsaw Activityの活動ルール】

1) 発表原稿は作成しない（発表用のメモは作成してよい）。
2) プレゼンに動画を見せてもよいが，視聴時間を含め最長10分以内とする。
3) 聞き手の残りの３人のためにハンドアウトを作成する。
4) ルーブリックをもとに，各自が目標を設定してプレゼンを行う。
5) プレゼン後に質問をしたり，プレゼンのトピックや内容についてディスカッションをしたりする時間を３～５分程度取る。

なお，各自のプレゼンは期末考査終了後にタブレット端末に録画させ，スピーキングの評価の対象とします。また，Jigsaw Activity終了後の週末に生徒に音声または動画でパフォーマンスを記録させておくと，スピーキング・テストに向けた練習を行う際の参考になります。

以上のように，言語活動を中心に単元計画を立案し，①～④の支援や工夫を取り入れるなどして，複数の技能を統合したり，さまざまな形態の活動を行わせたりすることで，生徒の「思考力・判断力・表現力」を伸ばす取り組みを継続的に行っていきましょう。

教科書本文の発展的活動—Discussion

教科書本文の題材をテーマに，英語で討論を行ってみたいと思います。実践事例の紹介と，成功に導くためのアドバイスをお願いします。

CROWN English Communication I – New Edition.（三省堂）Lesson 6, “Roots & Shoots”を題材として,「生徒同士のロールプレイを段階的に即興的なやり取りや初歩的なディスカションに発展させること」を目標にした実践事例を紹介します。

1．教科書本文や題材の特徴を見抜く

深い内容の教科書題材について, 教員がいきなり“Let’s talk about this issue.”と呼びかけても，急には英語でディスカッションなどできるものではありません。本文の学習と言語活動で話す内容を連動させるための段階的な指導や支援が不可欠です。日々のペアで行うやり取りや教員とのQ&Aなどの延長線上にディスカッションがあることを踏まえて，継続的に指導を積み重ねていきましょう。

年度始めに，使用する教科書を通読すれば，単元や題材の特徴と授業で行いたい言語活動との相性や適性が見えてきます。本単元では，日本人高校生のKenjiが動物学者のJane Goodallにインタビューするという対話形式で教科書本文が書かれています。また，内容的にはチンパンジーが道具を使用する動物であることを発見したGoodallの生い立ちや業績，環境保護や若者の教育を目的とした“Roots & Shoots”という活動を取り上げています。このような本文の特徴を生かして，TEDなどの映像，Goodallの著書やウェブサイトを活用して教科書本文に情報を補足し，内容の厚みや即興性を持たせ，やり取りや初歩的なディスカッションにつなげることができる単元だと考えました。

2．単元の活動計画と指導・支援の工夫

活動計画と即興的なやり取りや初歩的なディスカッションを行うための段階的な支援のポイント（表中の*1～3）は次のとおりです。

〈単元活動計画〉 HW＝家庭学習で行う内容

時間	学習過程	主な活動
HW	事前課題	The Jane Goodall Institute または Roots & Shoots の公式ウェブサイトから情報を２つメモしてくる。
1	事前課題の共有 Oral Introduction	ペアで調べてきた情報を，メモをもとに伝え合う。 Jane Goodallの活動を紹介する映像を視聴後，教員の英語による概要説明や題材の紹介を聞く。
HW	Optional Reading (Message for High School Students)	教科書単元末の読み物資料を読んでくる。なぜ筆者は高校生にそのようなメッセージを送りたいと思ったのかを考えさせ，本文を導入する。
2	Section 1 Oral Interaction Critical Reading	前時の課題を含めて教員と生徒とのやり取りで本文の概要理解と題材への興味づけを行う。 **Critical Reading**[*1]として，さらにどんな質問がしたいかという視点で本文のやり取りを読ませる。
3	Extensive Listening & Reading	Jane Goodallの活動や生い立ちなどに関する動画を見たり英文を読んだりする。 （ペアで感想やわかったことを英語で伝え合う。）
4 5	Section 2 Critical Reading +α Reading Aloud	Section 1での学習を参考に，Critical Readingに取り組み，生徒同士で関連質問やコメントを追加して音読を行う。
HW	Extensive Reading & Listening 1	環境破壊やJane Goodallの講演映像などを視聴してくる（２つの動画を指定）。 Janeの著書からの抜粋を読んでくる。 （*My Life with the Chimpanzees – Revised Edition*）
6	Section 3 Critical Reading +α Reading Aloud	Critical Reading及び生徒同士で関連質問やコメントを追加して音読を行う。**即興性を高め，ディスカッションへつなげる支援を入れる**[*2]。
7	Section 4 Mini-discussion 1	Section 1-4，及びここまでに得た情報をもとにペアでやり取りを行う。 **教員が設定したトピックから１つ選んでミニ・ディスカッション（３分程度）を行う**[*3]。
8	Mini-discussion 2 Reflection &Writing	前時に選ばなかったトピックで，ペアを替えて再度ミニ・ディスカッションを行う。（５分程度） 「ジェーンへの手紙」として本単元の学習で学んだこと，新たに浮かんだ疑問を英語で書く。
9	Peer Reading	書いた英文を互いに読み合う。

〈タスクの事例〉

① Critical Reading（*1）

教科書本文のインタビューを読み，Janeの受け答えに対してどんな関連質問やコメントをはさんだらよいか，生徒は考えながら読み，気付いたことを少しずつ本文に入れ込んで，ペアでロールプレイをすることで単元後半に行う言語活動の準備を行います。

〈**教科書本文への関連質問追加の実例**（下線部が該当箇所）〉
Kenji: Dr. Goodall, thank you so much for taking time for this interview. I know that you spent ~~many years~~ long time studying chimpanzees in Africa. How many years have you spent living with them in the rain forests?
Jane: Over 50 years! Probably before your parents were born.
Kenji: When did you first decide to go to Africa?
Jane: It was after I had read the Doctor Dolittle and …

生徒は時に本文を削って別の表現（many years→long time）を入れ，Janeの動物学者としての長期間にわたる観察を"How many years have you spent living with them ～?"という追加質問で表現し，やり取りを１つ増やしています。この際，「既習のセクションや学習内容から質問を考えること」をルールにしました。これにより，教科書の学習が進むにつれ既習事項も増え，映像や補足資料，課題として読ませた教材から得た情報も組み込んでやり取りを行うので，生徒も一層真剣に取り組み，興味のある情報を本文に追加しようとします。

② 即興性を高め，ディスカッションへつなげる支援の工夫（*2）

教科書本文の暗唱では，即興的なやり取りやディスカッションの練習にはなりません。段階的な支援の主な工夫は以下の６点です。

1）教科書本文はRead & Look-upで相手を見てやり取りを行う（⇨ **Q6-5**）。
2）関連質問やコメント，表現の言い換えなどは事前にペアで共有しない（台本を作り，それを見ながらやり取りするのではない）。
3）ペアや役割をその場で決める（即興性が高まる）。
4）本文のやり取りの中にReferential QuestionsやInferential Questions（⇨ **Q6-6**）を入れさせる。
5）相手の応答や質問に対して繰り返すよう要求するなどコミュニケーション・ストラテジーを再確認し，使用を促す。
6）机間指導中や代表ペアのやり取り中に，教員が追加で関連質問を加えれば，即興的なやり取りやディスカッションへの橋渡しとなる。
（Your English was very good! などの評価コメントをするのではなく，やり取りの場面に入り込む。〈⇨次頁の例参照〉

次の例は，こうした支援の工夫の積み重ねで，生徒たちが教科書本文の後に「さらに続けて」行ったやり取りの一例（第7時間目）です。教員が即興で介入した質問にJane役の生徒がその場で考えを述べており，ディスカッションの初歩と言えるやり取りが行われています。

〈やり取り例（S_1：Kenji，S_2：Jane　＊生徒発話のまま）〉

S_1：Thank you. I have a question. May I ask you a question? What do chimpanzees and humans have in common?

S_2：Well, let me see. Their common features are, I think, DNA, brains, behavior, learning in their childhood, and emotions, and being friendly and cruel.（既習セクションの情報をうまく使っている。）And also, I think they can be making and using tools, and playing the video games.（視聴した動画の情報を追加している。）

T：I am S_1's older brother, Ken-ichi. I want to be a scientist like you. What is important to be a scientist like you?

S_2：Um … I think to never give up is very important … because um … to find some answers is difficult and it takes a long time …. So, if you want to be a good scientist, you need to make every effort for find your own answer, and also you never give up.（下線部は，補足として読んだ英文「Janeから高校生へのメッセージ」と同じ内容が語られている。）

③ **教科書関連トピックをもとに行うミニ・ディスカッション（*3）**

教科書や補充教材の学習で知識や情報が増え，生徒の考えも深まってくれば，ディスカッションに移る準備が整ってきます。以下は３～４人グループで行ったミニ・ディスカッションのトピック例です。

1) Which reason touched you the most?
（既習の英文中にあるJaneが若者に期待する４つの理由より）
2) What do you think is the biggest difference between chimps and us?
3) What if a genius chimp suddenly began to talk to you and say, "Why did Jane leave us in the forests in Africa?" How would you explain it to him?

互いの意見や考えや投げかける質問が「かみ合った」自由なやり取りの応酬こそ，ディスカッションの本質であり，２，３年生でこうした活動や学習が進めば，やがてはディスカッションによって新たなアイディアを提案する，対立する考えの妥協点を探るなどの目的を達成するための本格的なディスカッションへと発展するはずです。

教科書本文の発展的活動―Debate

教科書本文の題材をテーマにして，英語でディベートに挑戦してみたいと思います。実践事例を紹介し，指導計画と実施の留意点を示してください。

ディベートとは，「与えられた論題に対して，自己の真意とは無関係に，肯定側（affirmative side）もしくは否定側（negative side）に割り当てられて，客観的資料に基づいて議論を行い，意見の論理性や説得力を競う一種のゲーム的な意見構築訓練」（髙橋，2003）です。議論によって合意を形成するディスカッション（⇨ Q6-7）とは違うことに注意しましょう。

1．ディベート計画のポイント

① ディベートを行う目的を明確にする

教科書本文の題材を扱ってディベートを実施するときには，ディベート「を」教えるのか（ディベートが目的），ディベート「で」教えるのか（ディベートは手段）を明確にすることが重要です。前者の場合は，十分な準備のもとに論証を重視するポリシー・ディベートや，即興性重視型のパーラメンタリー・ディベートなどの進行形式に沿って，段階的に繰り返し練習する必要があります。後者の場合は，生徒に育成したい力を念頭に，ディベートを行う目的を明確にしておきます。ディベートで育てられる力には，以下のものが挙げられます。

1) 問題意識を持ち，物事を複眼的に見ることができる。
2) 情報を収集し，整理することができる。
3) 論理的に物事を考えることができる。
4) 自分の意見を持つことができる。
5) 自分の意見を理由と根拠を持って話すことができる。
6) 他者の発言を注意深く聴くことができる。

教員がディベート「で」生徒に身に付けさせたい力を明確にしておくことで，生徒が勝敗だけに関心を持つことを避けることができます。

② 生徒が話したくなる論題を設定する

次に，ディベートで教室が白熱するかどうかを大きく左右する要因に「論題」があります。論題には次の３種類があります。「事実（推定）論題」「価値論題」「政策論題」です。「事実論題」は「邪馬台国は九州にあった」など，事実を調査したうえで議論をします。価値論題は「携帯電話は私たちの生活を豊かにしてくれている」，政策論題は「経済発展より環境保全を優先すべきだ」などが考えられます。

生徒が話したくなる論題にするポイントは，(1) 生徒に身近な論題にすること，(2) 身近な論題でない場合は，視聴覚教材等で教科書内容を補足する情報を提示し，考える材料を与えること，または，(3) 生徒たちに主体的に調べさせる時間を与え，論題に対する関心を一層高めることです。ディベートを実際に行ってみると，理由が思いつかないことなどが原因でうまくいかない場合があります。生徒の実態を把握したうえで，まずは教員自身が複数の理由や根拠を思いつく論題にすることが大切です。

次に，教科書本文の題材を発展させた実践例をもとに，ディベートの実施前にしておくべきことと，ディベートの段階的指導法を紹介します。

2．ディベート実施の前にしておくべきこと

Crown English Communication I.（三省堂）のLesson 9, “Paddling a Log?”にある，インターネットのメリットとデメリットを扱った単元での実践事例を紹介します。

①「ミニ・ディベート」で議論に慣れさせておく

英語でディベートを行う前に，議論になりそうな箇所を取り上げて，ミニ・ディベートを経験させておきます。この課のパート１では，ニコラス・カー氏（アメリカの著述家）が，インターネット使用が注意力低下を招くなどのデメリットについて，以下のように述べています。

“My own reading and thinking have changed greatly since I started using the Web. I now do most of my reading on line, and my brain has changed as a result. I am less able to focus my attention for a long time. Using the Internet, we are losing at least as much as we are gaining.”（p.129）

また，パート２でも，サイモン・バロン＝コーエン氏（ケンブリッジ大学）のインターネットに費やす時間のほとんどが無価値であるという次の意見が紹介されています。

“I was surprised to find that I send about 18,250 e-mail messages each year (about 50 a day). Each message takes three minutes; that means I spend about 1,000 hours a year on e-mail alone.（中略）We all know that e-mail is addictive. Each time a message arrives, there's a chance it might bring something exciting, new, and special. But maybe one in 100 has something I really want to know. That means that perhaps only 10 out of the 1,000 hours I spent on e-mail this year were worthwhile."（pp. 130–131）

ここまではインターネットのデメリットが書かれているので，立場を変えてメリットも考えさせるために，「ミニ・ディベート」を行います。例えば，"The Internet has a bad effect on us."という論題でディベートを行わせると，教科書に出てきた表現を活用しながらデメリットを述べる生徒や，自分の生活でインターネットが果たす役割を見つめ直してメリットを述べる生徒が出てきます。生徒にとってインターネットは，普段の生活と密接に関わっているのでイメージがしやすく，議論が活発になります。各パートでリテリングを行っていると，習得した表現をミニ・ディベートで活用することができます。

② 追加情報を与えて，より深く考えさせる

話し合いを深めるためには，情報や知識が必要です。そこで，教科書には載っていない情報を読ませたり，聞かせたりします。この課では，インターネット使用者に対するメリットとデメリットが書かれていますが，視点を広げさせるためにも，インターネットが影響を与える他のものに気付かせます。一例として，インターネットによってなくなる可能性が高い仕事について情報を与えたり，"Do you often do your shopping online? What if more and more people buy things on the Internet?" と発問することで，今後起こりうることを考えさせたりします。そのことにより主観的な根拠だけではなく，客観性のある意見を取り入れた議論にすることができます。そのうえで，ペアになる相手を替えたり，グループ対抗にしたりして，先述のミニ・ディベートと同じ論題で話し合わせると，議論をする視点が増え，使用する英語の量が増えていきます。帯活動（⇨ Q2-6）で毎授業の最初５分程度でミニ・ディベートをすると，生徒はさらに議論をすることに慣れていきます。

③ 題材を自分に当てはめて考える（personalization）

ミニ・ディベートを通して，インターネットのメリットとデメリットを理解した後は，"We can live without the Internet."という論題で，ミニ・ディベートで使用した表現を活用して議論したり，書かせたりして，自分の意見を持たせます。論題に関するメリットとデメリットを踏まえたうえで，自分の意見を持つよい練習になります。

また，前掲のパート２には，インターネットに費やす時間のうち１％だけに価値があると書かれているが，生徒に一日のインターネット使用時間を振り返らせて，そのうち何％くらいに価値があるのかを考えさせます。自分自身を振り返ると，生徒は題材を自分のこととして捉えていきます。

３．ディベート実施の指導手順例

パート４では，「インターネットは我々の集中力を低下させているが，人間には自分をコントロールする力がある」というWikipediaの立ち上げメンバーの一人であるラリー・サンガー氏の意見が紹介されています。

"Has the Internet really taken away our freedom to choose how we spend our time? The Internet is not that powerful. We still have free will: the ability to focus on, think about, and act on our own thoughts. If we want to spend hours reading books, we still have that freedom. We have the freedom not to use the Internet. And we have the freedom to decide how to use it. Should we give up control of ourselves to the Internet? Wouldn't it be better to develop our own minds and direct our own attention carefully? The answer, I think, is clear." (pp.134-135)

上記の意見も踏まえて，"The Internet is necessary for our lives." を論題としてディベートを行わせます。生徒にとってインターネットは生活の一部になっていますが，インターネット使用にはメリットもデメリットもあることに気付きます。そして，インターネットとどうつき合うかを考える機会になります。指導手順は次のとおりです。

① ペアやグループで，まず両方の立場で意見を考える。
② 全体で意見を出す。英語で表現できないものは日本語で意見を出し，教員と生徒で一緒に英語に直す。
③ ②で確認した英語を活用して，ペアやグループで複数回議論をする。
④ 自分の考えを理由も添えて４，５文程度で書いてまとめさせる。
　例）I don't think the Internet is necessary for our lives because ... で書き始める。
⑤ 生徒が書いた英文を，必要に応じてリライトし，両方の立場の意見をプ

リントにして全員に配布する。

⑥ ⑤で配布された意見を読み，納得した英文をRead & Look-up方式で練習して，頭に入れていく。

⑦ 論題についてペアでディベートを行わせる。インターネットは必要と考える肯定側の生徒から意見を言い，それに反論することを繰り返す。次に，インターネットは必要ないと考える否定側の生徒が意見を言い，反論させる。話すことに慣れていれば，一人が話す時間を30秒にするなどの制限を加えておく。

⑧ 慣れてきたら，聞き手を用意する。例えば，２ペアで１グループをつくり，ディベートをするペアと聞き役のペアを決める。さらに発展させて，４コーナーそれぞれに一組のペアを立たせ，そのまわりに他のペアが聞き手として座り，ディベートを聞く。

⑨ 聞き手はディベートについてフィードバックをする。フィードバックの観点は，「主張と理由が述べられていたか」「相手の言ったことに反論できていたか」など，教員から事前に提示しておく。

以上，段階的な指導計画のもとに英語ディベートに挑戦してみてください。

４．ミニ・ディベートのフォーマット例

最後に，筆者が実践したミニ・ディベートの進行例を示しておきます。

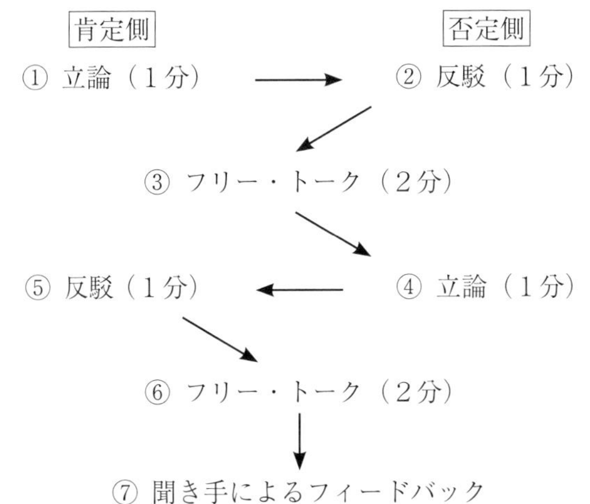

教科書本文の発展的活動―Research Project

教科書本文の題材をテーマに，英語で探究的な活動をしてみたいと思います。実践事例と指導上の留意点を紹介してください。

1．探求的な学習とは

英語による思考力･判断力･表現力を高めるためには，生徒が実社会や実生活の中で，自ら課題を発見し，主体的･協働的に探究し，英語で考えや気持ちを互いに伝え合うことを目的にした学習が必要であるとされています（中央教育審議会，2016）。また，探求的な学習の過程として，総合的な学習の時間の展開例の中で，以下のような学習活動が挙げられ，このような活動が思考力・判断力・表現力の育成には不可欠であるとされています（文部科学省，2013b）。

①【課題の設定】体験活動などを通して，課題を設定し問題意識を持つ。
②【情報の収集】必要な情報を取り出したり収集したりする。
③【整理・分析】収集した情報を，整理したり分析したりして思考する。
④【まとめ･表現】気付きや発見，自分の考えなどをまとめ，判断し，表現する。

本稿では，探究的な学びの例として，2015年度に行った教科書本文の題材をテーマに内容理解を深め，生徒がグループで協働して課題を発見し，調べ学習をした後，最後に意見をまとめて発表するまでの事例を紹介します。

2．実践事例

① **単元**：*ELEMENT English Communication Ⅲ*.（啓林館）
Lesson 4, “How Can We Save Disappearing Languages?”

② **概要**：現在多くの言語が消滅している。言語が消滅する要因は２つあり，１つは自然災害等による言語使用者の消滅，２つ目は，経済的・政治的・社会的要因や国際化などが考えられている。言語が消滅することによって，文化や，その社会で受け継がれてきた知恵なども消滅するといった問題が引き起こされる。言語学者の中には，言語を保存する取り組みを行っている人がいたり，言語コミュニティーの中には，自らの言語を活性化しようとしたりする事例もあるが，言語を絶滅の危機から救うにはあらゆる面からの努力が必要である。

③ **単元のねらい**：「日本で英語を第二公用語にすべきである」という論題に

ついて，教科書本文の内容を踏まえたうえで論題のような意見が出てくる社会的な状況等を調べ，その内容を紹介するとともに，論題に対する生徒自身の意見をまとめ発表する。

④ **単元の指導計画**（全11時間）：

第１時：世界で使われている言語の数や，さまざまな言語の母語話者の数，英語を母語・公用語・外国語として使用する人々の数など，言語に関するさまざまな内容について理解する。

第２時：Paragraph 1～3の内容（言語が自然現象や人為的な理由により消滅していること）を理解することともに，音読やリテリング活動を通して内容を自分の言葉で説明できるようになる。

第３時：Paragraph 4～5の内容（言語消滅の新たな原因や，言語消滅によって失われるもの）について理解するとともに，音読やリテリング活動を通して内容を自分の言葉で説明できるようになる。

第４時：Paragraph 6～7の内容（言語学者による，消滅の危機にある言語を守るための「言語保存」という取り組み）について理解するとともに，音読やリテリング活動を通して内容を自分の言葉で説明できるようになる。

第５時：Paragraph 8～9の内容（「言語活性化」と呼ばれる活動）について理解するとともに，音読やリテリング活動を通して内容を自分の言葉で説明できるようになる。

第６時：「小学校，中学校，高等学校では全教科を英語で学ぶようにするべきである」という論題で，ディスカッションを行う。

第７時：第６時で行ったディスカッションの内容をまとめるとともに，自分自身の意見を書く。

第８時：グループで以下の内容について書籍やインターネットなどで調べ，その内容を英語でまとめる。

- 英語を社内公用語にしている日本の会社について
- 英語を社内公用語にしている会社に対する社会の反応
- 母語を再興しようとする国の取り組みについて

第９時：第８時で調べた内容をグループでポスターにまとめ，それぞれのグループが発表し，クラス全員で共有する。

第10時：教科書の内容や，調べたことをもとに，「日本は英語を第二公用語にすべきである」という論題に対する意見を個人で書く。

第11時：書いた内容をグループで発表する。

3．実践のポイント

① アウトプットを行う場面の設定

プロジェクト学習や探求的な学習を行う前に，教科書本文の内容理解を深め，題材への興味・関心を高めておく必要があります。上記の実践では，生徒が調べ学習を行う前の第6時に，「小学校，中学校，高等学校で全教科を英語で学ぶようにすべきである」という論題でディスカッションを行っています。教科書本文では，「言語を守らなければならない」という論調で書かれていますが，この時間の授業では教員はあえて，「英語を母語や公用語として使用している人数や外国語として使用している人数（表1）」を示したり，「大学ランキングTOP 10の大学がすべてイギリスやアメリカにある大学であること（表2）」を示したりしながら，英語を学ぶ必要性を説き，「日本の学校で全教科を英語で教えるようにしてはどうか」と生徒に「揺さぶり質問」を投げかけます。

表1　The number of English users & learners

People who use English as a first language	400 million
People who use English as a second language	300-400 million
People who learn English as a foreign language	500-700 million

表2　University Ranking of the World

Rank	University	Location
1	California Institute of Technology	USA
2	Harvard University	USA
3	University of Oxford	UK
4	Stanford University	USA
5	University of Cambridge	UK
6	Massachusetts Institute of Technology	USA
7	Princeton University	USA
8	University of California, Berkeley	USA
9	Imperial College London	UK
10	Yale University	USA

このように，教科書の内容に反論するような意見を生徒に提示し，どちらに賛同するかを考えさせ，意見を発表させる場面を設定することで，自分たちとは無関係に思える教科書の題材が「自分ごと」になり，生徒の興味・関

心を高めることにつながります。

② 生徒の作品例

次は，第10時にある生徒が書き，次時に発表した「日本は英語を第二公用語にすべきである」という論題に対する意見です。

I think that there are two kinds of influences that English as an international language will have on Japan.

One of them is that it directly affects Japanese society and education. For example, more and more companies might make a rule that people who work in the office must speak English, such as at major Japanese companies like Rakuten and UNIQLO. Of course, not only people who work for such companies but also people who work for other companies will have more opportunities to speak English to communicate with people from foreign countries, as communication tools and transportation develop. That will become the reason why it is very important for people who want to enter a company to be good at English.

Moreover, the Japanese government might make a law that elementary education should include English classes, because Japanese people can learn English more easily and speak English more fluently. Now almost all Japanese people begin to study English after they become junior high school students. But the older you are, the more difficult it is for you to learn new and complex things like language.

These influences can cause other influences that affect Japanese traditional culture indirectly. Nowadays, if you can speak English, you can communicate with many people around the world. More and more people can speak English or use it to communicate, and more and more people might want to be able to speak English. As a result, English becomes more useful and important. So, other languages might be lost. In fact, Lebanon is in fear of losing its native language, Arabic. To my surprise, many children across Lebanon were unable to create a sentence in their own native language! The same thing could happen in Japan. Native language is deeply related to its culture. Losing native language means losing culture. For example, in Japan it is impossible to write "*haiku*" or "*shodo*" without using Japanese.

I think English as an international language is useful and might have a good influence on Japan, but at the same time, we should remember there is a risk that Japanese language and Japanese traditional culture could be lost.

この生徒は，日本の企業でも英語を公用語にしている事実等を紹介しながら，英語を学ぶ大切さを説きながらも，レバノンでアラビア語が話されなくなっている事実などから，日本においても，英語の公用語化がよいことばかりではなく，リスクもあることを考えなければならない，と述べています。

4．指導上の留意点

探究的な学びを行う際の留意点は以下のとおりです。

① 題材の内容を生徒が自分自身と関連付けて捉えられるように，興味・関心を高める工夫をすること。

② 生徒が自分の考えを持つためには，教科書だけではなく，書籍やインターネットなどからさまざまな情報を得る必要があるが，目的意識を持って情報を得るよう，最終的にどのような発表を行うかを明確にしたうえで調べ学習を行わせること。

③ グループで活動を行なっても，最後は生徒一人ひとりが個人で思考し，意見を発表する機会を設けること。

第7章

多様な学習者の指導と学習形態

高校で英語嫌いになる原因は？

中学時代は英語が好き，得意だった生徒が，高校に入学した途端に英語嫌い，苦手となる生徒が少なくありません。何が原因なのでしょうか。

筆者はこの20年あまり，英語学習者へのアンケートやインタビューを通して英語学習に対するつまずきの実態調査をしていますが，英語が嫌いになった時期については，毎回の調査で中学１年時，続いて高校１年時が高い数値を示しています。ただし，これらの調査では，「中学時：好き・得意」だった生徒が，「高校時：嫌い・苦手」に変わった理由については調査しておりませんので，今回，筆者が勤務する大学の学生と現職高校教員にその理由について尋ねてみました。

１．大学生と高校英語教員の声

高校入門期に英語が嫌い・苦手になった大学生（28名）を対象にその理由について記述してもらった結果は，表１のとおりでした。

表１　高校入門期に英語が嫌い・苦手になった理由（大学生による回答）

１位	読む量が急に増えた。(18)
２位	覚える単語量が増えた。(12)
３位	文法がわからなくなった。(7)
４位	テストでいい点数が取れなくなった。(5)
５位	勉強のしかたがわからなかった。(3)
６位	すべての教科に対して勉強しなくなった。(2)

高校教員（32名）を対象に，高校入門期に英語が嫌い・苦手になると思われる理由について記述してもらった結果を表２に示します。

表２　高校入門期に英語が嫌い・苦手になった理由（教員による回答）

１位	読む量が急に増える。(25)
２位	単語や語句の量が多くなる。(22)
３位	文法事項の難易度が高くなる。(17)
４位	一文が長く，文の構造が複雑になる。(12)
５位	中学と高校の指導法や活動の違いが大きい。(7)
６位	入門期から受験指導が行われる。(5)
７位	宿題が多い。／進度が早い。(各3)

2．英語嫌いを起こす原因

表１・表２を整理すると，次のようにまとめることができます。

① 読解に関すること

英語嫌い・苦手になった最大の要因です。検定教科書の本文の分量を見ると，ある教科書の中学３年生の最終レッスンの本文は240語でしたが，高等学校・コミュニケーション英語Ⅰの最初のレッスンでは348語あり，かつ，１文も長く，さらに１つのパートで登場する新出語句もはるかに多いことがわかりました（⇨ Q1-2）。

本文で扱われる単語や語句の量の多さも英語嫌い，苦手となった理由の上位項目に挙げられています。本文の語彙指導では，いわゆる発表語彙と受容語彙に分け，生徒たちの負担にならないように指導することが大切です。表２では挙げられていませんが，読む量の多さに加え，生徒の興味・関心に合わない題材や抽象度の高い内容を扱う題材が少なくないとの教員の声もありました。

② 文構造や文法事項に関すること

大学生，教員ともに英語嫌い・苦手になった理由の上位項目に挙げられています。教員からは，高校英語では文構造が複雑になる，文法事項の難易度が高くなる，また少数派の意見として教員の文法の説明が長くなりがち，文法用語を多用しがちであるとの声も挙げられていました（⇨ Q3-6）。

③ 指導法や活動に関すること

教員からは，依然として文法訳読式教授法を主とする指導法が多く，生徒のコミュニケーション能力を伸ばせていない，特に進学校では入学時から大学入試に向けた対策が講じられ，暗記中心の授業になりがちであることが指摘されていました（⇨ Q11-6）。また，歌を歌ったり，ゲームをしたり，ペアやグループ活動を行うなど，声を出したり，仲間と関わり合いながら取り組んだりする楽しい活動が激減し，座学中心になりがちであることも挙げられていました。

④ 学習方法・学習習慣に関すること

大学生からは，「学習方法がわからなかった」「学習する習慣が付いていなかった」との声が挙げられていました。やはり教員は音読の方法，単語の学習方法などに加え，予習・復習を含む家庭学習の方法についてもていねいに指導する必要があります（⇨ Q7-13,14，Q8-6）。また，適切な宿題の量とやる気を引き出す課題の内容についても検討が必要でしょう。

学力差の大きなクラスでの授業の進め方は？

クラスには英語が苦手な生徒もいれば得意な生徒もいて，学力差が顕著に見られます。苦手な生徒もできる生徒も伸ばす方法を紹介してください。

英語が苦手な生徒も「英語を学びたい」「英語がわかりたい」という気持ちはあると思います。もっと言うならば，すべての生徒が学びに向かう本能を備えていると思います。ここでは筆者の経験をもとに，英語が得意な生徒にはより知的好奇心を刺激し，苦手な生徒には学ぶ楽しさや喜びを味わわせ，積極的に授業に臨むことができるためのヒントを紹介します。

1．英語学習の意義を見つけさせる

授業に参加しない生徒が多い場合，おそらく生徒が英語学習そのものに意義を感じていないからでしょう。ですので，まずは生徒一人ひとりに英語学習への意味づけを行うことが重要となります。英語が嫌い，苦手な生徒でも音楽が好きな生徒には「洋楽を理解する」，スポーツが好きな生徒には「将来外国で活躍する」ことを目標に英語と関わらせることができるでしょう。生徒一人ひとりに「自分自身と英語学習との接点」に気付かせることで動機づけが高まるはずです。

2．支持的，受容的な教室風土を醸成する。

授業では，“You are not alone. You are always protected.”と感じさせる支持的，受容的で，間違いに対して寛容な教室の雰囲気をつくることで，すべての生徒が参加できる授業を心がけます。つまり，英語が得意な生徒も苦手な生徒も，わからないときには，教員に躊躇せず質問できる，仲間と相互に尋ねたり，助け合ったりできる教室づくりを心がけます。

3．学習形態を工夫する

協働学習の機会を設けることで，英語が苦手な生徒は直接教員に質問できないことも，仲間に気軽に尋ねて教えてもらい，得意な生徒は苦手な生徒に教える機会を持つことで課題についてより本質的な理解が深まり，相互の学力の向上につながると言われています（⇨ Q7-7）。グループ編成の際には，

各グループに英語が得意な生徒を “peer advisor” として配置することで活動の活性化を図ることができます。また，活動中は，教員は特に英語が苦手な生徒や特別な支援が必要な生徒（⇨ **Q7-11**）の様子をしっかり観察し，褒めたり励ましたりするなど，個人に応じた声かけをすることが大切です。

4．発問や指名を工夫する

基本的には，英語が得意な生徒にはWH疑問文を用いた発問，英語を苦手とする生徒にはYes / No疑問文やA or Bの選択疑問文を用いた発問を中心に質問すればよいでしょう。また，事実質問，推測質問や参照質問（⇨ **Q6-6**）も生徒の学力に応じて使い分けましょう。個々の生徒の英語力はもちろん，興味・関心や得意分野に応じた質問も考えておきます。そのためには，教員は日頃から生徒一人ひとりを理解しておく必要があります。普段は英語が苦手で目立たない生徒には，当該生徒の興味・関心のあることを題材として扱うことでその生徒を主人公として教材化し，発言の機会を保障してあげることができます（⇨ **Q3-10**）。加えて，生徒の実態に応じて日本語で発問するのか，英語で発問するのかも考慮する必要があります。

5．活動を工夫する

一斉授業においても，活動によって個に応じた指導を心がけることが大切です。例えば，授業で配布するプリントの内容は，〈Step 1〉と〈Step 2〉のように２段階設定として，〈Step 1〉は全員が取り組むべき共通基礎問題，〈Step 2〉はチャレンジしたい生徒が取り組む応用問題とすることで，学習の個別化が可能となります。また，生徒自身に学習内容の選択をさせることで自身の学習に対する責任を意識させることができます（⇨ **Q7-5**，**Q8-7**）。ここでは，リーディング，音読，表現活動を例に取ってみましょう。

① リーディング

「本文の内容理解」であれば，〈Step 1〉は事実質問を中心に行い，〈Step 2〉は短時間で解答できる推測質問や参照質問を含めることができます。

〈Step 1〉
1）What does “this” in line 5 refer to?　（事実質問）
2）Did Tom make a promise to see Mary again?　（事実質問）
〈Step 2〉

1) What do you think Tom felt after meeting Mary?　（推測質問）
2) How do you feel about the way Tom acted?　（参照質問）

② 音読

音読は英語学習には欠かせません。音読と言ってもさまざまな方法がありますが（⇨ **Q3-8**），例えば，教員の後について読む場合，英語が得意な生徒にはテキストを見ずに後について読む，苦手な生徒はテキストを見ながら読むという選択肢を与えることができます。それでも音読が苦手な生徒には，補助的手段として単語にカタカナをふることも認めてもよいかもしれません（⇨ **Q7-4**）。その際，聞こえたとおりに鉛筆書きをし，読めるようになったら消していく指導をするとよいでしょう。そうすることで苦手な生徒も英語を音声化でき，これを繰り返すことで音読への自信につながるはずです。

「虫食い音読」（⇨ **Q6-5**）では，下記のような数種類のプリントを用意し，生徒に選択させるとよいでしょう。（⇨ **Q8-7**）

〈初級コース〉　*適語を選択させる。

Stephen had a (normal / difficult) childhood, but (in / on / at) the age of 15, doctors (find / found / finding) that he had cancer.

〈中級コース〉　*綴りの一部をヒントとして与える。

Stephen had a (nor　　　) childhood, but at the (a　　　) of 15, doctors (f　　　) that he had cancer.

〈上級コース〉　*ヒントなしで空所を補充させる。

- Stephen had a (　　　) childhood, but (　　　) the age of 15, doctors (　　　) that he had cancer.　〈Answer：normal, at, found〉

Revised POLESTAR English Communication I.（数研出版）
Lesson 9, “Stephen's Story: A Story That Will Never End.”

③ 表現活動

表現活動では，まずは英文の量を確保するという観点から指導するとよいでしょう。目標となる文の数や語数を生徒の学力に応じて自身で決めさせます。その後，発表させますが，発表後には教員から英語が得意な生徒にはWH疑問詞を使ったやや難しめの質問をし，かつ応答の際には２文以上で応答させることができるでしょう。一方，苦手な生徒にはYes / Noで応答できるような簡単な質問をし，簡単な語句や英文で応答させるとよいでしょう。

Q7-3 やる気のない生徒の学習動機を高めるには？

英語は嫌い，自分にはできないと思い込み，学ぶことを最初からあきらめ拒絶している生徒に意欲を持たせ，学ぶ姿勢を作らせることはできるでしょうか。

1．多様性を認識する（⇨ Q7-4,11）

教室には多様な生徒がいます。例えば，多動傾向の生徒は授業中じっと静かに座っていることに苦痛を感じ，座っていてもそわそわして手遊びをしてしまいます。教員の話がうわの空になり，活動などもその場しのぎとなってしまいます。教員や親が生徒の特性を十分把握することなく，無理解から叱ったり非難したりしてしまうと，自信をなくし無力感を感じるようになります。すると学習意欲が低下したり，教員や親への反抗心が生まれたりするので，生徒一人ひとりの特性をしっかり理解することが何よりも大切です。

生徒理解のために，アンケートを実施してみましょう。英語が好きか嫌いか，できるかできないか，その理由は何か，など尋ねてみてください。嫌いな理由として「単語が発音できない」「語順がわからない」「人前で発表するのが嫌い」「そもそも英語が嫌い」などさまざまな回答が返ってくるはずです。それを1つひとつ書き出すことで，これからの指導のヒントが見つかる場合が少なくありません。

2．教育課程や教科書を見直す

中学英語を基礎から学び直す「基礎英語」のような学校設定科目を設けたり，モジュール形式で授業の冒頭に中学校の復習を取り入れたりしてもよいでしょう。また，教科書は生徒の実態に応じた選定となっているか確認してください（⇨ Q2-11）。今一度，英語科内だけでなく，学校全体で教育課程を見直し，あるべき方向性を見定めることも必要です。

3．スモール・ステップで学習意欲を醸成する

活動は生徒のレディネスに配慮して，スモール・ステップで設計します。例えば，音読の発表活動を行う場合には，まず教員が範読し（⇨ Q3-7），次に一斉音読，個人音読，対話文ではペアを替えて練習します。十分な練習量が確保できたら，グループやクラスで発表を行います。その際，音読した

生徒のよい点を具体的に褒めるよう心がけます。自分のよい点を教員や仲間から褒められると,「承認の欲求」が満たされ「自己肯定感」が醸成されます。

また,年に数回ほど生徒のパフォーマンスをビデオに収録しておきましょう。そして,機会あるごとに,生徒本人に過去に撮った自身のビデオを見せると,いかに上達しているかがわかり,英語への学習意欲が高まります。

4. グループで作品を作る

生徒のやる気を高めるために,グループ活動を活用してみましょう。筆者は授業でアニメを見せて,そのアフレコをグループで行わせたことがあります。グループ全員が行うので,各人が担う責任も認識するようになります。映像を見ながら何度も楽しく練習するので,生徒は「やらされている感」を抱かず,うまくできると「達成感」を味わうことができます。この達成感こそ動機づけの源です。商品のCMを制作したこともあります。グループ全員が英語を話す場面を作ります。生徒は何とかアピールしようと思い,ユニークな発想を取り入れて一所懸命考え,何度も練習しセリフを覚えます。最終活動はビデオ撮影して,クラスや学年で「CM上演会」をすれば楽しい時間となります。

5. 生徒に寄り添う

生徒の意欲減退の原因はさまざまです。まず,生徒の気持ちに寄り添い,生徒の声に耳を傾けることを大切にしながら,教員と生徒間の信頼関係(rapport)を築きましょう。次に,学んだことを取り込むのに時間がかかる生徒も少なくないので,ゆとりを持った指導(学習)計画を立てましょう。また,授業の流れや活動をパターン化することもよいでしょう。そうすることで,安心して授業に取り組むことができる生徒がいます。さらに,本時の授業の流れや内容を授業の冒頭に確認するのもよいでしょう。

最後に,何よりも大切なことは,生徒がわかる授業を展開することです。わかれば授業が楽しくなり,もっとわかりたいと思うようになります。参加し認められれば,さらにやる気は高まります。やればできるという成功体験を積み自信を付けさせてあげることです。その成果は学習だけでなく生活態度にも現れてきます。一朝一夕にはいきませんが,教員が常に生徒に寄り添い,生徒の自己実現を支援していこうとする気持ちを持つことが大切です。

中学英語が身に付いていない生徒の指導は？

中学校の英語をほとんど理解していない生徒がおり，事あるごとにていねいに説明するのですが理解できず，どう支援すればよいか悩んでいます。

1．困り感を理解する

教員が十分に説明し，練習を繰り返し行わせたとしても，また同じ間違いを繰り返してしまう生徒がいます。個別指導も行いますが，気になる生徒にだけ時間を割くこともできません。教員自身が「困った」と感じることがあります。しかし，一番困っているのは実はそういう生徒なのです。教員にとって「困った生徒」は「支援を求めている生徒」なのです。生徒のこの困り感を理解し，支援の方法を教科内や学校全体で考えることが求められます。

チャレンジ・ハイスクールに勤務していると，生徒は「ゆっくり，ていねいに教えてくれるので勉強がわかるようになった」「中学校に比べて勉強が楽しいと感じた」のような感想を書いてきます。これは，学校全体で生徒の実態を把握し，共有しているからだと思います。学校全体で課題を共有し，共通理解を図り，生徒に応じた具体的な指導方法を探ることが必要です。

2．個に応じた指導

教室には多様な生徒がいることを理解しましょう。文字を読むのが苦手な生徒がいます。説明をじっくり聞くことが苦手な生徒もいます。わかったことが使えるまでには時間がかかります。一人ひとりの生徒の特性を知り，その生徒の実態に応じた指導をゆっくり，ていねいに行うことが大切です。

① 読むことが苦手な生徒

単語や文を読むことが難しい場合，まずはフォニックス指導をしながら，発音と綴りの関係には規則性があることに気付かせてください（⇨ Q4-9）。「自力で読めた！」という感覚を実感させやすいのがフォニックス指導です。そして，１つでも読めるようになったら褒めてあげてください。それでも難しい場合は，筆者は英単語にカタカナで読み方を書くように指導しています。１年生の頃はほぼすべての単語に読み方を書いていた生徒がいましたが，フォニックス指導や音読指導を辛抱強く行ったところ，少しずつ読めるようになりました（⇨ Q7-2）。初めて自転車に乗るときに補助輪を付けて乗る練習するイメージです。その生徒も３年生になると，ほとんどの単語に読み方を書かなくても読めるようになりました。

② 書くことが苦手な生徒

書くことが苦手な生徒もいます。筆者のクラスには，単語の綴りをまったく覚えられない生徒がいました。アルファベットを１文字ずつ見て書き写しています。そのような様子が見られたので，「単語全体を見て，それを覚えて書いてごらん」と伝えました。すると，少しずつですが，単語ごとに英文を書くようになってきました。頭の中で何度もその単語の綴りを繰り返すので，自然と発音にも注意を払うようになりました。また，経験上，単語のディクテーションも効果があると思います。授業の冒頭にでも，まず前時の単語のディクテーションを取り入れてみてはいかがでしょうか。少しずつですが，効果が実感できると思います（⇨ Q7-5）。

③ 聞くことが苦手な生徒

聞くことが苦手な生徒もいます。とりわけ多動傾向の生徒はどうしても集中力が続きません。そのようなときには，キーワードを示したり，絵や動画を見せたりしながら集中力を高めていきます。また，聞いた場面をイラストで描かせるのも効果的です。そうすると，生徒はただ聞くだけではなく，手を動かしながら，さらに注意深く聞くようになります。聞きながら，場面をイメージできるようにするとよいでしょう。（⇨ Q5-5）

④ 話すことが苦手な生徒

話すことが苦手な生徒には，“Yes” や “No” で答えられる簡単な質問から始めます。自己表現が苦手な場合は「ある人物になりきる」という設定が効果的です。他者になりきることで，人前で自分の感情を表出する必要がなくなり，話しやすくなります（⇨ Q4-23）。場面緘黙（かんもく）などの生徒に対しては，無理に話すことは強要せず，動作だけで表現することでもよしとします。

英語が苦手な生徒は，「何がわからないか，わからない」と言うことが少なくありません。何もわからないと怠学傾向になってしまいます。できたことを褒めながら，１つひとつていねいに指導することが重要です。個々の生徒の持つ自尊感情を大切にして，スモール・ステップで活動を組み立ててください。生徒ができるようになると教員もうれしくなります。成功事例を積み重ねることで指導に厚みができてきます。

単語を覚えられない生徒の指導をどうするか？

単語テストをしても，まったく勉強してこない，勉強してもほとんど覚えられない生徒もいます。よい対処法はあるでしょうか。

外国語学習で単語の果たす役割は大きなものです。一方，単語を覚えるのが苦手，あるいはいやで英語嫌いになる生徒も多く見られます。単語学習が単なる「暗記学習」なら，意欲が高い生徒でもいやになるでしょう（⇨ Q4-6 ）。ここでは，単語を覚えられない生徒を念頭に置きながら，単語の指導の在り方，生徒の実態に合わせた単語テストの形式について考えます。

1．単語のさまざまな指導方法を考える

授業では，基本的にはフラッシュカードや単語プリントなどを使いながら，繰り返し練習し，単語の発音や意味，用法を確認させましょう。何度も繰り返すことで，「知っている単語」から「使える単語」へと高めていきます。単語を正しく発音できて，綴りも間違いなく書け，意味も正しく理解することは，実は非常に難しいことです。チャンツを使い英語らしい発音に慣れさせたり，フォニックスを使い綴りと発音との関係に注目させたり，いろいろな方法を提供し，その中で生徒の不得手な部分を見極めます。読めない単語にカタカナで読み方を書く生徒がいます。机間指導でどの単語にカナをふっているのか見取り，多くの生徒が共通して読めない単語は板書し，１つひとつていねいに音節に分けて指導します。使える単語力を育成するためには，単語は英文の中で理解させることが大切です。サイト・トランスレーションなど負荷のあまりかからない練習を繰り返し行い，定着を促します（⇨ Q7-11 ）。

単語学習が苦手な生徒が多い場合は，ビンゴやクロスワードパズル，ワードサーチなどのようなゲーム的な要素を取り入れた活動を行うとよいでしょう。インターネットで検索すればたくさんのサイトが見つかります。単語を入力するだけで，機械が自動的にこれらのゲームを作成してくれます。

2．単語テストの形式を工夫する

単語テストが難しいと感じている生徒が多いのであれば，おそらく単語テストのハードルが高すぎると思います。生徒の実態に合わせて問題を作成し

てください。

① 単語を教科書から探し筆写させる

「単語を読むので，その単語を教科書から探して書きなさい」という問題です。これは，単語を聞いて，見つけて，書き写すという一連の動作を伴う課題です。単語の発音と綴りを結び付けるよい練習となります。

② 単語の意味を選ばせる

「単語の適する意味を選びなさい」という問題です。「language」と「言語」をつなぐ方式のテストです。生徒の負荷も少なくてすみます。

③ 正しい綴りを選ぶ

「正しい綴りの単語を選びなさい」という問題です。選択肢に綴りの間違った単語を入れておき，正しいものを選ぶ形式です。

④ 正しくなるよう空所を埋める

「単語の綴りの一部の空所を埋め，単語を完成させなさい」という問題です。言語：____guageのように，アンダーラインにアルファベットを入れ単語を完成させます。もう少しハードルを下げて，「アルファベットを並べ替えて単語を完成させなさい」という指示も考えられます。

⑤ ディクテーション

「単語を読むのでその単語を書きなさい」という問題です。少し負荷をかけるのであれば，語句や簡単な文レベルのディクテーションもできます。

クラスによっては，学力差が大きいこともあります。そのような場合は，例えば，2種類の単語テスト（普通コース用，チャレンジコース用）を作り，学力差に対応することができます（⇨ Q7-2，Q8-7）。どの生徒にも達成感が感じられるような方策を考えてください。

生徒の学力が特に高い場合には，英英辞典（⇨ Q4-12）を活用することもできます。英単語の定義文を教員が言ったり，プリントで定義文を読ませたり，ICT機器を使って提示したりして，その単語を言わせたり書かせたりします。その単語を使って自分で例文を作る活動もできます。ここまでくると単語テストの域を超えた発展的な活動となります。

授業では，予習してきた単語の意味を日本語で言わせるだけの「予習のチェック」とは違った「学びの場」を提供したいものです。

Q7-6 英語で自己表現できない生徒をどうするか？

英語を使って表現活動をした経験がなく，課題を与えても書くことを思いつかず書けない生徒がいます。どう指導すればよいでしょうか。

最初に「書けない生徒はいません」と強く言わせてください。教員の支援があればほとんどの生徒は書き始め，小さい成功体験を積むことで書く力を伸ばします。生徒は潜在的に力を持っています。「なぜ今書けないのか？」それは，表現として「書く」経験が少ない，もしくはまったくないまま高校に入学してきているからです。「このくらいは書けるだろう」と軽く考えて，いきなり「○○について英語で書きなさい」といった指示を出すのは禁物です。これはかなり優秀な高校生の場合も同じです。生徒が「ああ，そういうふうに書けばよいのか」とイメージできるように指導してから書かせます。

最も英語が苦手なクラス向けの基本的な手順を紹介します。「書く」前に，「聞く」「読む」「話す」活動をしているのがポイントです。課題は自己紹介ですが，スポーツや休日の過ごし方など自分を語ることなら同様に行えます。

① まず，教員がモデルを演示してモデル文を話します。後で生徒に書いてほしいレベルの語彙・文法・構成（Introduction－Body－Conclusion）で原稿を作り，十分練習し，生徒には即興でやっているように見せます。生徒の関心を引きつけるモデル文が活動の成否を握っています。筆者は生徒との年齢差が大きくなってからは，ALTにしてもらうか，「高校1年の時の私になってやってみせます」という設定にするなどの工夫をしています。

② 生徒が理解したか簡単に確認した後，「この要領でみなさんにも話してもらうので，もう一度先生の自己紹介を聞いてください」と言って聞かせます。

③ 教員のモデル文の原稿を配布します。モデル文の下に生徒が使いそうな表現を10個程度書いておきます。例えば,「結び」用に「よろしくお願いします」に代わる表現を含めておき，日本語のスタイルとの違いを教えます。

④ モデル文の音読練習を行います。その際，書き方で注意を促したい部分を説明します。例えば「I am very happy when I listen to music. My favorite singers are Yuzu. のように1つの事柄を最低2文で書き，2文目は最初の文をより詳しく説明するように書きます。バラバラの箇条書き

羅列文にならないよう，紹介する項目を絞りましょう」と指示します。
⑤「先生のモデル文を参考に，一人で自己紹介をしてみましょう」と指示し，各自で練習させます。読み方がわからない生徒には個別に支援します。
⑥ ペアになり互いに自己紹介をさせます。別の相手ともう一度行わせます。
⑦ 用紙を配布し，制限時間を設けて⑥で行った自己紹介を書かせます。

「綴りは間違ってもよい。わからなければカタカナでもよい。英語で書けない文は日本語で書いてもよい」「話したこと以外に付け加えて長くしてみよう」「相手が言った内容でまねたい部分はどんどん取り入れよう」「他の人が言わない，自分にしか言えない内容があると最高！」「書き終わったらイラストを付けなさい」といった指示を与えます。

辞書使用可ですが，辞書を引くと書くスピードが落ちるので最初は辞書引きを推奨しません。生徒がわからない表現を質問したら「辞書を見なさい」とは決して言いません。すぐに黒板に書いて教えます。それを見て利用する生徒が他にもいますし，どんどん聞いてきます。そうしながら生徒は心を開いてきます。少し書けるようになると，生徒は勝手に辞書を引き始めます。カタカナでも日本語でも，書いてあれば素早く支援できます。

何も書かずにいる生徒には「部活動は？ ペットは？ テレビは何見るの？何か自慢できる持ち物は？ 好きな芸人さんは？」という具合にどんどん日本語で質問し，答えさせます。彼らは「書くことがない」というよりも，「自分のことで書くべき価値があることなどない」と思っているか，「何を書くか取捨選択する決断力がない」のです。英語の表現活動は「自分で安全と思える範囲で行う自己開示」です。教員は，生徒から聞き出した中から，彼らの選ぶ2項目程度を英語でどう言うか教え，書かせます。最初は自力で書けなくてもよいのです。「必要な表現を取り入れる」ことから始めます。

指導時間に余裕があれば，書いた原稿を書画カメラで見せながら，または Read & Look-up 方式（⇨ Q3-8）でスピーチをさせます。自分の原稿を仕上げていることからクラスメートの発表するスピーチも理解しやすくなっているので，聞くことでさらに表現力を増していきます。作品を印刷して配布し，みんなで読むのも効果的です。意見文やエッセイの作成も同様です。

よいモデル文を用意し，「聞く」→「読む」→「モデル文からうまく書く秘訣を知る」→「書く」という指導手順を踏むとよいでしょう。

多様な学習形態の効果的な活用方法は？

さまざまな学習形態を取り入れて授業に変化を持たせ活性化したいと思います。一斉，個別，ペア，グループ活動の効果的な活用法を教えてください。

一斉，個別，ペア，グループ活動といった学習形態は学習のねらいに応じて選択します。ここでは，さまざまな学習形態の特徴と効果的な活用法について考えます。

1．さまざまな学習形態の特徴と活用法

① 一斉指導

一斉指導では，教員は学級全体に共通の学習内容の提示，説明，質問を行い，共通の教材を用いて，共通の進度，方法で指導します。学力の平均化を求めるには効率のよい学習形態ですが，教員主導の知識注入型の授業になりやすく，授業の画一化，形骸化に陥りやすいリスクもあります。また，個人差に応じることが難しいことから，一斉授業では生徒一人ひとりの理解度や定着度に応じて，適宜，補足指導や個別指導を行うことが必要となります。

② 個別活動

個別活動では，生徒一人ひとりに各自の能力や興味に応じた学習内容や課題に取り組ませます。授業では，主に黙読やbuzz reading（⇨ Q3-8）をしたり，自分の考えをまとめ表現する活動やワークシートの練習問題に自力で取り組ませたりするときに見られます。なお，個別活動中には，教員は机間指導しながら，必要に応じて個々の生徒に言葉がけを行い，指導，助言します。

③ ペア活動

ペア活動は，生徒同士での音読の練習，チャットやインタビュー活動などのやり取りの練習時によく用いられる学習形態で，生徒の練習量を確保したいときに効果的です。隣の席，前後の席，斜めの席の生徒（順にPartner A, B, Cとしておくと指示の際に便利です）など相手を固定して行うペア活動（fixed pair work）と，席から離れて制限時間内に次々とペアを代えながら行うオープン・ペア活動（flexible pair work）があります。いずれも，生徒全員が主体的に発話できる活動形態ですが，動機づけが低い生徒や遅れがちな生徒がペアになる

と機能しにくいことがあるので，仲のよい友達や英語が得意な生徒と組ませたりするなど，ペアの選定に十分な配慮が必要となります。

④ グループ活動

グループ活動では，メンバーが意見を交換したり，協力したりしながら課題解決をしていきます。昨今，アクティブ・ラーニングの手法を用い，「主体的・対話的で深い学び」へと導くことが求められていますが，基本的には4～5名のグループで，主に創作活動や課題解決学習を行うときに用いられます。一方，グループ活動では，他人任せになり一部の生徒が過重な負担を負ったり，人間関係の問題でうまく機能しなかったりすることがあります。そのような場合は，メンバーの一人ひとりに異なる役割を与えて責任を分担させたり，気の合ったメンバーと組ませたりするなどグループ編成に配慮する必要があります。また，グループ内に英語を得意とする，いわゆる“peer advisor”を一人配置することで活動が活性化することも少なくありません。

2．授業過程に沿った活動形態

次は，「欧米で日本の俳句が流行し愛好されていること」を取り上げた高1のある教科書本文を取り扱った学習指導案です。1つの授業の中で，指導過程に沿ってさまざまな指導・活動形態が採用されています。

授業過程，指導・活動内容	主な活動形態
① 挨拶 ② スモール・トーク：教員が最近の出来事について話す。 ③ ウォームアップ（チャット）： 生徒同士で最近の出来事について会話する。	① 一斉 ② 一斉 ③ ペア
④ 復習：前時に学習した俳句の起源について尋ねる。 ⑤ 新教材の導入： 教員が英訳された俳句を紹介する。欧米での俳句の普及について情報を共有する。 ⑥ 内容理解： 本文の内容理解について口頭でやり取りを行う。その後，個別にワークシートに取り組み，さらに理解を深める。 ⑦ 音読： 教員のモデル・リーディングを聞かせた後，chorus reading, buzz reading, pair reading, individual readingを行う。 ⑧ 表現活動： 生徒がグループで日本語の俳句を3行で英訳する。	④ 一斉 ⑤ 一斉→ペア ⑥ 一斉→個別 ⑦ 一斉→個別→ペア→個別 ⑧ グループ
⑨ まとめと振り返り： どのような点に注意して英訳したかなどを振り返る。	 ⑨ 個別→一斉

ティーム・ティーチングの効果的な活用方法は？

ALTとのティーム・ティーチングを効果的に進めるための留意点を示してください。通常の授業との関連付けをうまく行えないかと考えています。

ALTとともに働く際に心にとどめてほしいことが2点あります。1つ目は，ALTは一人ひとり得意なことが異なるということ。どのような英語を話すかも国の違いとともに個人差も大きいのです。前任者がしたことがそのままできると考えず，その人の得意な点を引き出すよう心がけます。2つ目は，ALTが異文化の中で働いているということ。旅行を楽しむのとは違ってストレスがかかりやすい状態です。日本人教員（JTE）は忙しいのと自国文化にどっぷり浸かっているため，ALTに対して連絡不足や説明不足になる傾向があります。困っていることはないか気にかけ，言葉で確認してあげましょう。

そしてALTと互いによいパートナーになる努力が必要です。まずALTと雑談し，ALTのバックグラウンドに加え，何に興味・関心があるか，得意なことは何か，日本での生活について日々どのように感じているか，などを知るように努めます。また，言える範囲で自分の個人的な情報，生徒の様子や英語力について感じていること，どのような英語授業をめざしているか，どのような点で手伝ってほしいか，などを話します。これで初めてティーム・ティーチング（以下TTと略記）を効果的に進めるための準備ができます。

1．「英語コミュニケーション」の授業におけるTT

① テキストを学習する前に行うTT

レッスン内容に関する生徒たちの持つ背景知識や興味・関心が乏しいと思われる場合，それを補う教材を用意し，JTEとALTがインタラクションしながら紹介します。筋書どおりには進みませんが，どういう質問をし，どのように答えるかを二人であらかじめ話し合っておきます。生徒に英語を聞かせること，そしてなるべく生徒をやり取りの会話に引き込むことを共通理解しておきます。レッスン内容に関連する動画やDVD，教員作成のパワーポイント，写真資料，音楽などを用意します。“Amazing Grace”という曲にまつわるエピソードとその誕生の経緯を扱ったレッスンを例にもう少し説明します。この課では，奴隷制度や奴隷運搬船のむごい実態が本文に記述されていないので，作者の改心の程度が生徒たちには想像できないと予想しました。そこで，ヨーロッパ人による三角貿易の仕組みなど奴隷売買を生んだ時代背景と黒人奴隷の実態を加えて作者の生涯をパワーポイントにしました(⇨ **Q6-1**)。それを見せながらJTEがALTに質問をし，また生徒にも質問し，英語で進めました。ALTが中国系アメリカ人でしたので大西洋だけでなく，イギリス，インド，中国の間の三角貿易も話題になりました。生徒は社会科でアヘン戦争は習っているので理解しやすかったようです。奴隷貿易船や奴隷の生活のむごさについてもALTが補足してくれました。この授業で生徒は自分の既存の知識と教材の背景知識を結び付け，興味が増し物語の内容をより深く理解できました。

② テキストをTTで扱う

テキストの内容をTTで教えます。普段の自分の授業の流れでALTを活用できる活動をリストアップします。ALTが参加できない活動は省くか，JTEによる単独授業のときに回します。音読指導をしてほしい場合，どこで区切って読んでほしいか，生徒のリピートが不十分な文はもう一度リピートさせる，速さはどのくらいがよいかなどをALTに詳しく伝えます。生徒の音読を聞いてもらい，指導すべき点は何か二人で話し合い，ALTに抑揚の付け方や楽しい発音練習など５分程度でできる指導を考えてもらうのもよいでしょう。内容に関するT or FやQ&Aは教科書や指導書にある既成の質問ではなくALTに作ってもらうこともできます。その際，質問は必ず事前に見せてもらい，JTEが生徒の実態に合っているかチェックします。また，英語の質問は事実質問だけでなく，オープンエンドの参照質問も作成してもらい，ALTと生徒で意見交換するだけでなく，JTEとALTで意見交換をしている場面を設定し，生徒に聞かせます。時には，教員二人が対立的な意見を披露し，生徒にどちらに賛成か理由を付けて選ばせます（⇨ **Q6-6**)。また，教科書の内容に関するライティング活動を授業中に設け，二人で手分けして机間指導すると効率的です。家庭学習として書かせ，生徒へのコメントをALTに書いてもらいます。また，二人で生徒のライティングの全体的な傾向を話し合って分析し，ALTにも指導方法を考えてもらいます。

③ テキスト学習後のTT

同じテーマについて２つの異なるテキストを読ませると生徒の学習が深ま

ります。レッスンの内容に関連した別の読み物教材を与える際，ALTの持つ知識を活用すれば教材探しの幅が広がるでしょう。

また，レッスンをリテリングする，レッスン全体または一部をドラマにして演じる，その脚本を生徒が書く，関連するトピックでスピーチやディベートをするなどのまとめ学習が可能です。ALTにコメントしてもらう，優秀者を選んでもらうと生徒は喜び，ALTは自身の存在意義を強く感じるでしょう。

2．「論理・表現」（⇨ Q1-9，Q4-15）の授業におけるTT

新科目の「論理・表現」は，「『話すこと』，『書くこと』を中心とした発信力の強化を図るため，特にスピーチ，プレゼンテーション，ディベート，ディスカッション，まとまりのある文章を書くことなどを扱う選択科目として設定」（文部科学省，2018）されました。ディベートなどの話す活動においてALTは欠かせませんが，「論理的な文章の書き方」の指導でも大いに貢献してくれるはずです。特にtopic sentenceからsupporting detailsへの展開のしかた，導入（Introduction）－主文（Body）－結論（Conclusion）のパラグラフ構成，cohesion（結束性，意味関係のつながり）とcoherence（統一性，首尾一貫性）の指導は，文法的に正しく書くだけにとどまらず英語理解の要です。日本人以上に，多くのALTはこれらを指導の基本とする教育を受けています。JTEは「生徒の作文の文法をチェックしてください」と頼みがちですが，むしろ，「この作文の論理構成はこれでよいか」「cohesionとcoherenceの観点から見て問題になる部分を指摘してほしい」と依頼してみましょう。（⇨ Q5-15）

また，生徒の作文を読んで生徒が言いたいことは何かをより正しく類推できるのはJTEなので，ALTに丸投げするのではなく二人で検討する時間を短時間でも作るようにします。その中で生徒作品の１つを選び，作者名を伏せて授業で取り上げます。ALTとJTEで意見交換しながら，もとの作品をよりよい作文に添削する過程を多くの生徒に見せるとよいでしょう。その際に，もとの作品の優れた点を褒めてから，こうすればもっと通じる作文になる，というふうに説明して添削します。JTEの役割は日本語の干渉によって生じる誤りを指摘することです。「日本語の発想で書くな」ではなく，「こういう点で日本語での発想の干渉を受けやすいので気を付けるとよい」と具体的に指導します。ALTには，和文英訳の添削や文法チェックをしてもらうだけではなく，論理的な文章を書く指導においても力を発揮してもらいましょう。

少人数クラス編成での習熟度別クラスと単純分割クラスの特徴は？

生徒に学力差があるため少人数クラス編成の検討をしており，習熟度別と単純分割のどちらにするか迷っています。それぞれの特徴を教えてください。

日本の教育課題の１つとして挙げられているのが，クラスサイズの大きさです。特に学力差が生じやすい英語科などでは，少人数クラス編成を行う学校が少なくありません。編成方法には習熟度別による編成と学力に関係なく出席番号などに基づき単純に分割する編成があります。ここではそれぞれの優れている点，検討事項及び授業運営上の留意点について考えます。

１．習熟度別編成

生徒の学習到達度や学習ニーズに応じたクラス編成です。したがって，学習課題や学習方法などはクラスによって異なります。

① メリット

- 生徒の学力やニーズに合わせたていねいな指導ができる。
- 生徒が学力に応じた質問や練習問題に取り組むことから，特に学力低位層の生徒にも達成感を味わわせることができる。
- 生徒の習熟度に合った速さと内容で学習が進むので，学力上位層の生徒にも退屈せず学習に取り組ませることができる。

② 検討事項

- 劣等感や差別意識を抱きやすい学力低位層生徒の心理面への対応。
- クラス間に生じる学力や意欲の差への対応。
- 生活指導上の問題がある生徒が集中したときに授業が成立しにくくなった場合への対応。
- 習熟度の異なる各クラスでテスト問題を同一問題にするか否かへの対応。
- 各クラスの評価規準，評価方法，評価内容を統一するか否かへの対応。
- 保護者が抱く不安や保護者からの理解が得にくい場合への対応。

③ 運営上の留意点

- 学力低位層の生徒が抱く劣等意識を軽減，回避するための指導や，頑張れば上のクラスに進める可能性を示唆し，励ます指導を行う。
- クラス選択は生徒と保護者の信頼に基づき，教員からの指導・助言を受けながら生徒自身に考えさせ，選択させる。

- 保護者に対して習熟度別指導の意義や取り組みについて，説得力ある資料に基づいて説明し，理解してもらう。
- クラス編成を固定しない。評価規準をあらかじめ示しておき，年に２回，あるいは学期ごとに生徒の学力や学習意欲，学習態度の変容を見据えながらクラス変更を行う。

２．単純分割による編成

習熟度ではなく，出席番号順に前半と後半，奇数と偶数などに基づき機械的に分けるクラス編成です。したがって，さまざまな学力を持つ生徒が混在することになります。

① メリット

- 多様な習熟レベルの生徒たちが習熟度の違いを認め合い，課題に対して多様な考えを出し合うことができる。
- 課題解決に向けて学力上位層と低位層の生徒間で助け合い，教え合い，学び合いが生じる。
- 英語学力のみにとどまらぬ生徒の多様な個性や能力を生かすことができる。

② 検討事項

- 学力上位層と低位層の間に生じる学力差への対応（⇨ Q7-2）。
- 学力差に応じた教材研究，及び教材準備をすることへの負担。
- 学力低位層の学習動機づけを高めるための対応。

③ 留意点

- 日頃から習熟度の異なる生徒同士が互助精神に基づいて学習できる環境づくりに努める。
- 誤りを恐れず，わからないところや困ったことがあれば，教員やクラスメートに尋ねることを習慣化しておく。
- 学習の習熟状況に応じた補充学習としての個別指導を含めた指導を行う。

以上，少人数クラス編成を実施するための２つの方法を提示しましたが，それぞれのメリット，検討事項などに配慮しながら選択していくことが大切です。ちなみに，教育大国と言われているフィンランドでは，習熟度別編成は廃止して，一人ひとりの個性を尊重し，多様な子どもたちの集団の中での学びを大切にしています（髙橋，2011）。.

少人数クラスのメリットの生かし方は？

少人数クラスを担当することになりました。少人数クラスのメリットを生かし，少人数だからこそできる活動のアイディアがあれば紹介してください。

少人数クラスの長所と短所は次のように考えられます。

主な長所	主な短所
指導者にとって， ・個に応じた，きめ細かな指導ができる。 ・よりていねいなフィードバックや評価ができる。 ・指導の効果が現れやすい。	指導者にとって， ・クラスの活気が減る（音読の声が小さくなるなど）。 ・教員と生徒が馴れ合いになりやすい。 ・教員からの支援が必要以上に多くなりやすい。
生徒にとって， ・授業に参加しやすい。 ・発言の機会や発話量が増える。 ・質問がしやすい。	生徒にとって， ・競争心が減る。 ・多様な意見が交換しにくい。 ・人間関係が固定化されやすい。

活動の視点から見ると，少人数クラスの最大のよさは，生徒により多くのアウトプットやインタラクションの機会を与えることができる点です。

① アウトプットの観点から

スピーチ，ディスカッション，ディベートなどの活動（⇨ Q5-10，Q6-7,8）では，「全員の発表」が期待できます。そうすることで，生徒一人ひとりが課題に対してより主体的，意欲的に取り組むようになります。また，活動の構想段階では，個別指導もしやすくなり，適宜，内容や言語面に関するていねいなフィードバックや評価ができます。

② インタラクションの観点から

スモール・トークやオーラル・インタラクション，本文内容理解のQ&Aなどを通して，より多くの生徒とやり取りができます。また，生徒を一人ずつ教員のところへ呼んで，音読や会話のやり取りのチェックを行うことも可能になります。

支援を要する生徒への対応は？

対人関係がうまくつくれない生徒，まわりを気にせず発言する生徒など，特別な支援を要する生徒の実態と適切な支援についてアドバイスをお願いします。

教員が「困った生徒」という場合，実は，最も困り感を抱えているのは生徒自身であることが少なくありません。まずは生徒の「困り感」を個別に把握することから始めましょう。その際，できるだけ他教科の授業も参観してください。生徒の異なる様子に出会うことができるかもしれません。

さて，文部科学省（2012）は，公立の小・中学校に通う児童生徒のうち，知的発達に遅れはないものの，学習面や行動面で著しい困難を示すといった発達障がいの可能性のある，特別な教育的支援を要する子どもたちが，全体の6.5％存在すると報告しています。ここでは，発達障がいあるいはその傾向がある生徒の支援，指導について考えていきます。

1．発達障がいとは

発達障がいは，脳の一部の機能が年齢相応に達していないことによって起こり，養育のしかたや学習環境などが直接の原因ではありません。

自閉症スペクトラム（ASD）
- ことばの発達遅滞の可能性
- コミュニケーションの障がい
- 対人関係・社会性の障がい
- パターン化した行動，こだわり，興味・関心の偏り

注意欠陥多動性障がい（ADHD）
- 不注意
- 多動・多弁
- 衝動的な行動

学習障がい（LD）
- 「読む」「書く」「計算する」など特定の能力が，全体的な知的発達に比べて極端に苦手

障がいの特性（厚生労働省「発達障害者支援施策」2014を参考に作成）

発達障がいはいくつかのタイプに分かれていますが，主なものとして上の図に示したように，「注意欠陥多動性障がい（ADHD）」「学習障がい（LD）」「自閉症スペクトラム症（ASD）」が挙げられます。

2．授業での支援

学習指導要領では，「障害のある生徒などについては，学習活動を行う場合に生じる困難さに応じた指導内容や指導方法の工夫を計画的，組織的に行うこと」とあります。ここでは上記の３つの障がいを持つ生徒の支援について考えます。

①「注意欠陥多動性障がい（ADHD）」傾向が見られる場合

注意欠陥多動性障がいの生徒の特徴として，注意力や落ち着きがない，無駄話が多い，突発的にキレるなどといった行動が挙げられます。

1)「静」と「動」の活動の組み合わせ

注意欠陥多動性障がい傾向を持つ生徒たちには，「静」と「動」の活動をうまく組み合わせるとよいでしょう。例えば，聞く，読む，書く活動のような，どちらかというと座学中心の「静」を伴う活動と，起立して音読をしたり，まわりの人とインタビューしたりするなどの「動」を伴う活動をバランスよく計画すると各活動への集中力が持続できます。また，最後は「静」の活動を行い，落ち着いた雰囲気で授業を終わるようにしましょう。

2) 発言のタイミング

質問をすると，すぐに答えを言ってしまう生徒がいます。授業が活発になる場合もありますが，いつも同じ生徒ばかり発言してしまうので，クラスの雰囲気が壊れてしまうことがあります。そのような場合は，「ペアで考えてごらん」「グループで話し合ってみましょう」などと声がけをしてください。発言したい生徒への配慮やクラス全体の様子も目くばせすることの大切さに気付かせましょう。

3) 着席させる

そわそわしたりして授業に集中できない生徒には，気が散らない環境を整えることが大切です。黒板のまわりに刺激となるような掲示物をはるのを控えるだけでも効果的です。また，多動性の強い生徒には，立ち上がりたくなる前に教員に声かけをしたり，カードや色紙等を渡しておいて，立ち上がりたくなったらそのカードを上げて申し出たりするなど，一定のルールを決めておくとよいでしょう。

②「学習障がい（LD）」傾向が見られる場合

学習障がいのある生徒には，聞く，話す，読む，書く，計算するまたは推論する，などの能力のうち，特定の能力の習得と使用に著しい困難が見られます。例えば，何度練習してもアルファベットのｂとｄ，ｐとｑを間違える，単語の綴りがなかなか覚えられない，文字が歪んで見える，文字を書く際に文字の大きさが均一でない，罫線からはみ出してしまうなどの特徴が見られます。

1) フォニックス指導

文字を読むことに困難がある生徒にはフォニックス指導が有効です。英語は，日本語の平仮名やカタカナの１文字１音対応とは異なり，“a”であっても，cat，talk，bakeなどと読み方が異なり，このことが英語の読みの難しさの１つの原因になっています。しかし，フォニックスの規則を知っていると，未習の単語でもある程度推測して読むことができます。生徒の負担にならない範囲で使用頻度の高い規則から少しずつ，時間をかけて教えていくようにしましょう。フォニックス指導では生徒の「読めた！」という達成感につながりやすく，自己有能感が低い子どもたちには大きな自信につながります（⇨ Q4-9）。

2) その他の工夫

文字が歪んで見えるなど見え方に問題がある生徒には，視機能の検査を受けることをお勧めします。もし視機能に問題があれば，ヴィジョントレーニングを行うことで改善されることが少なくありません。視機能に問題がない場合は，文字のフォントや大きさに配慮したり，用紙の色を変えたりすることで改善できる場合があります。また，上手に書き写しができない場合には，罫線を拡大コピーしたり，基本のベースラインをわかりやすくするためにハイライターで目立たせたりするなどします。

③「自閉症スペクトラム症（ASD）」傾向が見られる場合

自閉症スペクトラム症のある生徒は，こだわりが強く，対人関係が築きにくいことが特徴です。とっさに対応することが苦手だったり，思っていることをそのまま友人に言ってしまったりしてトラブルを起こすことがあります。

1) グループ作りへの配慮

英語の授業では協働学習を行う機会が多く見られますが，このような場合，仲のよい友達と組ませたりするなど，ペアやグループ内での構成メンバーを工夫するとよいでしょう。はじめは資料を配布するなどの役割を与えながら，少しずつ人と関わらせる機会を多くしていきます。それでも難しい場合は，教員やALTとペアを組んだり，個人ワークという選択肢を与えたりすることもできます。ペアやグループでの活動は決して強要せず，まわりが協働して活動を楽しんでいる姿を見て自分も加わってみたいと思うまで待つ姿勢も必要です。

2)「見える化」を心がける

こだわりが強い生徒は，例えば，授業の流れの突然の変更に対応できない場合があるので，授業前には，あらかじめ本時の授業の流れや大まかな時間配分を文字で示しておきましょう。また，複数のことを同時に要求しないことも必要です。例えば，授業では英文を読みながら，グラフを読み解いて設問に答えるなど，複数のことを同時に処理することが求められることがありますが，このような場合，英文を読む時間，グラフを読み解く時間，設問を読み答える時間を区切り，活動の手順や時間を常に「見える化」して示すことが必要です。

3．教員間のサポート体制の充実

発達障がいについての理解やその支援や指導方法についてもっと理解を深める必要があります。教員の理解不足によるトラブルも少なくありません。生徒を含め私たちはジャガイモのようだとたとえられます。だれしもまん丸な人はいません。何らかの偏りがあるので，その偏りを理解することが必要です。

教員が生徒の偏りを理解し，その対応策を知っていれば，授業でのアプローチも変わってきます。支援のしかたが変われば，生徒は変わります。安心して授業を受けることができ，学校生活も安定します。教員間で指導方法や学習支援の方法を共有し，学校内はもちろんのこと，外部の研究会などを通して情報交換が進めば，教員の悩みも共有できます。私たちは一人ではありません。こうした悩みを抱えた教員とのネットワーク作りも，生徒の支援，指導に必ずつながっていきます。

生徒の成長を促す褒め方，叱り方とは？

生徒の成長を促すには，上手に褒めたり叱ったりすることが大切ですが，難しさを感じています。上手な褒め方，叱り方の留意点を教えてください。

教員の言葉しだいで生徒は意欲を高めたり失ったり，前向きになったり反抗したりします。上手な褒め方，叱り方の留意点について考えましょう。

1．上手な褒め方

① 結果だけではなく，その過程を褒める

人から褒められた体験，認められた体験はやる気を起こさせてくれます。生徒が少しでも輝いた瞬間があれば，素早く察知し，褒め，認めてあげましょう。その際，結果だけを称賛の対象とすると，失敗を恐れるあまり未知への挑戦を躊躇する生徒も出てくるかもしれません。したがって，たとえ期待するような結果が出なかったとしても，課題解決の過程で見られた取り組みのよさや努力なども同時に褒めてあげるよう心がけましょう。

② 第三者を通して褒める

「○○先生が君のことをとても褒めていたよ」と人から間接的に知らされると生徒は一層うれしくなり，期待を裏切らないように頑張ろうとします。

2．上手な叱り方

①「よい点を指摘する→叱る→励ます」

開口一番に問題行動を指摘するのではなく，「よい点を指摘し，そのうえで悪い点を叱り，励まして終わる」という順で諭しましょう。例えば，授業中に騒ぎ立てる生徒に対して，「昨日は静かにしっかり授業を聞いていたよね。今日は随分騒いでいたけど，みんなが騒いでいたからなの？　これからは他人に影響されない君のよいところを見たいと思っているよ」のように諭します。

② 叱るポイントを絞る

叱る際には，ポイントを１つに絞り，手短に叱ります。過去のことを持ち出さないことです。また，生徒の人格や人間性を否定するような叱り方をせず，どうしたら望ましい行動に結び付くか一緒に考えていくことが大切です。

高校での効果的な予習・復習のさせ方は？

本文の和訳を予習としてきましたが，してこない生徒，できない生徒がいます。家庭学習の習慣を付ける予習や復習のしかたを紹介してください。

限られた授業時間内の学習を補うため，家庭学習は大きな役割を果たします。本稿では効果的な予習・復習のポイント，従来から予習として課せられている本文の和訳の再考とそれに代わる予習・復習の一例を示します。

1．効果的な予習・復習のポイント

① 学年，学期のはじめに予習・復習のしかたの説明を

新たな気持ちになる学年や学期の最初の授業で，予習・復習のしかたをていねいに説明する時間を取りましょう。そして授業では予習・復習が授業にどうつながるのかを説明します。もし可能であれば，前年度の生徒のノートを見せたり，活動例を示したりするとよいでしょう。

② 予習・復習の内容が生かされる活動を

予習・復習が大事だと言いながら，授業でそれを生かす活動がなければ生徒はすぐに見破り，真剣に取り組まなくなります。ですから，予習・復習が役立ち報われる活動を授業に取り入れるようにしてください（⇨ Q7-14）。

③ ペアやグループワークで学習責任を

中学校までは宿題をしてきたかどうか教員が点検し，教員の評価が予習・復習の習慣確立の源となっていたかもしれません。しかし，高校では自分で予習・復習の意義を認識し，学習責任を持たせることが大切です。そのためには，予習・復習に基づいた活動をペアやグループワークで行うと効果的です。ペアやグループワークのような相手がいる活動を行うと，相手に迷惑をかけてはいけないと思ったり，あるいはピア・プレッシャーを感じたりして学習責任を持つようになり，予習・復習に取り組む生徒が増えていきます。

2．本文の和訳の再考：予習の和訳から復習の和訳へ

本文の和訳は予習としてよく使われてきていますが，まだ学習していない内容の和訳をすることは，英語が苦手な生徒にとっては負担です。また，わかっている内容をいちいち訳すのも面倒だと思う生徒もいるでしょう。しか

し，和訳をしなければ不安に思う生徒もいますし，生徒にきちんと文構造や文法事項を把握してもらうために和訳は必要だと思う教員もいるでしょう。そこで和訳にこだわりたい場合，予習としてではなく，復習として行わせてはどうでしょう。全文訳ではなく，教員が特に重要だと思う英文をいくつか選択し，その部分だけを和訳させます。

復習としての和訳なら，予習ほど負担にはならず，かつ授業で何となく理解できたけど，本当に理解しているかどうか自分でも確認することができます。和訳は次の授業で，ペアでお互いに確認させます。同じ誤りの傾向が見られたら，その部分を取り上げてクラス全体に説明します。

3．生徒によるQ&A作り

学習指導要領では，生徒の主体的な学びが求められていますが，予習・復習においても主体的な学びをめざしたいものです。その1つの例として生徒によるQ&A作りを紹介します。

本文内容に関するQ&Aでは，教科書に掲載されている質問か教員からの発問に生徒が答えるのが一般的です。この本文内容に関するQ&Aを予習あるいは復習で生徒に作らせてみましょう。Q&Aを自分で作るためには，わからない語彙は調べなくてはいけないし，本文の内容を理解しなくてはなりません。したがって単に本文を和訳させるよりもQ&Aを作らせる方が，生徒は積極的に本文を読み，それをもとに質問を作ることで本文の定着や内在化を図ることもできます。内容がわからない部分はQ&Aが作れないので，どの部分を理解していないか自分で把握することもできます。答えがわからなければ質問だけを書き，この時点では答えは空白にしておいてもかまいません。

授業では自分が作った質問を尋ね，ペアやグループのメンバーがその質問に答えるQ&A活動を行います。質問は作ったものの答えがわからない，あるいはうまく答えられないものがあれば，ペアやグループ，あるいはクラス全体で考えさせるとよいでしょう。それを復習として宿題にすることもできます。

最初のうちは本文の内容に関する「事実質問」が多いと思いますが，慣れてくると，本文を深く読むことが求められる「推測質問」や「参照質問」も出てくるようになります（⇨ Q6-6）。

効果的な宿題の出し方は？

宿題を出す場合，どのような課題が望ましいでしょうか。また，課題に意欲的に取り組ませるためにはどのように指導すればよいでしょうか。

高校生にもなれば，宿題として出された課題の意義や効果を理解しないと宿題に意欲的に取り組んではくれません。ここでは，①授業と関連付けた望ましい課題の出し方，②出した宿題の授業での効果的な活用のしかた，③宿題に対するフィードバックの与え方について考えていきます。

① 授業内容に関連のある課題を出す

宿題は一人でも取り組めるもので無理のないものが望まれます。そのためには，授業で学習した内容に関連があり，学習した内容を補強するものや補充するものがよいでしょう。例えば，授業で自分の意見を英語で口頭発表する活動を行なったとすれば，綴りや文法に注意を払いながらそれを英語でもう一度書く宿題を出します。少しチャレンジングな宿題を出すことも可能です。例えば，授業中さまざまな音読活動を行ったのなら，宿題では日本語訳を見ながらの音読やシャドゥイングの課題を出します。

② 宿題の課題を次の授業で生かす活動を設定する（⇨ Q11-6）

宿題を出した次の授業では，その宿題を生かす活動を取り入れましょう。上記で示したライティングの宿題の例で言えば，授業のはじめにペアやグループで宿題の英文を読み合ったり，発表し合ったりする活動を設定します。

③ フィードバックや評価を与える

宿題に対する教員のフィードバックや評価は不可欠です。宿題を回収し，短くてもよいのでコメントを書き，よい内容や英文には二重マルをするだけでもかまいません。おもしろい内容やよく書けている英文を取り上げ，クラスに紹介するのもよいでしょう。要は宿題を教員がきちんと見ていることが生徒にわかり，生徒の励みになればよいのです。フィードバックや評価をグループやペアで行わせることも，学び合い高め合う集団を作るうえで大切です。

宿題をすれば授業に生かされるという体験を重ねると，生徒は宿題の意義や効果を理解し，宿題に対してやる気を持つようになります。生徒に学習の価値を感じさせ，学習習慣を付けさせるのも教員の大切な役割です。

第 8 章

自律した学習者の育成

「自律した学習者」とは？

自律した学習者を育成することが大事なことはわかりますが，抽象度が高くうまくイメージできません。どのような学習者のことを言うのでしょうか。

教員は自律した学習者を育てたいと思いつつも，知らず知らずのうちに生徒たちをコントロールしすぎてしまい，生徒の主体性の育成を阻害することも少なくありません。そこで本稿では,「自律した学習者(autonomous learner)」とはどのような学習者をイメージすればよいか考えていきます。

1．自律及び自律した学習者とは

言語習得に関する「自律」及び「自律した学習者」についての研究は過去40年間にわたりなされていますが，その捉え方はさまざまです。ここでは，代表的な捉え方を挙げてみます。

① Holec（1981）：自律とは， 「自律とは，自己の学習に責任を持つ能力である。」 ＊なお,「自己の学習」には，目標，内容，進み具合，方法，技法，学習過程のモニタリング，評価結果に関する意思決定を含んでいます。
② Little（1991）：自律とは， 「自律とは，距離を置いて自己を見つめること，批判的内省，意思決定，及び，主体的な行動ができる能力である。」
③ 中田（2011）：自律とは， 「学習者が，自身の学習を長期的に捉え，授業内外において自身の言語学習に責任を持ち，自らを言語学習に動機づけ，さまざまな試行錯誤を重ねながらも，自身にとって最善の学習方法を模索・確立していく能力である。」
④ Nunan（1995）：自律した学習者について 「自己の目標を明確にし，学びの機会を創造したりできるところに到達した学習者は自律的と言える。」
⑤ Jacobs & Farrell（2001）：自律した学習について 「自律した学習という概念は，結果よりも過程を重視する，また学習者が自己の学習目標を発展させ，学習を生涯学習として捉えるように促す。」

上記を整理すると，自律した学習者には，以下の特徴が挙げられます。
- 自身の学習に責任，及び向上心を持って挑んでいる。
- 自身の学習目標を設定し，その目標を達成するための学習方法や教材を選択し，学習の進み具合をモニターし，評価することができる。
- 学習の結果よりも過程を大切にする。
- 自身の学習を振り返り，今後に生かす省察（reflection）ができる。
- 自身を動機づけることができる。
- 教室内外での学習に積極的に参加する。
- 自身の学習を生涯学習と捉えることができる。

2．「自律した学習者」に関する誤解

以下の２点がよく取り上げられています。

１つ目は，学習者の自律を促すには，学習者を一人だけの状態にしておく，つまり，教員の存在は不要であるという議論です。究極の目標は，学習者が教員の存在なしでも学習できるよう仕向けることですが，それに至るまでは教員の指導や支援（適切な「足場がけ〈scaffolding〉」⇨ **Q3-1** ）は不可欠です。自律した学習者は教育などの介入によって育てられることを忘れてはいけません。

２つ目は，自律した学習者という概念は西洋文化を背景に持っているため，非西洋文化圏の学習者に応用することは難しいという議論です。もちろん，文化圏によって自律した学習者を育成するための実践方法は異なるかもしれませんが，このことが「自律した学習者」の概念そのものを文化的に受容できないとする議論にはつながりません。

近年，国内においても「内なる国際化」の急速な進展に伴い，異なる言語や文化を持つ人々との共存・共生の在り方が問われています。このことは，多様な言語や文化を持つ人々と，これまで以上により主体的にコミュニケーションを図りながら国内外の課題解決に取り組み，私たちがよりよい自己や社会の構築に向けて変革することを意味しています。そこで，世界共通語である英語の果たす役割がこれまで以上に重要となることは自明の理で，教育現場では自律した英語学習者をより一層育成していくことが求められることになります。

自律した学習者を育てる教員の役割は？

授業がどうしても教員主導になってしまいます。自律した学習者を育てるための教員の役割についてアドバイスをお願いします。

1．自律した学習者を育てるための教員の役割

① 学びへの動機づけを高める

英語（学習）が生徒の日々の生活，将来にとっていかに価値があるかに気付かせるため，生徒一人ひとりに英語（学習）との接点を見つけさせます。英語が苦手な生徒でも，スポーツや芸術などの分野で広く世界で活躍したいという夢を持っていれば，きっと英語が必要となることに気付くでしょう。企業などで働くとしても，外国の会社とＥメールなどのやり取りで英語が必要となるでしょう。生徒が英語学習に意味を見いだすことは，英語学習への動機づけを高め，自律的な学習へといざなうはずです。

② 学年，学期ごとの到達目標と学習計画を立てさせ，評価させる

教員が設定する目標とは別に，年度や学期のはじめに，生徒自身に英語を使って「何ができるようになりたいのか」といった到達目標を立てさせます。到達目標の設定が難しい場合には，教員がいくつかの目標を例示し，生徒に選択させます。その際，英語を使った１年後の姿などをイメージできるように，前年度の生徒が実際に行った活動の映像や作品などを見せるとよいでしょう。また，目標達成までのスモール・ステップを踏んだ学習計画も大まかに考えさせ，定期的に評価させます。

③ 毎時間の授業目標を明示し，達成度を評価させる

毎時間の授業目標を明確にすることで，生徒は授業に対する見通しがつき，授業への集中力が高まったり積極的に参加したりします。小・中学校では，授業の冒頭に本時の目標を板書することが多いのですが，口頭でしっかり伝えることもできます。そして，授業過程では，教員は学習のプロセスの評価を重視し，終了時には目標達成の度合い，成果と課題について振り返らせ，その日のパフォーマンスを客観的に評価させます（⇨ Q8-5）。

④ 学び方に関する意思決定権と選択権を生徒に与える

教室は実に多様化しています。さまざまな英語力，学習方法，家庭環境などを持った生徒がいます。ですので，生徒一人ひとりに対応できる指導や支

援の質について考えておくことが大切です。つまり，生徒の適性，学習・認知スタイルに応じて，何を，どのように学ぶか（⇨ Q8-6 ）など，生徒の思いや考えを尊重しながら生徒自身に意思決定を促します。ただし，日本のようなEFL環境では，学習に関わるすべての決定を生徒に任せることは難しいことから，教員が示した枠組みの中で選択させたり，部分的に選択させたりすることから始めていくことが現実的でしょう。

⑤ 主としてfacilitatorやcounselorとしての役を担う

教員は知識や情報を提供する以上に，生徒が設定した目標を達成へと導く「ファシリテーター（facilitator）」としての役割を担うべきです。また，その過程で生徒が行き詰ったときなど，生徒からの一言ひと言を傾聴し，受容，共感しながら，やる気を引き出す「カウンセラー（counselor）」としての役割を担うことも大切です（⇨ Q8-3 ）。そのためには，日頃から生徒との良好な人間関係を構築しておくことが求められます。

2．指導上の留意点

上記の指導，支援を行うにあたり，特に留意すべき点を挙げてみます。

① ペアやグループでの活動を取り入れる

協働学習でのメンバー間のインタラクションが自律した学習者の育成につながることは先行研究からも明らかです。教員がすぐに答えを与えるのではなく，相互に多様な考えや意見を出し合い，思考する機会を確保します。また，仲間の間違った解答などに対しては，その理由をきちんと言語化して伝えることも習慣づけます。さらに，困難に遭遇したときなど教員や仲間に援助を求めることを選択する力も育成したいものです。

② 教室内外で実際に英語を使用する機会を提供する

教室でのALTとのやり取りに加え，近隣の大学の留学生との交流，英語キャンプ，スピーチコンテスト，暗唱大会，ディベート大会など教室外での英語イベントへの積極的な参加を促し，英語を使って異言語，異文化を持つ人々とわかり合えたときの喜びを実感させます（⇨ Q8-8 ）。

このほか，自律した学習者の育成のために，教科書や教材の扱い方（⇨ Q8-3 ），ノートの取り方，辞書の使い方（⇨ Q8-4 ），テスト問題作成や評価のしかた（⇨ Q8-7 ），家庭学習の在り方（⇨ Q7-13,14 ）についての指導も大切です。

自律した学習者を育てる教科書や教材の活用法は？

自律した学習者を育成するために役立つ，教科書や教材の効果的な使い方を紹介してください。

「自律した学習者」の育成には，指導する教員自身の自律が必要です。教員が，ただ「教科書があるから」「教科書に載っているから」というだけの理由で惰性的に授業をしていては，自律した学習者は育てられません。教材にしろ，教科書のレッスンを扱う順番にしろ，教員自身が自ら考え判断し選択しているか，常に振り返ることが大切です。

1.「教員も学習者である」

教科書に掲載されている英文のトピックは広範囲にわたります。例えば，言語消滅，葛飾北斎，村上春樹，iPS細胞，宇宙探査船「はやぶさ」，バーチャル・ウォーター，ウェアラブル・ロボット等々，科学技術や情報機器の急速な発展と普及により新奇な技術やテクノロジーの話題にも事欠きません。教員は自分が扱う英文については，自分も「おもしろい」と知的好奇心や「もっと知りたい」という情熱を持っていなければなりません。春休みや夏休みなどを利用してこれから扱う英文のトピックに関連する資料，情報，文献を収集したり，読んだりするとよいでしょう。自律した生徒を育てるためには，教員自身も学習者として，いかに教材や生徒に向き合えるかがポイントです。

2.「自律」を育てる教室環境

生徒間，教員と生徒の間には，良好な人間関係や信頼関係が必要です。また，教員には，一方的な知識伝達者ではなく，ファシリテーター，コーディネーター，アドバイザー，カウンセラーといった役割が期待されます。教員が手取り足取り知識や情報を押しつけるのではなく，生徒が挑戦し，「失敗してもよい」環境をつくりましょう。

また，生徒が自律する契機を意図的に与えることも必要です。学校教育では決定権を全面的に生徒たちに委ねてしまうことはできませんが，限られた範囲で生徒に選ばせたり，工夫させたりすることはできます（⇨ Q8-2）。

例えば，授業で扱った教材の中から，自分が最も印象に残った一文を選び，理由と一緒に発表させるというのもよいでしょう。人によって意見や感想は違います。それをクラスのみんなで共有する機会を与えるのが学校での授業です。そこが塾などで行われる個人学習，個別学習とは異なる，学校でこそできる教育であり，そのような多様性の中でこそ「自律」が育まれるのです。

多読教材を利用する場合は，限られた範囲の中でどれを読みたいか生徒に選ばせるとよいでしょう。生徒は自ら主体的・能動的に学習に取り組むことになります。読み終わったら，ストーリーをペアやグループで共有し，さらにクラス全体に広げて共有することができます。「選択権を持つこと」「分かち合うこと」で生徒たちは自分の学習に責任を持ち，学習意欲を高めることができ，結果的に自律性が高まります。

3．オーセンティックな教材

流動的で複雑な現代社会で，生徒たちがよりよく生きていく力を育てるためにも，授業は学校と社会をつなぐものでなければなりません。そこで，教員が本物の教材（authentic materials）を選んで取り扱うことが望まれます。例えば，多くの検定教科書がノーベル平和賞を受賞した人権活動家のMalala Yousafzaiさんを扱っていますが，彼女は教科書の中だけに住まう架空の人物ではありません。20歳を超えた現在も，彼女は自分の意見をウェブサイトやFacebook，twitterで積極的に発信しています。それらを読ませたり，発展的活動として「自分の意見を書き込み，彼女にメッセージを送る」ということを目標にしたりすれば，生徒の意欲を大いに高めることができるでしょう。

幸い，教科書にはそれぞれの英文の出典が書かれています。その課を学習した後に，その原文を読ませることもできるでしょう。いずれにしろ，教科書を教えて終わりではなく，その背後には，いろいろな人が存在し，大きな世界が広がっていることを感じさせるのが，生徒の自律性を高めるために最も効果的です。

自律した学習者を育てるノート指導や辞書指導は？

自律した学習者の育成に役立つノートの取り方や使い方，辞書の使い方の指導はどうあるべきでしょうか。

生徒たちは，生まれたときからICT環境の中にいます。だからといって，「ノートと鉛筆」がすべてICTに取って代わられることはないでしょう。安価でいつでも使えるという利点がありますし，最近では，手で文字を書くことが，言語，思考，記憶といった認知能力と深く結び付いており，学習をより促進させると考える科学者もいます。ノートは単にcopying toolではないし，生徒はコピー機ではありません。自律した学習者を育てるには，ノートをthinking tool（思考ツール）として捉え直す必要があります。

1．グラフィック・オーガナイザー

ノートは単に板書事項を「書き写す」ためだけのものではありません。考えてノートを使える生徒が自律した学習者です。それには，適切な指導や助言が必要です。

最近，多くの検定教科書では，課の終わりに，グラフィック（ビジュアル）オーガナイザー（graphic organizer），コンセプト・マップなどという名前でチャートが掲載されています（⇨ Q3-9，Q4-4）。本文からキーワードを抜き出して，チャートを完成させることで，その課全体の概要が視覚的に理解できるようになっています。しかし，それに頼りきって，空欄に単語や語句を記入するだけの作業に終わっていては，自律した学習者を育てることはできません。生徒が，テキストタイプや言語活動の目的によってさまざまなグラフィック・オーガナイザーを自ら作成できるように指導したいものです。

グラフィック・オーガナイザーの利点は，論理的関係や思考の過程を視覚化できることです。因果関係や時間の順序を表すには「→」，対比・対立を表すには「⟷」などと記号などを決めておくと，いつでもどこでも使えます。ライティングの内容を考えたり，リーディング前に内容スキーマの活性化を促したりするときには，マインドマップが使えるでしょう。また，説明文では，「抽象→具体例」という流れになっていることが多いですが，「枝分かれ図」（tree diagram）を使って整理すると便利です。ディベートやディスカッシ

ョンで，賛成か反対かを考えるときにはTチャート（T-chart）が活用できるでしょう。

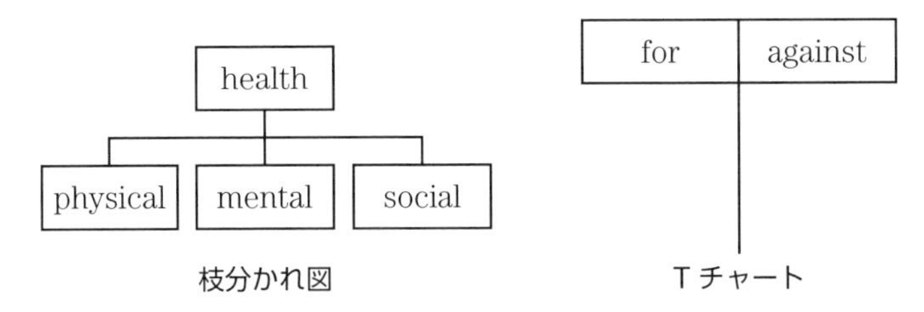

枝分かれ図　　Tチャート

いずれにしろノートに書くことで記録・保存ができ，いつでも見返し，それを活用した言語活動を行うことも容易になります。このように，抽象的な概念や思考を可視化し，整理したり共有したりすることに強力な力を発揮するのがノートです。

2．辞書指導（⇨ Q1-2）

「教員に言われないと辞書を引かない」ではなく，生徒自らが辞書を引き，自分に必要な情報を引き出す力を付ける必要があります。

年度当初の授業で，辞書をプロジェクターで写すなどして，使われている記号の意味や語形変化，文型，派生語の記述のしかたなどを解説しておくとよいでしょう。生徒は往々にして「日本語の訳語」しか見ないことが多いので，折に触れて，辞書に掲載されている例文を音読したり書き写したりするように指導します。意識的に派生語や語源を調べさせるのもよいでしょう。

紙の辞書は，一目でカバーする範囲が多く，求める情報に行き着くことが容易です。ただ，電子辞書やオンライン辞書の活用を指導することも必要でしょう。軽くて持ち運びができるのが電子辞書の利点ですが，その豊富な機能を使いきれていない生徒も多く見られますので，年度当初に電子辞書の機能を生かした効果的な使い方を指導してあげるとよいでしょう。

Wi-Fiやスマートフォンの普及によって，今まで以上にオンライン辞書の活用も容易になりました。Googleの検索機能を使ってコロケーション（連語：collocation）を調べたりすることもできます。教員自身も研究を怠ることなく積極的な活用とその指導をめざしましょう。

「振り返り」のさせ方は？

自律した学習者の育成には授業後の振り返りが大切であると言われています。どのような点に気を付けて振り返らせるとよいでしょうか。

自律した学習者を育成するためには，授業後の振り返り（reflection）は大切ですが，やみくもに振り返らせるだけではいけません。ここでは，振り返りの意義，振り返りを行う際のポイントについて考えます。

1．振り返り（自己省察）の意義

自律した学習者の特徴として「自己省察」ができることが挙げられます（⇨ Q8-1）。自身の学習を振り返ることで，①学習で身に付いた知識や技能，成果や課題について客観的に捉え（「気付き」），②課題についてはその解決に向けて新たな目標を設定し（「目標設定」），③その目標達成に向けて新たな行動を実行するための見通し（「遂行計画」）を立てることができるようになります。

2．振り返りの指導のポイント

① 振り返りをさせる際には，「身に付けた知識，技能，能力」「成果や課題」「新たに取り組むべき事項，目標，及びそれを遂行するための具体的な方法」などの中からいくつかポイントを絞ります。

② 振り返りシートはファイルしておき，学期末，学年末に総括的に評価させます。生徒の振り返りを把握することで，教員自身の指導への洞察がより一層深まったり，個々の生徒が授業で「何を学び，何を感じ，どこでつまずいているか」（茶本，2012）など学びの実態を把握できます。さらに生徒の振り返りにフィードバックすることで生徒とのインタラクションを図る機会になり，教員と生徒間のより深い信頼関係（rapport）を生み出すことができます（⇨ Q4-4）。

③ 定期的な振り返りが難しい場合でも，単元終了時や定期考査ごとに振り返りの機会を設け，生徒のメタ認知能力を高めます。自身の学習をモニターすることが習慣化されれば，将来，社会人となったときでもキャリア設計の際などに役立ち，より豊かな充実した人生を営むことにつながります。

「学習方法」の学ばせ方は？

「英語の学習方法がわからない」と言う生徒が少なくありません。英語の学習方法を学ばせるには，どのような指導が必要でしょうか。

英語が嫌いになった生徒にその理由を尋ねると，必ず「英語の学習方法がわからなかった」という回答が出てきます（⇨ Q7-1）。ここでは，学習方法の指導について考えます。

1．学習方法の指導

教員はよく「頑張れ！」と激励の言葉をかけますが，「頑張り方」をていねいに教えてあげる必要があります。例えば，リスニングやリーディングの学習方法，単語の覚え方，音読のしかた，家庭学習のしかたなどです。このような指導は，自律した学習者の育成につながります。なお，学習方法の指導には「一斉指導」と「個別指導，家庭学習」の２つの状況から考える必要があります。

① 一斉指導の場合

一斉指導の際には，全員に共通した指導方法（生徒にとっては「学習方法」）を用いざるを得ません。例えば，リーディングの指導では，新しい語句の導入，内容理解，音読，読んだ内容についての要約やリテリング，意見を書いたり話したりするような表現活動を行います。このような授業で体験した学習は，生徒が家庭で学習する際にも役に立つはずです。したがって，授業で行う活動については，それぞれの目的や手順などについてきちんと生徒に伝えることが大切です。

② 個別学習，家庭学習の場合

個別学習，家庭学習では，次の４点を指導する必要があります。

1) 学習方法の紹介　　2) 学習方法の選択
3) 学習方法の体験　　4) 学習方法の振り返り

まず，教員は幾通りかの学習方法を具体的に提示します。次に，生徒の英語力，学習目標，動機づけ，認知特性（「視覚型」「聴覚型」「体感覚型」「触覚型」など）を把握しながら，生徒に合った学習方法を選択させます。ただし，どの学習方法が自分に最も適しているかわからない生徒には，教員が選択するための支援を行います。

ここでは，単語学習を例にとってみましょう。単語学習というと，電車の中で単語帳と格闘している高校生をよく見かけますが，「単語帳を使って覚える」という学習方法は単語学習の１つにすぎません。「音声教材の後について発音して覚える」「書いて覚える」「フレーズや例文と一緒に覚える」「語呂合わせやダジャレなどで覚える」といったさまざまな方法も紹介し，生徒に合った学習法を選択させます。

この後，生徒には選択した学習方法に基づき学習を体験させ，自身の学習を振り返り，成果や課題について考えさせます。ここで大切なことは，生徒からの振り返りの内容に対して，教員が励ましたりアドバイスを与えたりすることです。そして，成果についてはさらに高め，課題については改善に向けて模索していくことを習慣づけます。そうすることで，生徒はしだいに自身の学習を管理できるようになり，自律した学習者へと成長していきます。

２．自己調整学習

昨今，主体的で自律した学習者の育成には，「自己調整学習（self-regulated learning）理論」に基づく学習が有効であると言われています。この理論では，動機づけ，学習方略，メタ認知の３観点から生徒を学習に関わらせます。基本的には，次の３段階からなる循環的プロセスです（Zimmerman，1986）。

① **予見の段階**：目標を設定し，学習計画や学習方略の計画を立てます。ここでは学習者の課題への関心度や自己効力感（目標達成への自信）が重要となります。

② **遂行コントロールの段階**：学習方略が実行に移される際に，学習が順調に進んでいるかモニタリングします。ここでは学習者の課題や自身の認知特性などについて自覚したり，コントロールしたりすることが重要となります。

③ **自己省察の段階**：目標が達成されたかどうか，また，達成できた原因は何か，達成できなかった原因は何か，そしてこれらの原因は何に帰属するかなどについて振り返ります。

上記の視点に基づいた学習を指導，支援することで，生徒の自己効力感や動機づけを高め，学習パフォーマンスの向上につなげます。

生徒の自律性を高めるテスト問題と評価は？

生徒の自律を促すようなテストを作るにはどのような点に気を付ければよいでしょうか。評価の在り方についてもアドバイスをお願いします。

テストは，生徒の学習結果を測るだけではなく，教員の指導がうまくいったかどうかを見極めるためのものでもあります。また，生徒の英語力を数値化するためだけに行うものではありません。生徒にも教員にも役立つテストにする工夫が大切です。

1．テストの波及効果

テスト，特に定期考査は生徒にとって一大関心事であり，その出題内容は，生徒たちの授業に対する取り組み方や家庭学習の方法に良きにつけ悪しきにつけ強い影響を及ぼします。これをテストの「波及効果」(backwash effect)と呼びます。コミュニカティブな授業を展開していたとしても，テストで英文和訳ばかりを出題すれば，テストとしての妥当性を欠くことになります。そのうえ，授業では生徒は和訳ばかりを求めることになるでしょう。これは，負の波及効果と言えます。自律した学習者を育てるには，ポジティブな影響を引き起こすテスト問題を考えることが大切です（⇨ Q10-4,8， Q11-5）。

自律性を高めるには，単純な丸暗記ではなく，「自分の頭で考える」ことが必要です。テストには，いわゆる「自己表現」や「自由英作文」をライティング課題として出題することが効果的かつ現実的でしょう。

また，生徒に「選択」させることで自分の学習に対する「責任」を持たせることができます（⇨ Q7-2,5）。意見を述べるパラグラフを書かせたい場合，トピックを１つだけ与えてそれについて書かせるのではなく，２つないし３つのトピックを与え，そこから生徒に１つを選ばせるなどの工夫をするとよいでしょう。

2．自己表現に導くテスト問題

LANDMARK FIT English Communication II.（啓林館）のLesson 1では，車いすテニスプレーヤーの国枝慎吾氏が扱われています。課末には，彼のライフストーリーが年表形式でまとめられており，空欄を埋めながらそれを完成さ

せることになっています。この課を学習した後のテストでは，「自分のライフストーリーをパラグラフにまとめる」といった出題が考えられます。その際，「主に過去時制を使って，時系列（time order）で書く」といった言語面についての指示だけではなく，「自分が経験した試練とそれをどう克服したかを必ず含める」といった内容面についての指示を与えるとよいでしょう。生徒によっては，自分自身をさらけ出すことに抵抗感を持つ生徒もいます。そのような場合を見越して「空想したことを書いてもよい」というような幅を持たせる工夫もできます（⇨ **Q5-14**，**Q7-6**）。

あくまでも生徒の自己効力感を高めることが大切です。評価については，それぞれの学校のCAN-DOリストに基づいたルーブリック評価（⇨ **Q10-7**）などを使うと，客観的に評価できるだけでなく，生徒にとっても次の学習目標が明確になり，自律した学習へとつながっていきます。

3．生徒へのフィードバック

ルーブリック評価は大変効果的ですが，あらかじめ決められたルーブリック表をチェックするだけでは十分とは言えません。教員が内容に関してコメントをすることで生徒の意欲を高めることができます。生徒がまとまった英文を書いた場合，文法的な間違いや構成上の問題点だけではなく，内容に関しても，その生徒自身に向けた共感的なコメントを書き添えるようにしましょう。そうすることで，「読者」の存在を生徒に示すことになります。「自分が書いたものを，真剣に読んでくれる人がいる」ということを生徒が知ることほど，生徒の自己表現意欲をかき立てるものはありません。文法や語法，単語の綴りを訂正しながらも，伝達内容に対する肯定的，共感的な教員のコメントは，生徒の自己効力感を高め，自信を持たせます。生徒と教員が共感的な人間関係（rapport）を築く契機にもなるでしょう。

このように，テストは単に生徒を評価するためだけの手段ではなく，生徒と教員をつなぐコミュニケーション・ツールと考えることもできます。

高校生の意欲を高める英語イベントは？

英語学習への興味・関心を深めるために，校内や校外で英語イベントを考えています。高校生にふさわしいイベントの実践例があれば紹介してください。

1．英語イベント計画のポイント

普段の授業ではできないことを「英語イベント」として実施すれば，生徒の英語学習への興味・関心を深めることができます。ただし，イベントを計画するうえで押さえておくべきポイントがいくつかあります。

① 準備では英語を学ぶ機会に，当日は英語を使う機会に

生徒は伝えたいことがあり，それが英語で相手に通じた経験をすると，英語を使うことの楽しさや，普段の授業での勉強の成果を感じます。準備ではどのようなことを学ぶ機会にするのかを考え，英語イベント当日は，準備をしたことが成果として感じられるように計画をします。

後述するイベント「インターナショナル・デイ」の準備では，生徒たちは日本文化が題材の教科書のレッスンを何度も読み直し，使用できる表現や語彙を見つけ出したり，辞書を使ったりしながら真剣に原稿作成に取り組みました。そして，イベント後の振り返りには，「英語を使うことの不安を感じたというよりも，英語で会話をすることの楽しさを知った」と書いている生徒もいました。

② ALTなどと英語を使う必然性をつくる

外国人話者と英語を使わないとコミュニケーションが取れない状況を作ります。生徒は，伝えるためにさまざまなコミュニケーション・ストラテジーを使おうとします。また，生徒と触れ合う外国人話者は，生徒の文法や発音の誤りを指摘するのではなく，生徒の伝えたいことを汲み取って理解しようとしてくれるので，生徒の自信につながりやすくなります。

③ 課題を与えて，生徒同士が仲間意識を感じる場面をつくる

ALTの話を聞くだけとか，一人で活動に取り組むだけであれば，普段の授業でも実行可能です。英語イベントでは，準備に多少時間をかけてでも取り組む課題を与え，グループで発表する機会を作ります。すると，生徒同士で協力して取り組む必要性が生まれます。また，緊張を共有した後の達成した喜びが，仲間意識を形成することにつながります。準備段階から，グルー

プにALTが一人でも入ると，アイディアを出し合ったり，相談し合ったりと，英語を使ってやり取りする機会を作ることができます。

④ 普段の授業とは違う環境をつくる

クラスの垣根を越えて，普段の授業とは異なるメンバーでグループを組んだり，普段とは違う場所でイベントを行ったりすると，活動に新鮮味が生まれます。また，宿泊イベントなどの非日常的な場を設けると，英語を使う機会が増えることや，「同じ釜の飯を食べる」ことで，ALTとの関係が一層強まります。

⑤ 写真やビデオで記録をとり，次年度に活用する

翌年にも実施する場合，写真や映像でイベントを記録しておき，新しい学年で説明する際には，それを見せながら生徒がどのようなイベントかイメージが湧くようにします。また，イベントでの発表の様子をロール・モデルや到達目標の具体例として生徒に提示することもできます。

2．インターナショナル・デイ

筆者の勤務校では，第1学年の3学期に，市内の中学・高等学校のALTや，近隣の大学院の留学生に来てもらい，午後の2時間程度，英語で交流しています。年度始めに，このイベントの様子がわかる写真やビデオを見せて，「インタラクションを織り交ぜて日本文化をプレゼンテーションできること」が1年間の到達目標であることを伝えます。

最初の1時間は全体会です。参加した全ALTと生徒が集まり，ALTの紹介と異文化を交えたクイズ形式のプレゼンテーションを行います。プレゼンテーションの内容は，各国の言語や音楽を聞いて国を当てるなどの異文化理解です。全体会の進行は，生徒が英語で行います。

後半の1時間は各教室での日本文化紹介です。ALT 1名につき，8名程度の生徒で1グループを作ります。発表を聞こえやすくするために，1教室を4グループ程度にしておきます。1グループに1つのテーマがあり，8人で分担して15分程度のプレゼンテーションをします。15分経てば，ALTが別のグループに行きます。それを3ラウンド行い，生徒は相手を替えて3回同じ発表をします。進行やタイムマネジメントは生徒が英語で行います。

テーマは，ALTなどの聞き手を飽きさせないように，各グループに異なったテーマ（「ポップ・カルチャー」「食べ物」「ファッション」「行事や地域・場所」「迷

信・言い伝え・タブー」など）を選ばせます。発表では，中学校時代の制服を持ってきて，第２ボタンの意味や由来を説明するグループ，西宮神社で行われる開門神事福男選びのルートなどを画用紙に書いて説明するグループ，またドラえもんのコスチュームを作って，ドラえもんを説明するグループなどがありました。大切なことは，外国人の中には日本のことをよく知っている人もいれば，そうでない人もいるということです。つまり，プレゼンテーションの内容は，外国人にはあまり知られていない話題を選ぶことや，外国人が知っていそうな内容であれば，その背景にある情報を伝えることで，聞き手の興味を引くものにする必要があります。このイベントの準備に際しては，ALTが持っているアイディアを大いに活用しながら，生徒はALTと何度も相談して進めていきます。

３．イングリッシュ・キャンプ

夏休みを利用して，１泊２日で第１学年の希望生徒のみを対象としたイングリッシュ・キャンプを行っています。神戸市の中学・高等学校のALTにも参加してもらい，使用言語は原則英語のみでさまざまなアクティビティーを行います。

各グループはALT１名と生徒５名程度で構成され，生徒にできる限りたくさん英語を使わせる場面を用意します。このキャンプのプログラムは，生徒によるShow & Tell，ALTとのチャット，各教室で行うALTが用意したダンス，クイズ，カードゲームなどのプログラム（生徒はグループで各部屋を訪問），英語バージョンのラジオ体操，そしてこの行事のメイン・イベントである「劇の発表会」です。

劇は既存の物語（例えば，桃太郎など）を使用するので，話の展開はある程度予想でき，英語が苦手な生徒も関心を持って劇を見続けることができます。また，どの生徒にも役割が与えられ，グループでの活躍場面が生まれます。劇の準備は各グループでALTと生徒が相談して進めるので，そこでも英語を使う必要性が生じます。優れた劇は教員やALTの投票で表彰もされます。

このイングリッシュ・キャンプは，年度末にアンケートを取っても参加した生徒たちに大好評のイベントです。ALTが１つのグループに付きっきりで生徒に接してくれることで，生徒たちとALTのつながりも非常に強くなります。

第 9 章

ICT機器の活用法

ICTが苦手なのですが…？

ICTに苦手意識があります。まず，どこから手をつければよいでしょうか。

1．ICT利用の目的

ICTを利用する目的を考えるところから始めましょう。最近では，電子黒板やタブレット端末などさまざまなICT機器が授業や学習で利用されるようになりました。ICTは，教員が利用するものと生徒が利用するものとに分けることができますが，いずれの場合にも「なぜそのICTを利用しなければならないのか」「そのICTでしか実現できない授業，学習は何か」と，その利用の目的をしっかりと考え，事前にその効果を理解しておくことが必要です。

「学校全体にICTが導入されたから」「導入されたICTを利用するよう管理職から言われたから」などの理由では，そのICTの効果を十分に発揮させて活用することはできません。まずは利用の目的を校内や教科内の教員と話し合い，ICTへの理解を深めていくことから始めましょう。また，研修会などにも積極的に参加し，他校での優れた活用の事例にならうことも大切です。

2．ICTの選択方法

「このICTは何に使えるだろうか」とICTから考えるのではなく，下表のように，「こんな授業がしたい」から「このICTが活用できる」という流れでICTを授業で利用し始めることが理想です。

例	目　的	ICTの利用
①	新学期の授業開きの際，到達目標として，先輩のスピーチを見せたい。	ビデオカメラやタブレット端末を利用して生徒の発表を録画する。
②	教科書本文の導入時，生徒に興味を持たせて，もっと知りたいと感じさせたい。	パワーポイントなどのプレゼンソフトを使って，関連の写真や映像を提示する。
③	教壇から降りて，机間指導をしながら，教科書本文の音声を再生したい。	Bluetoothスピーカーとポータブルオーディオ機器をつないで音声を再生する（⇨ Q9-5）。

ICTとアナログの使い分けは？

ICT機器とアナログ機器の長所と短所を踏まえて使い分けるには，どのような点に気を付ければよいでしょうか。

1．ICTの長所

ICTの長所は，アナログでは不可能だったことを可能にしてくれることにあります。例えば，パワーポイントなどを使って授業を進めれば，生徒に一度に大量の情報（音声情報，視覚情報，文字情報など）を同時に提示することが可能になります。

また，ネットワークが整っている環境では，パソコン上で教材を複製し，コピーしたものを生徒に配布して持ち帰らせることや，逆に生徒が家庭学習で行ったものを提出させることが可能になります。また，教員が作成したさまざまな教材を保存しておき，同僚間で同じ教材を共有したり，生徒の作品を保存したりすることも可能になります。

2．生徒が処理可能な情報量

デジタル機器やデジタル教材が普及し，教員がICTを扱い授業の効率化を図れるようになりましたが，ICTを利用して授業を行う際，生徒たちの頭の中ではどのような思考や処理が起こっているのでしょうか。例えば，パワーポイントの1枚のスライドに何行もの説明を載せ情報を提示すると，生徒はスライドが提示されている時間内に情報を処理しきれず，混乱を起こします。そのような場合には，生徒にワークシートを配布し，思考を整理させるなどの配慮が必要です（⇨ Q9-6）。

留意すべき点は，ICTがどんなに普及したとしても，人間の思考過程や情報処理能力は，アナログを使っている場合と変わらないということです。ピクチャーカードやフラッシュカードなどのアナログ教材の長所は，生徒の定着度に合わせて，教員が練習を行わせたり，情報提示の量を臨機応変に調節したりできることです。

教員がICTを利用する際には，生徒たちの頭の中で何が起こっているのかを考え，デジタル教材とアナログ教材をうまく併用することが大切です。

電子黒板の活用法は？

電子黒板を活用したいのですが，どのような点に留意すればよいでしょうか。

1．電子黒板活用の長短を踏まえた活用を考える

電子黒板が利用できる教室環境が整いつつある中，パワーポイントやデジタル教科書を活用して授業を行う機会が増えてきています。特に，デジタル教科書の中には，従来の教科書本文の音声が収録されているのはもちろんのこと，教科書の題材に関連するたくさんの画像や動画が収められていたり，フラッシュカードの機能が組み込まれていたりと，授業準備が随分と楽になりました。

しかしながら，「単に見せて聞かせて終わり」では電子黒板の効果を引き出すことはできません。他の教具と同様に，電子黒板を活用する目的を明確に持つことが大切です。

①「フラッシュカード」の場合

デジタル教科書のフラッシュカード機能では，紙のフラッシュカードと比べて提示できる文字の大きさが異なるため，教室の後ろからでも文字をはっきりと見せることができます。しかし，紙のフラッシュカードのように生徒の理解に合わせて，文字を少しずつ見せてヒントを出したり，複数のフラッシュカードを組み合わせて意味のまとまり（チャンク）で提示したりすることはできません。デジタルを使うことによって，フラッシュカードの活動のバリエーションが増えたと考え，両者の長短を理解したうえで活用することが大切です。

② 教科書本文の「オーラル・イントロダクション」の場合

複数の絵や写真などを順次黒板にはりながら行うオーラル・イントロダクションでは，教科書本文の全体像を黒板上に提示することが可能でしたが，デジタル教科書に収められている画像や動画，または，パワーポイントなどを用いて提示する場合，電子黒板（スクリーン）という限られたスペース上で行うため，紙芝居のような個別提示になります（⇨ Q9-6）。また，デジタル教科書は，すでにプログラムが組み込まれてしまっているため，生徒の状況に応じて授業を組み替えることが難しく，それに合わせて今までとは違

った提示方法を考える必要があります。

電子黒板の普及で授業のバリエーションが増えたことを生かして，アナログとデジタルを目的に応じて使い分けること，もしくは併用することを考え，新しい授業方法を模索していくことが大切です。

2．生徒に電子黒板を利用させる授業を考える

電子黒板を教具として教員が使うだけではなく，生徒に電子黒板を使わせ，発表活動を行わせることも考えてみましょう。

発表活動のためには，生徒に授業と授業外での準備（家庭学習）が必要になります。電子黒板を使って生徒に英語を発表させることを目標にすれば，自ずと「授業→家庭学習（練習）→発表活動」のように学習に好循環を生み出すことができます。例えば，デジタル教科書に収納されている教科書の題材に関連した画像データとそのキーワードを用いて，生徒に英語で描写させれば，手軽に発表活動を行うことができます。

3．教員間のコミュニケーション・ツールとしての電子黒板

デジタルの利点は，一人の教員が作成したパワーポイントなどのデジタルファイルを学校のネットワーク上のフォルダに保存しておき，複数の教員で学年の枠を越えて共有できることにあります。教材を共有すること，分担して作成することなどができれば，ICTの効果を思う存分活用できるでしょう。保存したデータは劣化することなく，次の学年に引き継いでいくこともできます。教員間の連携を図るために，ネットワーク上に教材を共有できるフォルダを作成し，デジタル教材の再利用を心がけていくとよいでしょう。

ただし，他の教員が作成した教材を使用する場合には注意も必要です。ある教員が目の前の生徒のことを考えて作成した教材には，その教員独自の視点が含まれています。作成した教員の授業を参観したり，使い方を共有したり工夫するなどコミュニケーションをとることで，その教材のよさを最大限に引き出して活用することが大切です。

ICレコーダーの活用法は？

ICレコーダーを活用するにはどうすればよいのでしょうか。効果的な活用方法を紹介してください。

1．話すことの活動における活用

ICレコーダーは，安価なこと，生徒が簡単に操作できること，教室内ですぐに使用できることなどから，利用する教員が増えているようです。工夫しだいでさまざまな活動で活用できるので，そのいくつかを紹介します。

まず，話すことの活動においてです。自分のパフォーマンスを振り返るためには，実際に録音した音声を聞くことが最良の方法です。特に即興で話す活動では，自分の発話が適切であったか，文法的に正確であったかなどをしっかりと確認させることができます。単に自分の発話を聞かせるだけでも学習効果が期待できますが，「英文の正しさ」「発音」「抑揚」などの評価項目を示し，自己評価をさせるとよいでしょう（⇨ Q5-7,8）。さらに，話し相手の発話内容をまとめるなど，統合的な言語活動（⇨ Q5-4）に発展させることもできます。

2．その他の活用方法

① 音読

ICレコーダーに音読を録音させ，生徒自身や教員による音読の評価にも活用できます。例えば，録音時間を20分間与え，制限時間の中で一番よいパフォーマンスを選ばせます。順番にICレコーダーを持って来させ，教員が評価とフィードバックを与えます。

② ディクテーション

ICレコーダーを利用することで，自分のペースでディクテーションをさせることができます。ICレコーダーへの教材の録音は，教室の音源（CDプレーヤー等）の音量を大きくし，生徒全員に一斉に自分のICレコーダーへ録音させます。こうすることで教員が録音などの事前準備をする必要がなくなります。①の音読を行わせる際も，モデルとなる音声をトラック1に一斉に入れさせ，自分の音読と比較させながら行わせることができます。

タブレット端末による音声提示とその他の活用法は？

ラジカセとCDを使っていますが，タブレット端末や携帯音楽プレーヤーとワイヤレス・スピーカーを使えば楽だと聞きました。使い方を紹介してください。

1．音声教材提示におけるラジカセとの違い

重いラジカセを毎回，教科書やワークシートと一緒に持ち運び，科目ごとに使用するCDを入れ替え，今日の教科書パートの音声を再生するために何度も早送りボタンを押してそのパートのトラック番号にたどり着く，その作業の繰り返しを面倒だと感じた先生方は多いのではないでしょうか。携帯音楽プレーヤーとワイヤレス・スピーカー（Bluetoothスピーカー）を一緒に利用すれば，教員の労力を軽減し，時間を節約することが可能になります。

2．携帯音楽プレーヤーの長所

① 携帯性と操作性

最近では，小型軽量のワイヤレス・スピーカーでも教室全体に音声を響かせることができるため，携帯音楽プレーヤーとブルートゥース（Bluetooth）という規格でつなげば，授業ごとに教室に運ぶのも楽になります。また，教卓上から離れることができなかったラジカセとは異なり，携帯音楽プレーヤーは，リモコンのように手に持って操作することができるため，机間指導をしながらの音声再生も可能になります。

② 容量の多さ

ラジカセは，授業ごとにCDの入れ替えが必要でしたが，携帯音楽プレーヤーは，1台の中にCD何枚分もの音声をデジタル化して，持ち運ぶことができます。

③ 段取り力の向上（プレイリストの作成）

音楽管理ソフトでプレイリストを作成し，本時の授業で使う教科書の音声，活動で使うBGMなどを指導手順に合わせて用意しておくことができるため，ラジカセでのトラック番号を探す時間を節約することができ便利です。

④ 授業での活用

携帯音楽プレーヤーで音声を再生する場合には，ラジカセとは異なり，再生，停止，巻き戻し，早送りが自由自在です。読み方が難しい箇所を繰り返

し聞かせたり，意味の単位で一時停止させたりして，生徒に理解を促すことも容易です。

また，最近では，読み込んだ音声ファイルのスピードをコントロールできるアプリケーションソフトもあるので，そういったアプリと併用すれば，音声を低速で再生することも可能です。教科書本文のCDは，容量の関係でやや速く読まれている場合があるので，生徒の習熟度に応じてスピードをコントロールして，音声を聞かせるとよいでしょう。

3．アウトプット活動とタブレット端末の活用法

タブレット端末を，生徒一人ひとりに持たせるといった学校も増えてきています。ルール作りで苦慮されている学校も多いと思いますが，ルール作りよりも，まず，道具は使わせてみることです。故障等を恐れず，生徒たちに持たせている機器をどんどん活用させて減価償却させることを考えることが大切です。

特に，タブレット端末は，スピーチやプレゼンテーションといったアウトプット活動に最も適したICT機器です。タブレット端末を使えば，インターネット検索，原稿作成のためのワープロ機能をはじめ，音声の再生，ICレコーダーのような録音機能，そして，プレゼンソフトによるスライドの提示機能もあるため，タブレット端末一台で，アウトプット活動に必要なすべての作業を個々の生徒のペースで行っていくことができます。

また，音声録音，動画や写真の保存もしておけるため，記録を取りためていくことで，「ポートフォリオ（portfolio）」として活用することも可能です。アウトプット活動の作品を保存しておければ，生徒一人ひとりに自己の成長を振り返らせ，新たな目標を設定させることで「主体的に学習に取り組む態度」を育成することができます。

高校入学時から，校内のネットワーク上に，生徒一人ひとりのフォルダを作成しておき，生徒が吹き込んだ音声や，ワープロソフトにタイプさせた英作文，ポスターや新聞などを静止画で撮影し，画像ファイルとして保存していくことによって，学年が進むにつれて，どのように英語力が変容しているかを，生徒自身に実感させることが可能になります。

パワーポイントの活用法と他のプレゼンソフトは？

パワーポイントを使って授業を進める際に留意すべきことは何でしょうか。また，それ以外に授業で使えるプレゼンソフトはありますか。

1．パワーポイント使用上の留意点

パワーポイント（以下，パワポ）は，同じ授業を数回行わなければならない教員にとっては，同じ板書内容を何度も書く必要がなくなり，とても便利ですが，授業を受けている生徒たちには次のような配慮が必要です。

パワポは画面を次々に切り替えて，「紙芝居」のように生徒に情報を提示していくソフトウェアです。簡潔に授業のポイントを伝えるのにとても便利ですが，提示していくスライド１枚１枚の情報に焦点が当てられるため，板書に比べて話の全体像を理解させるには工夫が必要です。

例えば，パワポのスライドを提示して，教員がそれをただ読み上げるだけの授業を行った場合，人間は多くの情報を視覚から入手するため，生徒たちは教員の話に耳を傾けず，目で文字を追うだけになってしまいます。しかも，板書の内容は黒板に残しておくことができますが，パワポのスライドを次々に切り替えて，提示する情報量が生徒の処理能力を超えるほど過密な場合には，文字を読むのが遅い生徒はついて行けなかったり，ノートを取るのが追いつけなかったりしてフラストレーションをため込むことになります。

パワポを使って，教育効果をあげるためには，生徒の頭の中でどのようなことが起こっているのかを考えながら操作していくことが不可欠です。

2．パワーポイントを使った授業の進め方

① 文字量を調節する

パワポは，生徒が授業の内容を整理するために用いるものです。教員が授業を進めるためのレジュメにならないように気を付け，内容の詰め込みすぎにならないように，生徒が処理できる情報量（１枚のスライドにつき１テーマ）を提示するように心がけましょう。

② 示しているものと言っていることを一致させる

パワポを用いて，教員がオーラル・イントロダクションを行う際や生徒がスピーチやプレゼンテーションを行う際，生徒たちは発話される英語に耳を

傾け，一生懸命に内容を理解しようとしています。しかし，以下のようなパワポを見せながら，一枚のスライドで大量の視覚情報と音声情報を与えてしまうと，生徒の注意は散漫となり，内容を理解することが難しくなります。

スライド	 	発話	When you wash your face every morning, you use tap water. Our access to tap water is all because of infrastructure.

そのため，スライドが英語を理解するための補助となるよう，次に示すように，スライド上に１つずつ情報を追加していき，生徒たちの視線を誘導し，提示しているものと聞かせている内容を一致させることを心がけましょう。

スライド	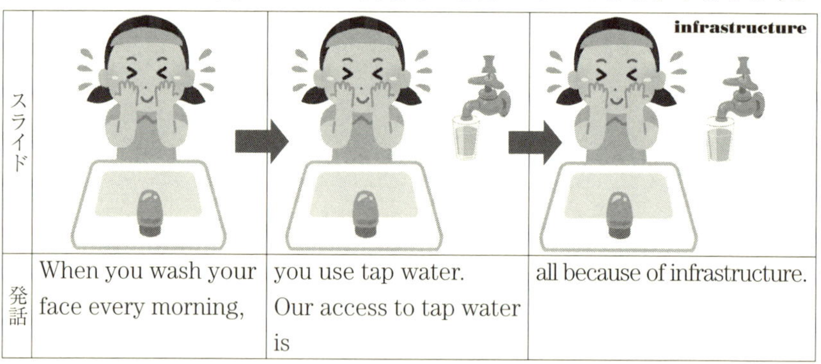 		
発話	When you wash your face every morning,	you use tap water. Our access to tap water is	all because of infrastructure.

③ ワークシートの準備

生徒たちは，時間とともに授業の内容をどんどん忘れていきます。そのため，授業の内容をノートなど生徒の手もとに残るように配慮することが大切です。板書を行わず，パワポだけで授業を進める場合には，生徒が安心して授業を受けられるように，ポイントを空所にしたワークシートを作成し配布しておきましょう。また，板書や他の教具と併用するなど，パワポに頼りすぎないようにすることが大切です。

④ アウトプット活動のために用いる

アウトプット活動では，生徒たち自身に「何かを言いたい」「何かを書きたい」と感じさせることが大切です。教員が単に教科書本文や文法解説のためにパワポを利用するのではなく，次のように生徒たちに何かを考えさせる，感じさせることを念頭に置き，写真や動画を提示したり，発問を投げかけたり，生徒たちの気持ちを刺激するようにパワポを作成することも大切です。

〈スライド〉

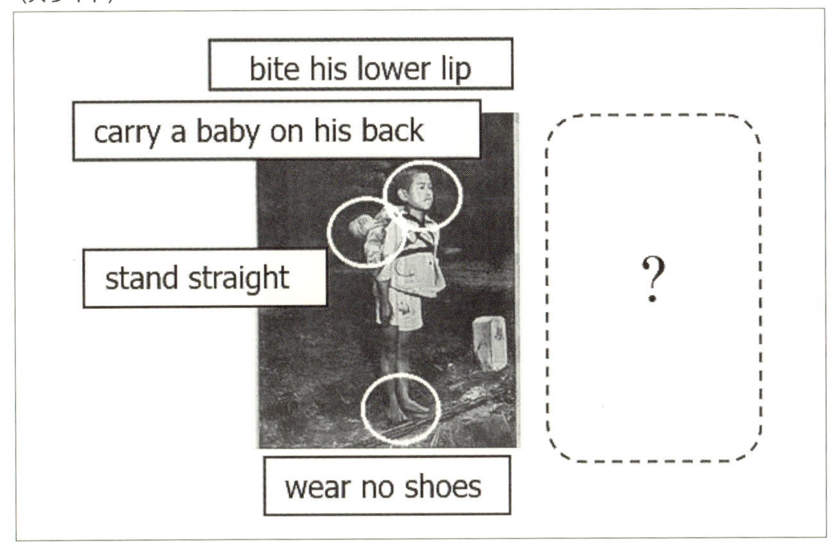

〈オーラル・イントロダクション〉

Look at the boy in this picture. What do you think? How would you feel? He must have come to this place for some reason. Look at him. He is **carry**ing **a baby on his back**. He is **wear**ing **no shoes**. He is **stand**ing **straight**. He is **bit**ing **his lower lip**. When do you bite your lower lip?

Q1. How would you feel if this were a photo of your family or your friend?

Now look at this picture again. He is carrying a baby on his back. He is wearing no shoes. He is standing straight. He is biting his lower lip, and he is looking at something. Now let's think about what he is looking at.

Q2. What was there in front of this boy? What is he looking at?

CROWN English Series I.（三省堂）Lesson 7, "Not So Long Ago" Part 2

2．①で述べたように提示する情報量に配慮し，写真を大きく提示して，教員は四角の枠で囲まれたキーワードを適宜示しながら，写真スライドの下に点線枠で示した教科書本文のオーラル・イントロダクション（⇨ Q6-2 ）を行います。その際，新出の文法事項である仮定法を意識したり，最後のアウトプット活動を見据えたりしながら，Q1，Q2のような発問を，アニメーション機能を使って適切なタイミングで生徒に投げかけ，インタラクションを行いながら授業を進めています。

3．パワポ以外のプレゼンテーションソフト

パワポは，現在最も広く使われているプレゼンソフトです。その特徴は1.でも述べましたが，紙芝居のように資料を提示していくことです。現在では，これ以外にも，手頃に利用できるプレゼンソフト（Googleスライド，JUST Slide, Keynote, Prezi, Scrapbox, Slide, SlideDog, Swayなど）があります。それぞれが特徴的な機能を持ち，目的や用途に応じて使い分けることができます。ICTのハードとソフトに共通して言えることですが，これらソフトもまさに日進月歩で進化していますので，以下は本稿執筆時点での情報です。興味のあるソフトについては，ネットなどで検索してみてください。

プレゼンソフト	特　徴
Keynote	操作がとても容易でタブレット端末でも資料の作成が可能です。テンプレートが豊富にあり，スライドにインパクトを持たせることが可能になるソフトです。
Prezi	パワポが紙芝居だとすると，Preziは「マインドマップ」のイメージでスライドを提示していきます。大きいキャンバス上の，見せたい箇所に枠（フレーム）を作成していき，ズームインとズームアウトを繰り返しながら資料を提示していきます。
Googleスライド	Googleのアカウントを持っていれば，だれでも手軽に利用できるプレゼンソフトです。基本的な機能のみで簡単にプレゼンテーションのスライドを作成することが可能です。オンライン上で作成するため，パソコンに限らず，スマートフォンやタブレット端末でも利用することができます。

テレビ電話やテレビ会議を実施するには？

ICTを使って，外国や国内遠隔地の生徒とテレビ電話やディベートなどのテレビ会議も行われているようですが，実践例を紹介してください。

1．教室外とのコミュニケーション

英語はコミュニケーションの道具であると実感し，学んでいる英語を使って何かをすることができたという達成感を生徒たちに味わわせたいものです。しかし，生徒の英語使用は通常教室内に限られているのが現状です。教室にいながら海外や国内の遠隔地とつながり，実際に相手の顔を見て英語の使用場面を作ることができるのがテレビ会議を使った授業です。

20年ほど前から高等学校でもテレビ会議システムを使った英語の授業は行われていますが，当時は高価な機材が必要で，授業の際には専門のスタッフのサポートを要するなど，一部の学校での実践にとどまっていました。しかし現在では，学校にある普通のパソコンを使用し，スカイプなどのアプリを使うことで，比較的手軽に取り組めるようになってきました。

2．テレビ会議システムを使った実践事例

① 生徒の個人活動の事例

1) 最近では，フィリピンなどと回線をつなぎ，生徒個人が現地の講師と英語で会話を行うサービスを利用して学習させている学校があります。費用の面から回数は限られる場合が多いですが，生徒にとっては一人で英語を使う貴重な機会になっています。システム上の運用は企業が行いますが，生徒に振り返りを書かせたり，企業から一人ひとりの生徒の事後報告を受けたりすることで，教員が活動状況を把握しサポートを行うことが，活動を継続させるためにも大切です。

2) 海外の姉妹校と協力して，それぞれの学校の生徒同士の組み合わせを作り，一定の期間内に会話を行う機会を持たせます。事前にテーマを設定しておくことで生徒も準備をすることができます。また，話の内容を事後の授業で口頭発表したり，英語でレポートにまとめて提出させたりすることで，家庭学習と授業との関連を持たせることができます。

② 教室での実践事例

1) 海外の高校との交流

海外の学校とライブで双方向の授業を行う場合には，時差を考える必要があります。それぞれの国の授業時間内に行う必要があるため，比較的時差の少ない韓国などとの交流が多く行われています。異なる母語を持つ生徒同士が，外国語として学んでいる英語を使ってコミュニケーションを取ることは，世界共通語としての英語を学ぶ意味としても大切なことです。

この交流を成功させるには事前準備が欠かせません。一度限りの生徒同士の自己紹介などの場合を除き，準備なくしてテレビ回線をつないでも十分な話す内容がなく，沈黙が多くなってしまいます。事前に共通のテーマを決めて，それぞれの国の様子について生徒がグループで準備をしたうえでスピーチを行います。例えば，事前に「ファッション」をテーマとして設定し，それぞれの国の若者の間で流行っているファッションについて写真を用いて紹介し合い，それぞれの発表内容についてお互いに質問をしたり感想を述べ合ったりします。50分の授業内での時間の割り振りも以下のように事前に決めておくようにします。

- 日本側のスピーチ　10分，韓国からの質問とコメント　５分
- 韓国側のスピーチ　10分，日本からの質問とコメント　５分
- ディスカッション　10分，終了後の教室内でのまとめ　10分

2) 国内の他校とのディベート

通常のディベート（⇨ Q6-8）では勝敗を決めますが，遠隔地の学校とテレビ会議でディベートを行う場合には，ジャッジを立てて勝敗を決めるのではなく，相手の高校生の英語を聞き取り，自分たちも英語で意見を発信する機会を持つことを目的として行うようにします。そのためにも，事前に英語の記事などを共有して読んでおき，議論の前提となる内容について理解しておくことで，生徒同士が英語を使う機会を多く持つことができます。ディベートで活発なやり取りを行うために，英文をしっかり読んでおかなければならないという目的もできます。

3) 帰国したALTの協力を得て

ともに時間を過ごしたALTが帰国した後に，教室と母国にいるALTとをテレビ会議の回線で結んで会話をします。生徒，ALTともに近況報告を行うことで，意味のあるコミュニケーションを行うことができます。

MOOCsとはどんな学習コンテンツ？

学習コンテンツとしてMOOCs（Massive Open Online Courses）が有益だと紹介されました。どのようなものなのでしょうか。

MOOCs（ムークス）またはMOOC（ムーク）と呼ばれているのは，「大規模公開オンライン講座」の頭文字をつないだ頭字語です。この中心にあるのはopen educationという流れで，講義動画や教材をインターネット上に無料で公開し，インターネットにつながる環境さえあれば世界中の多くの人々が教育の機会を得られるようにする試みです。この試みは2010年頃から本格化し，アメリカのハーバード大学，スタンフォード大学，マサチューセッツ工科大学（MIT）などの名門大学が無料で講義を配信しています。さらに練習問題の演習を行ったり，課題を提出したりすることもできます。試験を受けて合格すれば，修了証をもらうこともできます。

ムーク講座を提供しているウェブサイトは「プラットフォーム」と呼ばれています。代表的なプラットフォームに，「エデックス（edX）」や「コーセラ（Coursera）」があります。

エデックス（https://www.edx.org/）は，ハーバード大学とMITが2012年に開設したもので，「正義」（Justice）で有名なマイケル・サンデル教授（ハーバード大学）やMITの講座だけでなく，ジョージタウン大学等の提携大学の講座も公開しています。

コーセラ（https://www.cousera.org/）は，スタンフォード大学の教員が2012年に開設したものです。こちらも，シカゴ大学，ジョンズ・ホプキンス大学，コロンビア大学，エジンバラ大学，ジュネーブ大学などの多くの大学の講座を公開していて，その中には高校生も興味を持ちそうなHistory of Rock, Music of the Beatles, Comic Books and Graphic Novelsのようなポップ・カルチャーの講座も開かれています。

これらの講座は，もちろん大学レベルの講座ですから高校生には難しいのですが，自分が興味を持った分野の英語であれば食い付いていけるかもしれません。授業で扱うのは難しいかもしれませんが，自学自習用や選択学習の課題として紹介し，取り組ませてみてはいかがでしょうか。

第10章

評価の在り方とテスト問題の作り方

評価の観点，評価規準，評価基準の関係は？

評価の観点，評価規準（いわゆるノリジュン），評価基準（モトジュン）の３つの関係がよくわかりません。評価項目についても説明してください。

1．評価の観点とは

学習指導要領では，指導目標に照らして観点別に評価を行うことになっており，その際，どのような観点で評価するのかが大切になります。高等学校・外国語の目標は，「外国語によるコミュニケーションにおける見方・考え方を働かせ，外国語による聞くこと，読むこと，話すこと，書くことの言語活動及びこれらを結び付けた統合的な言語活動を通して，情報や考えなどを的確に理解したり適切に表現したり伝え合ったりするコミュニケーションを図る資質・能力を次のとおり育成することを目指す」で，具体には３つの柱（「知識及び技能」「思考力・判断力・表現力等」「学びに向かう力・人間性等」）が示されています（⇨ Q1-8）。これをもとに，教育課程部会「外国語ワーキンググループにおけるとりまとめ（案）」（2016）の学習指導案〈イメージ例〉の評価規準では，「知識・技能」「思考・判断・表現」「主体的に学習に取り組む態度」の３観点を表１のように示しています。

表１　高等学校外国語科「英語コミュニケーションⅠ」評価規準

知識・技能	思考・判断・表現	主体的に学習に取り組む態度
○言語の働きや役割などを理解し，英語の音声，語彙・表現，文法の知識を身に付けている。 ○英語の音声，語彙・表現，文法を，４技能（聞くこと，読むこと，話すこと，書くこと）において実際のコミュニケーションの場面で運用できる技能を身に付けている。	○場面，目的，状況等に応じて，幅広い話題について，情報や考えなどの概要・詳細・意図を外国語で的確に理解したり適切に表現したりしている。 ○外国語で聞いたり読んだりしたことなどを活用して，場面，目的，状況等に応じて，幅広い話題について英語を話したり書いたりして，情報や考えなどの概要・詳細・意図を適切に伝え合っている。	○英語やその背景にある文化，多様なものの見方や考え方に対する理解を深め，これらを尊重するとともに，自律的・主体的に英語を用いてコミュニケーションを図ろうとしている。 ○他者を尊重し，聞き手・読み手・話し手・書き手に配慮しながら，英語で聞いたり読んだりしたことを活用して，自分の意見や考えなどを話したり書いたりして表現しようとしている。

2．評価規準と評価基準の関係

「評価規準（ノリジュン）」という用語は，いわゆる「到達目標」のことです。学習指導要領では，「目標に準拠した評価」を観点ごとに適切に行うため，規準を設定することが明確に示されています。あらかじめ生徒に到達目標を明らかにしておき，どこまで到達できたかを評価することになります。例えば，「話すこと［発表］」では，「自分の職業観について語ることができる」という評価規準があれば，評価する際に，どこまで到達できたか，その目安（具体的数値）を段階で示すのが「評価基準（モトジュン）」になります。

下の表2のように，A・B・Cは，Aが「満足できる」，Bが「概ね満足できる」，Cが「さらなる努力が必要」と，Bを基準にA，Cを考えます。評価規準を設定することによって，具体的な評価基準が作成可能となります。

表2　評価規準と評価基準の関係

評価規準	評価基準
自分の職業観について，2分間スピーチができる。	A　他者に配慮して流暢で正確な英語を用いて自分の言いたいことを2分間でわかりやすくまとめて話すことができる。
	B　ときどき文法の誤りなどが認められるが，およその内容を伝えることができる。
	C　英語の誤りが多く，内容がうまく伝わらない。

3．評価項目について

評価項目とは，評価をどのような「ものさし」で測るかといった細目に当たるものです。例えば，「話すこと［発表］」であれば，「知識・技能」は，英語（語彙，文法など）の正確さ・適切さ，「思考・判断・表現」は，内容・構成・流暢さ，「主体的に学習に取り組む態度」は，発表への取り組み・準備物（資料等）・主体性・話しぶり（delivery, voice volume, eye contact など）・態度・努力などが考えられます。

活動によって評価項目は異なります。4技能5領域を統合させた言語活動（⇨ Q5-4）を行わせながら，コミュニケーション能力を適切に評価できるような評価項目を作成し，指導と評価の一体化（⇨ Q10-3）を意識することが大切です。

学習指導要領での評価の在り方は？

2018年度告示の学習指導要領では求められる資質・能力が３つに整理されていますが，評価の在り方はどう変わるのでしょうか。

1．４観点から３観点へ

従前の観点別学習状況の評価は，次の４つの観点で行われてきました。

① コミュニケーションへの関心・意欲・態度　…情意的目標
② 表現の能力
③ 理解の能力　…技能的目標（②・③）
④ 言語や文化についての知識・理解　…知識的目標

①は関心・意欲・態度という生徒の情意面に関する目標，②は「話すこと」と「書くこと」，③は「聞くこと」と「読むこと」の技能に関する目標，④は言語や文化についての知識・理解に関する目標で，４つは明確に区別できます。したがって，定期試験で観点別に作問し出題することも可能でした。

学習指導要領（小・中は2017年，高は2018年告示）では，小中高の全教科に共通する「資質・能力の三つの柱」（1．知識及び技能，2．思考力・判断力・表現力等，3．学びに向かう力，人間性等 ⇨ **Q1-8**）に基づき，評価の観点は次の３つに整理されました。

① 知識・技能
② 思考・判断・表現
③ 主体的に学習に取り組む態度

従前の４観点では，別観点とされていた「知識」と「技能」が観点①に統合され，一体化して評価することになりました。これは，「何を知っているかだけでなく，それを使って何ができるのか」までを合わせて評価するという重要なポイントですが，「言うは易く行うは難し」です。観点②については，①の「知識・技能」があればこそ「思考・判断・表現」が可能になるわけで，両観点はオーバーラップしていると言えます。③の「主体的に学習に取り組む態度」は，①・②の学習がうまく進行しているかを「振り返る」視点を提供しているとも言え，新３観点は旧４観点のように明確に区別できず，これらに基づく絶対評価は容易ではないでしょう。

2.「3観点」で，何を評価するのか？

それでは，3つの各観点で，何を評価すればよいのでしょうか。

観点①では，資質･能力1.の「知識及び技能」について，英語の音声，語彙，表現，文法，言語の使用場面と働きなどを理解し，知識を持っているか，さらに言語活動を通じて，その知識を実際のコミュニケーションで活用できる技能を身に付けているかを評価します。例えば，さまざまな時制の受動態や仮定法などの文法事項を学習した際に，その形と意味，使い方（⇨ **Q2-8**）を正しく理解し，実際に使われる文を聞いたり読んだりしてその意味を理解できるか，さらにそれを正しく使って基本的な文を話したり書いたりすることができているか（学習事項の理解と活用の能力）を評価します（⇨ **Q5-2**）。

観点②では，資質・能力2.の「思考力・判断力・表現力等」について，①の知識を活用して，聞いたり読んだりして理解したことをもとに「自らの体験」や「自ら考えたこと」を話したり書いたりして表現・伝達する力を評価します。例えば，教科書本文を聞いたり読んだりしたことをもとに，自ら思考・判断し，自分自身の考えを持つことができているか，また，それを英語で話したり書いたりして表現し，伝達する能力があるか（自己の考えを持ち，それを英語で伝える総合的･創造的な運用能力）を評価します（⇨ **Q6-6**）。

観点③では，資質・能力3.の「人間性」は，観点別評価や評定には馴染まないので「個人内評価」を行うこととされ，観点①及び②について，「学びに向かう力」として，仲間と協力したり，自ら計画を立てたりして積極的かつ主体的に粘り強く学習に取り組み，自らの学習を調整しようとする態度（生徒の学習プロセス）を長期的に見取って評価します。例えば，計画性，主体性，学習習慣，メタ認知といった自律的な学習能力，授業や活動への主体的参加，仲間との協働学習など（自律的な学習態度と学習能力）を評価します（⇨ **Q8-1,2**，**Q10-14**）。

これらを適切に評価するためには，「～を理解している，～できる，～しようとしている」など知識・理解，技能，態度に関わる具体的な学習到達目標を指標形式（CAN-DO）で示し，英語科の教員間で共有するとともに，生徒たちにも知らせ，教員と生徒間でも共通理解していることが重要です（⇨ **Q1-1**，**Q2-1,2**）。

指導と評価の一体化とは？

よく指導と評価の一体化が大切だと聞きますが，具体的にはどのようなことに留意すればよいのでしょうか。

学習指導要領（2018年告示）は，基礎的・基本的な知識及び技能の習得と思考力，判断力，表現力等をバランスよく育てることを重視しています。指導に際しては，生徒の主体的・対話的な活動を生かしながら，目標の確実な実現をめざす指導が求められています。求められる学力を育成するには，指導方法や授業改善を進めると同時に，学習評価においては，各観点の評価をバランスよく客観的かつ多角的に実施するなどの工夫改善が求められます。

授業中に英文を読んで訳す指導ばかりを行い，テストでも英文和訳の問題を出していれば，生徒たちは英語を使ってコミュニケーションができることよりも，英語を日本語に訳せる力が英語力だと勘違いをし，日本語訳を覚えておけば点が取れるといった意識が生まれるかもしれません。

一方，授業では「コミュニケーション能力の育成のために」と言ってさまざまな言語活動を行わせながら，定期テストでは旧態依然とした文法書き換え問題や穴埋め問題と和訳などしか出題しなければ，生徒たちは教員の建前と本音を見抜き，授業中の活動に積極的に取り組まなくなるでしょう。

指導と評価は常に一体であり，最終的にどのような力を付けさせたいかを考え，バックワード・デザインで３年間の到達目標を考えてCAN-DOリストを作成し，それに基づいた年間指導計画・単元指導計画を作り，それをもとに毎時の指導案を作成しましょう（⇨ Q2-1~4）。教員は指導と評価を同時に考え，評価による生徒の学習への波及効果（⇨ Q8-7，Q10-4，Q11-5）を考慮することが重要です。

また，学習評価の工夫改善を進めるにあたっては，学習評価をその後の学習指導の改善に生かすとともに，学校における教育活動全体の改善に結び付けることも重要です。その際，学習指導の過程や学習の結果を継続的，総合的に把握することが必要です。各学校では，生徒の学習状況を適切に評価し，評価を指導の改善に生かすという視点を一層重視し，教員が指導の過程や評価方法を見直して，より効果的な指導が行えるよう指導の在り方について工夫改善を図っていくこと，これこそが指導と評価の一体化にあたります。

Q10-4 評価の妥当性・信頼性・実用性・真正性とは？

評価の妥当性・信頼性・実用性・真正性とは何か，またテストの波及効果や生徒へのフィードバックの方法についても説明してください。

1．評価の妥当性・信頼性・実用性・真正性

テストを作成したり評価を行う際には，本当に生徒に付けたい力が付いたかどうかを正しく測れているのかを考える必要があります。その際の評価の指針になるものが，評価の妥当性・信頼性・実用性・真正性と言われるものです。

① 妥当性（validity）：測定したい能力の指標として，テストの点数がどの程度有意味かつ妥当で，測りたい力が測れているかどうかを見るものです。具体的にはテストの外観や内容，構成要素や能力が予測できるか否かなどの要素も入ってきます。例えば，スピーキングの力を測定したいのに，筆記テストで会話問題の穴埋めをしたり（⇨ Q11-5），発音問題で下線部が同じ発音のものを選ばせたりするのは，知識は測れたとしても，その生徒が実際に英語で話せるのか，また通じる発音ができるのかもわかりません。そこで，そのような場合は，パフォーマンステストやインタビューテストで実際に英語を話させてみれば正しく測定でき，妥当性があると言えます（⇨ Q10-11,12,14）。

② 信頼性（reliability）：テストや採点，測定に一貫性があるか否か，採点者が異なっても，あるいは同じ採点者が時間や日が変わっても同じ基準で採点でき，同じ評価になるかといったことが信頼性に関わります。そのため，テストでは多肢選択式や正誤問題などマークシート式が一般的に用いられます。しかし，選択式のテストでは，実際に英語でやり取りや発表などができるのか，英語でエッセイなどが書けるのかといった能力を測定することは困難になり，①で述べた妥当性に問題が生じます。パフォーマンステストでは，ルーブリックなどの評価基準表を作成し，信頼性が高まるような工夫が必要です（⇨ Q10-7）。

③ 実用性（practicality）：いかに信頼性や妥当性が高いテストや評価方法であっても，時間や費用がかかりすぎると実用性が低くなります。年度当初に学年担当の教員でテスト他による評価計画を立てておき，例えば，学期

に一度，テスト期間中やその前後にインタビューなどのパフォーマンス評価を行う，授業で毎回スピーチを２名ずつ発表させる，昼休みや放課後などを活用して音読テストを実施する，定期的にエッセイ・ライティングを提出させるなど，無理のない実施可能な体制を整えることが大切です。

④ **真正性（authenticity）**：実際の文脈と切り離されたテストのためだけの問題を出すのではなく，そのテスト問題が，日常生活や社会生活において実際に言語が使用される場面を想定して作成されているか，自然で本物の言語使用に近い内容かどうかを考えることは，英語を使って何ができるようになるのかといった行動指標にも関係します。英語ニュースやアナウンスを聞く，英字新聞や小説を読む，道案内，買い物や注文，電話でのやり取りやメールを書くといった問題は，真正性が高いと言えるでしょう。

2．テストの波及効果と生徒へのフィードバックの方法

指導と評価の一体化については先に述べましたが（⇨ Q10-3），テストは授業や生徒の学習意欲に直接還元されます。例えば，大学入試センター試験にリスニングが導入されたことで，授業でのリスニング指導や生徒のリスニングへの関心が高まり，確実にリスニング力が伸びてきています。生徒は教員が思う以上にテストの点数や成績に敏感です。テスト問題が変われば，予習や復習，テスト勉強のしかたも変わります。例えば，テストや評価にスピーキングやライティングを入れることで生徒にその重要性が伝わります。テスト問題や評価は，生徒の英語学習への教員のメッセージを反映しているとも言えます（⇨ Q8-7，Q10-8）。

また，生徒へのフィードバックはできるだけ速やかに行いましょう。定期考査後なら，個別に呼んでつまずいている箇所や課題を明らかにし，生徒の学習状況を把握するなどの対応が理想的です。しかし，時間的に厳しい場合は，答案に簡単なコメントを付けて返却したり，共通する誤りや課題はクラス全体で共有したりすることが大切です。生徒の頑張りを褒めることが重要で，しっかり指導し，ポイントを押さえた学習をさせ，テストや評価でよい成績を取らせることで達成感や満足感を得られるよう，テストの作成や評価を慎重かつていねいに行うことが望まれます。

CAN-DO評価の進め方は？

CAN-DOを用いた自己評価が有効と聞きますが，自己評価や相互評価の意義と留意点，CAN-DO評価の進め方についてアドバイスください。

1．CAN-DO評価とは？

文部科学省は，英語授業において達成すべき学習到達目標を，学習指導要領に基づき「CAN-DOリスト」の形で具体的に設定することを提言しています（⇨ Q1-3，Q2-1,2）。学習指導要領（2018年告示）では，４技能５領域において，それぞれ何がどこまでできるようになるかを「～することができる」という具体的な文（能力記述文）によって表しています。その具体的な内容をまとめたCAN-DOリストを生徒に年度当初に配布し，それに基づいて指導を行い，生徒自身にその到達目標が達成できているかどうかを，定期的に自己評価をさせることを「CAN-DO評価」と呼びます。それにより，生徒は自分の現在の能力を客観的に捉え，見通しや次の目標を持って学習に計画的に取り組み，定期的に自身の能力の伸長や達成状況を把握することができます。そのようなメタ認知能力を高めることで自律した学習者を育てることができます（⇨ Q8-1,2）。

2．自己評価や相互評価の意義と留意点

評価はだれが何のために行うものでしょうか。評価には教員が生徒の習熟度，進級，卒業などに関する判断のために実施する定期考査などの①「学習の評価（assessment *of* learning）」，教員が授業に関する決定や改善などのための情報を得るために実施する授業中の小テストなどの②「学習のための評価（assessment *for* learning）」，生徒が自己の学習のモニター，及び自己修正または自己調整のために行う③「学習としての評価（assessment *as* learning）」があります。その中でも生徒が個人的な目標を得るためには，③の「学習としての評価」が重要であり，そこで授業中に自己評価や相互評価を導入し実施するのです。

自己評価のしかたにもさまざまありますが，単元の終わりに行うCAN-DOによる振り返りシートや，学期末にまとめて行うチェックシートなどの自己評価は，到達目標として年度当初に配布するCAN-DOリストとリンク

させることで，生徒は英語学習の全体像がつかめ，自分の現在位置を確認することができます。さらに，ルーブリック（⇨ Q10-7）とCAN-DOを合わせることで，より信頼性の高い自己評価を行うことができます。

スピーチやプレゼンテーションなどでは相互に評価させる機会も多いでしょう。その場合は互いのパフォーマンスを観察して評価することで，よい点や改善点がわかり，互いに学び合い高め合うことができます。また，評価の観点を意識して練習に取り組むことができるため，最終的な到達度が高まります。相互評価の際の留意点として，①正しいモデルを示し，評価の観点と基準を明確にして生徒と共有すること，②スピーチやプレゼンテーションの最中に評価をさせないこと，③励ましや次につながる評価を心がけるように促すこと，などがあります。評価者として生徒を育成することも大切で，ALTや映像などを活用してよい例と悪い例を示したり，具体的に何をどのように評価するかを説明したりしてから評価させましょう。評価用紙ばかりを見て発表者の方を見ず，コミュニケーションが取れないといった事態は避けたいものです。コメント欄にはその人のよい点を認め，アドバイスできるような態度を育てることで集団が育ちます。教員や友人からの評価のフィードバックを楽しみに待つようになれば成功です。

3．CAN-DO評価の進め方

CAN-DO形式の目標と評価規準，評価方法及び評価時期とを有機的に結び付けることが重要です。評価方法としては，CAN-DO形式の目標に対応した学習活動の特質等に応じて，筆記テスト，インタビュー，エッセイ，スピーチ等のパフォーマンス評価（⇨ Q10-11,12）や活動の観察等，さまざまな評価方法の中からその場面における生徒の学習状況を的確に評価できる方法を選択することが重要です。

授業改善のための評価は日常的に行うことが大切ですが，生徒の学習状況を調べ，達成度を記録するための評価は，単元等のある程度長い区切りの中に設定した適切な時期に実施し，さらに，学期や学年といった単位で総括しましょう。

評価の種類は？

定期考査や小テストなどいろいろな評価方法がありますが，総括的評価，形成的評価など，評価の種類について説明してください。

1．評価の種類

評価は，生徒の学習の成果を評価対象とするアセスメント（assessment）と，教育活動の全般を評価対象とするエバリュエーション（evaluation）に分けることがありますが，ここでは，前者の生徒の能力や学習成果の評価を対象とします。

評価には，生徒は何ができて何ができていないかを把握するために高校入学時などに行う「**診断的評価**」，個々の生徒の成長を診断するために行う「**形成的評価**」，定期的に指導した学習内容に応じた知識・技能などの定着度を測る「**総括的評価**」があります。また，学習指導要領の観点に照らして行う観点別評価や，英語学力がどの程度あるかを測る到達度評価もあります。

英語学力テストを見れば，TOEFLやIELTSをはじめとする熟達度テスト（proficiency test）やクラス分けテスト（placement test）といった全体の中での個人の位置を見る「**集団準拠テスト**」（NRT：norm-referenced test）と，到達度テスト（achievement test）や診断テスト（diagnostic test）といった一定の水準に達しているかどうかを測る「**目標準拠テスト**」（CRT：criterion-referenced test）に分かれます。

2．評価の方法（⇨ Q10-5,8~14）

生徒の学習状況を的確に評価できる方法を選択します。評価方法には，リスニングテストを含めた筆記テスト，単語やディクテーション，音読などの授業中の小テスト，インタビュー（面接），エッセイ，スピーチ，ロールプレイ等のパフォーマンス評価，活動や発表の観察，CAN-DO評価，自己評価，相互評価，生徒の作品などを集めたポートフォリオ評価，ノートやワークシートの点検，学期末などに行うアンケート調査などがあります。

１つの尺度のみではなく，さまざまな方法を用いて，多様な観点から評価することが求められます。

Q10-7 「ルーブリック」の作成法と活用法は？

パフォーマンス評価を行う際に「ルーブリック」の利用が有効だと聞きました。それはどういうもので，どのように作成し，活用するのでしょうか。

1．パフォーマンス評価とルーブリック（rubric）

インタビュー，スピーチ，プレゼンテーション，エッセイなどのパフォーマンス評価（⇨ Q10-11）を行う際は，評価規準を明確にしておくことが必要です。その際，生徒にも関与させると到達目標が明確になり，意欲が増すでしょう。

「ルーブリック」は，下の表のように，一般的には「観点」と「到達レベル」を縦軸と横軸にした，観点ごとにレベルが一目でわかる評価基準表です。ルーブリックの指標は，５段階，４段階，３段階のいずれでもかまいません。また，単元目標などに照らして，観点別に重み付けを行い，重要な観点の配点を高くすることも可能です。

ルーブリック例（「時事問題についてスピーチしよう！」）

観点	評価規準	評価基準		
		A	B	C
知識・技能	内容を既習語彙や表現，文法などを正確かつ適切に用いて，具体的に説明し，流暢に話すことができる。	内容を適切な語彙や表現，文法などを正確かつ適切に用いて具体的に説明できており，流暢に話すことができた。	内容を適切な語彙や表現，文法などをおおむね正しく適切に用いて説明できており，つまることもあるが最後まで話すことができた。	内容について言っていることはおよそわかるが，語彙や文法の間違いが多く，途中で止まることもあった。
思考・判断・表現	事実関係や具体例などをわかりやすく論理的にまとめ，自分の考えや意見を説得力を持って伝えることができる。	事実関係や具体例などを順序立ててわかりやすくまとめ，自分の考えや意見も理由や根拠を持って伝えることができた。	事実関係や具体例などがややわかりにくかったり少なく，自分の考えや意見は述べているが，理由や根拠が不十分であった。	事実関係や具体例などがほとんどなく，自分の考えや意見が十分に伝えられなかった。

主体的に学習に取り組む態度	伝わりやすい声や発音，視線，表情で，聞き手の反応を確認しながら，資料などを効果的に用いて意欲的に発表することができる。	適切な発音で，大きく明瞭な声で，アイコンタクトをしっかり保ち，表情豊かに資料を活用して積極的に話すことができた。	相手に届く声で話せたが，ときどき発音が不明瞭でわかりにくかったり原稿を見たりといった消極性が見られ，資料の活用が不十分であった。	声が小さく発音の誤りもあり伝わりにくかった。アイコンタクトが不十分で資料の活用もできていなかった。

2．ルーブリックの作成法と活用法

ルーブリックの作成手順はおよそ以下のようになります。できるだけ教員と生徒の協働で作成するとよいでしょう。

① ルーブリックに盛り込む評価の観点と到達目標を明確にしたうえで項目と段階を設定します。指導要領に示された３観点でもよいですし，スピーチなら，内容，英語の正確さと流暢さ，発音，態度といった項目でA，B，Cの３段階を設定することもできます。

② 予想される生徒の姿をそれぞれの段階を思い浮かべて評価表の各欄に書き入れます。その際，「十分満足できる」「およその合格ライン」「努力を要する」などの姿を表記します。生徒にも評価表を提示し，追加したい項目がないかを尋ね加筆します。

③ ALTや他の教員など複数の教員で数名分採点し，得点やその理由をつき合わせ，必要に応じて評価表を修正します。

④ 採点と並行して，各レベルの基準を整理しながら数名の採点を進めるとルーブリックがほぼ完成するので，それをもとに採点を続けます。新たな生徒のパフォーマンスや考え方が見られた場合は，評価表に追加します。

活用の際の留意点としては，ルーブリックによる採点や評価ありきではなく，生徒一人ひとりのパフォーマンスをよく観察して，評価表を修正したり，細かな点まで正しく評価し，よさを認め褒めることが大切です。また，記入した評価表にコメントを付けてすぐにフィードバックすると，生徒が自分のパフォーマンスを観点別に振り返り，次の活動への意欲を高めることにもつながるでしょう。

定期考査のテスト問題の作り方は？

定期考査は教科書を用いて文法や読解を中心に出題しています。よりよい問題を作成するにはどのようなことに注意すればよいでしょうか。

1．定期考査で出題できる観点

定期考査は筆記テストが主になりますから，すべての技能や領域，観点が測れるわけではありません。例えば，３つの資質・能力の中で，「学習に取り組む態度」は，日頃の授業やパフォーマンス評価などで測定する必要がありますし，領域でも「話すこと［やり取り］」や「話すこと［発表］」は筆記試験による定期考査ではなく，定期考査中やその前後でスピーキングテストを別途に行うことが必要です（⇨ Q10-11）。

また，定期考査のテスト形式には，まずは個別項目テスト例として，リーディングやリスニング，文法問題などの理解を中心とした受容型テスト（真偽，多肢選択，マッチング，適語補充，語句や文の整序問題など）が考えられます。また，ライティングや会話問題など産出型テスト（穴埋め法，記述式問題など）があります。さらに，統合型テストとしては，クローズテストやディクテーション，それ以外に，要約や自由英作文などの出題も可能です。

話すことのテストでは，面接やタスクを与えて実際の場面に即した言語運用能力を測るパフォーマンス・テストなどが考えられます。

2．よりよいテスト問題の作成に向けて（⇨ Q11-5）

定期考査は，授業中に学習した範囲から問題を作成することが多いため，どうしても同じパッセージやテキストを用いて，そこから語彙や表現，内容を問う出題や，新出事項の文法の理解を問う出題などが中心になりがちです。その場合，生徒は教科書の本文を暗記したり，ひどい場合には日本語訳を丸暗記するといった勉強法に陥りがちです。それでは，本来の英語の知識及び技能の習得と，それに思考力・判断力・表現力を加えて，英語を実際に使いこなす能力を正しく測定することにはつながりません。

そこで，テスト問題作成の留意点を考えてみましょう。

① 毎回リスニング問題を入れ，細部を聞き取るボトムアップ式問題と全体の意味を捉えたり，推測したりしながら話者の意図を聞き取らせるような

トップダウン式問題を出題する。

② 毎回，教科書で扱ったトピックやそれに関連したテーマで，実際に英語で書かせる問題を入れる。字数制限のある自由英作文や，本文の要約と感想を書かせてもよい。

③ 学習した語彙，語法，文構造，文法事項などをテキストとは異なる新たな文例を挙げて，その中で判断させたり，文や文章を書かせたりして，知識を応用できるかを測定する問題を入れる。

④ ほぼ同じレベルで書かれた英文（パラレルテキスト）を読ませて読解力を測る問題を準備する。ALTにテキストを参照して新たな英文を書いてもらったり，別のテキストや資料からよく似た内容を選び，必要に応じてリライトして出題してもよい（⇨ Q10-13）。

次に定期テストでは，聞く，読む，書くことが中心になりますから，およその構成を考え，各技能や知識をバランスよく評価できるようにします。大問それぞれに評価規準を配置し，各評価規準を評価するのに適した問題を考えます。1つの大問に複数の評価規準を混在させた問題を作成しないように注意しましょう（⇨ Q10-13）。参考例を挙げておきます。

① **聞くこと：**（⇨ Q10-9）

問1　正確な聞き取り（音変化する語句のディクテーションや内容）

問2　適切な聞き取り（まとまりのある対話文の概要や要点）

問3　適切な聞き取り（物語やアナウンス，スピーチなどの内容）

② **読むこと：**

問4　正確な読み取り（テキストの内容や意図）

問5　適切な読み取り（論理展開や行間，書き手の意向など）

③ **書くこと：**

問6　正確な筆記（短文やメール文などさまざまなジャンル）

問7　適切な筆記（論理構成を考えたまとまりのある文章）

④ **知識・技能：**

問8　言語についての知識（語句や表現，語法など）

問9　言語についての知識（文法など）

テスト問題が学習への波及効果を与えるような，魅力的なテスト問題を作成したいものです（⇨ Q8-7，Q10-3,4）。

リスニング能力を測るテストと評価方法は？

リスニング力を測るよりよいテスト問題例があれば紹介してください。また，ALTなどがいない場合，音声の吹き込みはどのようにすればよいでしょうか。

1．リスニングプロセス

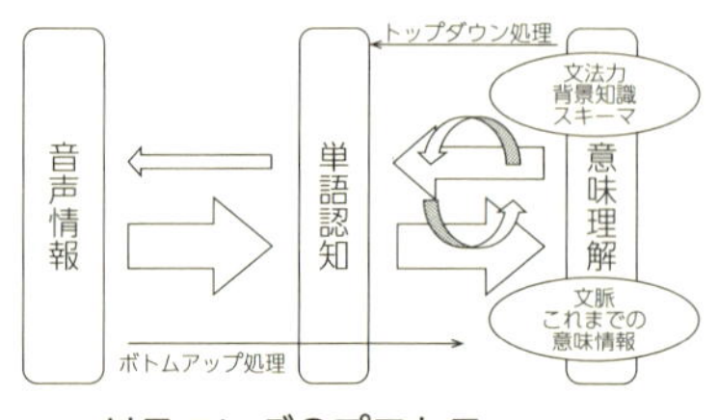

リスニングのプロセス
(Yonezaki, 2017)

我々は聞こえてきた音声情報を受け取ると，音声言語を理解するために，①語彙処理，②文法処理，③意味処理，④文脈処理，⑤スキーマ（知識情報）処理を通して，発話の意味を理解しようとします（鈴木・門田, 2018）。リスニングでは，左図のように音声認知から意味理解に向かうボトムアップ処理と，文法，文脈，スキーマ等を利用して認知した内容を推測するトップダウン処理の２処理が複雑に絡み合い，リスニングが成功します。

2．リスニングテストで測定すべきテスト内容及び形式

① 音声からの単語認知に焦点を当てたリスニングテスト

音声の正確な聞き取り，話されている語彙や文が正しく認識できているかを測ります。語彙や英文を聞かせ，クローズテスト（空所補充）やディクテーション，多肢選択問題などのテスト形式があります。

② 意味理解に焦点を当てたリスニングテスト

まとまった会話や英文を聞かせて，話されている場所や状況を理解し，概要や要点を捉えているかを確認する問題，対話などで話者の考えや意図が理解できているかを確認する問題，内容を理解したうえで推測や正しい対応ができるかを測る問題等が考えられます。テスト形式としては，多肢選択問題，英問英答，タイトル選択，True or False問題などのテスト形式があります。

3．リスニングテストの具体例

① 語句の聞き取り（ディクテーション）

新入生に向けたメッセージとして，次のような英文を聞かせ，空所に聞き取った語句を補わせます。

Because you are all new students, we will（***start you off***）with how to take notes.

これは，弱音節や語と語の連結による音変化が含まれる機能語と内容語が聞き取れているかを確認する問題であり，かつ英文内容を読み取ることで聞き取れなかった箇所を推測し補充する問題です。

② **推測問題**

Listen to the conversation. Then circle the letter of the correct answer.

Male : Are you planning an unusual or adventurous wedding? Surely you don't want something traditional.

Female : Look. Getting married is scary enough. I don't need anything thrilling – just a simple ceremoney.

［Question］

1. What kind of wedding is the woman planning?

a. adventurous　　b. scary　　c. traditional

2. How does the woman feel about getting married?

a. thrilled　　b. nervous　　c. bored

（*What A World 2.*（PEARSON Longman), Unit 11より抜粋）

これは，概要を把握したうえで，質問に対する答えは直接言及されていませんが，根拠となる語句を手がかりに，答えを推測する問題です。

実際の生活で使用されている素材（例えば，空港や校内のアナウンス，天気予報などのauthentic materials）や，実生活で聞こえてくる雑音なども入れておけば，より真正性（authenticity）の高いテストになるでしょう（⇨ **Q10-4**）。

4．音声の吹き込み

ALTがいない場合，リスニングテストの音声は日本人教員でもかまいません。日本人教員の話す英語は英語話者なみに話すことが理想ですが，一般には難しいでしょう。よりよい発音を身に付けるために努力することは大切ですが，国際的に通じる程度のレベルの英語でよいと思います。

より自然な英語を聞かせたい場合は，教科書準拠のCDやウエブサイトからダウンロードされた教材音声の使用が考えられます。また，最近では無料音声読み上げツールも手軽に利用することができます。さらにYouTube等の動画を利用し，質問だけ教員のほうで作成し録音することも考えられます。

Q10-10 音読やシャドーイングの評価は？

授業中，音読やシャドーイングを重視していますが，それらをどのように評価すればよいのでしょうか。

音読やシャドーイングにはさまざまな方法がありますが（⇨ Q3-8），評価項目（評価規準）としては次のようなものが考えられます。

- 発音：強勢，リズム，イントネーション，音変化など英文を正しく読めているか。
- 流暢性：読み直しなども含め，テンポよくある程度のスピードで読めているか。
- チャンキング：意味のまとまりごとに正しく区切って読めているか。
- 伝達・表現力：声の大きさ，表現力など意味や書き手の気持ちを適切に伝えているか。

評価基準は３段階～５段階のいずれでもかまいません。ルーブリック（⇨ Q10-7）を用いると，評価をより客観的に行うことができます。

1. Check the word(s) or phrase(s) you could not catch.
   On January 12th, / 2010, / a huge earthquake hit Haiti.// Many houses were destroyed / and a lot of people were buried alive.// It was a disaster / which killed / a large number of people. // When this horrible news traveled / all over the world, / people offer their support / for the earthquake's victims.//
   （*One World Communication I.*（教育出版）Lesson 6, Part 1より抜粋）
2. Did your partner read aloud
   - enough to be heard clearly? (　　)
   - with proper punctuation? (　　)
   - fluently and spontaneously? (　　)
   - with confidence? (　　)

   Criteria: 3 Satisfies adequately　2 Satisfies to a certain degree
   1 Needs more effort

音読やシャドーイングは，自己評価や生徒同士の相互評価も可能です。上記は相互評価表の例です。一人が音読（または，シャドーイング）し，もう一人が正確に音声を再生できていない箇所に下線を引きます。自己評価の場合には，うまく言えなかった箇所に下線を引きます。自己評価や相互評価では，評価基準は簡単なものがよいでしょう。

スピーキング能力を測るパフォーマンス評価とは？

「話すこと」の力を測る方法を紹介してください。また，パフォーマンス評価の課題の設定，評価の進め方についてアドバイスをお願いします。

1．「話すこと［やり取り］」と「話すこと［発表］」の力を測る方法

学習指導要領の「話すこと［やり取り］」と「話すこと［発表］」の目標を，ア．「英語コミュニケーションⅠ」とイ．「論理・表現Ⅰ」を例に考えてみましょう。

①「話すこと［やり取り］」の目標例

ア．日常的な話題や社会的な話題について，使用する語句や文，対話の展開などにおいて，多くの支援を活用すれば，基本的な語句や文を用いて，情報や考え，気持ちなどを論理性にも注意して話して伝え合うやり取りを続けることができる。

イ．日常的な話題や社会的な話題について，使用する語句や文，対話の展開などにおいて，多くの支援を活用すれば，ディベートやディスカッションなどの活動を通して，聞いたり読んだりしたことを活用しながら，基本的な語句や文を用いて，情報や考え，気持ちなどを話して伝え合い，やり取りを通して必要な情報を得たり，意見や主張などを論理の構成や展開を工夫して話して伝え合うことができる。

②「話すこと［発表］」の目標例

ア．日常的な話題や社会的な話題について，使用する語句や文，事前の準備などにおいて，多くの支援を活用すれば，聞いたり読んだりしたことをもとに，基本的な語句や文を用いて，情報や考え，気持ちなどを論理性に注意して話して伝えることができる。

イ．日常的な話題や社会的な話題について，使用する語句や文，事前の準備などにおいて，多くの支援を活用すれば，スピーチやプレゼンテーションなどの活動を通して，聞いたり読んだりしたことを活用しながら，基本的な語句や文を用いて，情報や考え，気持ちなどを論理の構成や展開を工夫して話して伝えたり，意見や主張などを論理の構成や展開を工夫して話して伝えることができる。

このような力を評価するには，実際に「やり取り」をさせる対話やインタ

ビュー，ロールプレイ，ディベート，あるいは「発表」を行わせるスピーチやプレゼンテーションなどの，タスクを用いた実技テストとパフォーマンス評価が最適です。

2．パフォーマンス評価における課題の設定と評価の進め方

スピーキングテストで「思考・判断・表現」の能力を測るには，

- コミュニケーションを行う目的・場面・状況等を設定し，
- それに応じて，英語を聞いたり読んだりして情報や考えなどを的確に理解し，
- それらをもとに英語で適切に表現するとともに，情報や考えなどの概要・詳細・意図を伝え合うコミュニケーションができているか，

に留意して評価します。そこで，授業中に適切なパフォーマンス課題を設定し，思考を深めさせる問いを投げかけ，課題解決に向けて十分に時間をかけて準備をさせ，教員も段階的に指導を行うことが不可欠です。

① 課題設定の留意点

パフォーマンス評価は，魅力的で実行可能で正当な価値あるテストとされ，評価の真正性，妥当性，波及効果の点で大変有効です。よいパフォーマンス課題の条件として，次のことが考えられます。

- 目的，役割，相手，状況，作品，内容，求められる技能，観点がしっかりしている。タスク（発表型，面接型，ライティング型，群読型*など）が明確である。

  ＊1つの作品や文章などを数名のグループで順番に少しずつ読んでいく活動
- 生徒の意識や思考の流れを大切に考え，動機づけがなされて，やる気が出る課題になっている。
- 生徒が知識・技能を多方面から創造的に活用できる。
- 単元で身に付けさせたい力の核となるものと，単元を超えて活用できる力が問われている。(教科内容と生徒の現実世界の両方の文脈を含むよう設定することで，生徒が教科内容を，生活実感を伴って理解できます。)
- 場面や状況が実社会や実生活に近く，現実場面で活用できる。
- ペアやグループなど，主体的に協働学習に取り組める活動形態がとられている。

パフォーマンス評価では，「主体的・対話的で深い学び」というアクティ

ブ・ラーニングの視点も踏まえた課題の設定が重要になります。

② 技能統合型のパフォーマンス課題例

次にプロジェクト学習としても活用できる課題例を挙げてみます。

1) 話すこと［やり取り］：ディベート，ディスカッション，創作劇，外国人や有名人への模擬インタビューなど
話すこと［発表］：世界遺産の紹介，海外ボランティア計画，新商品開発プロモーション，テレビ番組，CMなど

2) 課題研究（Research Project ⇨ Q6-9）：社会問題を発見し，書籍やインターネットから現状を把握し，背景知識を増やすとともに，資料や先行研究を入手し，リサーチクエスチョンを立てさせます。その後，インタビューやアンケートを実施し，情報を分析・考察して改善に向けた提案をしたり，活動計画を立てて実行したりした後，英語レポートにまとめ，発表会を開きます。各自が関心のある時事問題などについて調べた内容を用いてポスター発表をしたり，プレゼンソフトを使って口頭発表した後，質疑応答，意見交換を行わせると，「発表」と「やり取り」を合わせた活動になります。

3) 課外活動：校内での英語イベント（⇨ Q8-8）や校外でのスピーチコンテスト，ディベート大会，模擬国連や全国SGH甲子園などに参加させることも可能です。情報を集め，生徒たちに英語を使ってやり取りや発表を行える機会を与えましょう。これらのイベントへの参加にあたっては，参加した生徒が成功体験を味わい，有能感や自己肯定感を感じられるよう教員も支援してあげましょう。

③ ルーブリックの提示とパフォーマンス評価の進め方

評価に際しては，ルーブリックを作成し，生徒と共有しておきます（⇨ Q10-7）。そのことにより，教員は評価規準を示すことができ，指導の目的が明確になり，生徒は何が期待され評価されるかがわかります。次に，生徒に最終ゴールの望ましい姿をモデルで示し，ICT機器なども活用して（⇨ 第９章）自主的に学習や練習を十分させてから実施しましょう。

実施後は，自己評価や振り返りを行わせ，教員からもフィードバックを行うことで（PDCAサイクル），生徒は学習の次の目標がわかり，教員は授業改善に役立てることができます。

手軽に実施できるスピーキングテストの方法は？

スピーキング能力は，実際に話させてみないと評価できませんが，時間がかかるので実施に踏み切れません。実施可能な方法を紹介してください。

全員に個別でスピーキングテストを行うのは大変時間がかかりますが，内容や形式，実施時期などを工夫することで時間を短縮でき，実用性（practicality⇨ Q10-4 ）を高めることができます。いくつかの方法を紹介しましょう。

① 授業中に実施

毎時間「帯活動」（⇨ Q2-6 ）として既習の内容や表現を復習し，各単元の最後にまとめとしてリテリングをさせ，意見を付け加えるなどのペア活動を行わせて，それらをモニタリングして評価します。生徒ができたこと，できなかったことを個人カードに書きためていけば形成的評価に役立ちます。

また，２～３名ずつスピーチやプレゼンテーションを行わせたり，ペアで対話やロールプレイなどのタスクを行っている最中に机間指導をしながら毎回数名ずつ，または２～３グループを集中的に観察し，評価することも可能です。

短時間で継続的に行うことで指導と評価の一体化を図ることができます。その際，アドバイスや支援を忘れず，適切なフィードバックを返すことが大切です。

② ICT機器の活用

タブレット端末やICレコーダー（⇨ Q9-4 ）などの機器を使って，録画や録音をさせたり，CALL教室で音読やスピーチ，会話などを録音して提出させたりして，それらを授業外の時間に評価したり，ALTに採点を依頼することもできるでしょう。生徒たちも何度も納得がいくまで録画や録音をやり直すことができるので，パフォーマンス力も高まります。

③ 放課後や昼休み，テスト返却期間やTTなどの活用

個人やペア，グループで教科準備室などに来させて，放課後や昼休みに評価を行うことも可能です。また，テスト直前や返却日などの自己学習の時間に，一人ずつ別室や廊下に呼んでスピーキングテストを実施することもできます。また，ALTとのTTの時間を活用してスピーキングテストを実施してもよいでしょう。

リーディング能力を測るテストと評価方法は？

空所補充や整序問題，部分訳などを出題していますが，読む力を正しく測れているのか自信がありません。アドバイスをお願いします。

1．リーディング能力とテストの関係

① リーディングのどのような力を測定したいのかを明確にする

まずは読む力として，どのような力を測るのかを明確にしましょう。例えば，学習指導要領（2018年告示）の「英語コミュニケーションⅠ」の「目標（読むこと）」では，読む力として「日常的な話題について，書き手の意図を把握する」能力と「社会的な話題について，概要や要点を目的に応じて捉える」能力が挙げられています。

② 作成方法：初見の英文，それとも授業で扱った教科書本文を扱うのか

基本的には初見の英文を用いてテスト問題を作成します。教科書本文の内容や本文そのものを暗記していれば英文をまったく読まなくてもできるような問題では，生徒はテスト中にほとんど英文を読まずに読む力が測られているという奇妙な状況が生じ，出題の妥当性に疑問符が付きます（⇨ Q10-4）。教科書の題材や授業との関連を考える場合は，ウェブサイトや英字新聞から教科書本文に関連した題材の英文や本文の原典を探し，それらを平易な英語に書き換えてテスト問題に使うなどの工夫もできるでしょう。

また，1つの英文に対して文法や語彙，下線部和訳に穴埋めなど，さまざまなタイプの設問がある，いわゆる「総合問題」も何の力を測ろうとしているのかが曖昧になり，教員・生徒ともにテスト結果から読む力について有効なフィードバックを得ることはできません（⇨ Q10-8）。さらに，根岸（2017）は，リーディングテストを作成するときに，テキスト選びからではなく，どのような種類の設問を設定するかを先に考える（テストのスペックを決める）ことを提案しています。測定したい読みの力に応じて，指示代名詞の指す内容を答えさせる，英文にタイトルを付けさせる，など設問の種類をある程度決めることができます。改めて授業中の「読むこと」に関する言語活動やこれまでのテストを見直し，常に指導と評価の一体化やテスト項目の改善に努めましょう。

2．教科書の原典を活用したリーディングテスト例

次は，「コミュニケーション英語Ⅰ」(*CROWN English Communication I – New Edition.*（三省堂）Lesson 8, "Not So Long Ago"）に準拠して作成した定期考査問題です。英文は教科書本文の原典の一部を改編して作っています。原典前半部分をカットし，教科書の学習も生かしながら，新たな情報を原典から読み取る形にしています（⇨ **Q10-8**）。

【問】Lesson 8 の Section 2 に関する次の英文を読み，設問に答えなさい。

I saw the fire over my body and I was so scared because I didn't see anyone around me, but fire and smoke. I was crying and running out of the fire. The miracle is that my feet weren't burnt. I kept running and running. A photographer Nick Ut took a picture of my running away from the fire. After I passed out, Nick took me to the local hospital. Since the hospital was too small, I was transferred to Saigon Hospital. And then, two days later, my parents found me in the hospital.

During the time I was in hospital—it was too long; 14 months. I went through 17 operations to repair the third-degree burns over half my body. The doctors and nurses there worked very hard and gave me careful and good nursing care. $_1$<u>That thing</u> was a turning-point in my life. It made me dream about how to help people. My parents had the picture from the newspaper and they kept it very well and they showed it to me, saying; "That is you, when you were wounded." I couldn't believe that it was me.

I can tell you that everybody can use that picture, even now because that picture can tell people what war is. It's terrible, for the children. And you can see $_2$<u>everything</u> in my face. And I think that everybody can see that picture and they can learn.

(1) 次の一文を文章中の適切な位置に戻しなさい（ピリオド，カンマを除く直前の２語を答えなさい）。
He dropped me there, and he ran into the darkroom to develop the film he had taken.

(2) 下線部１が指す内容を日本語で説明しなさい。

(3) 下線部２について，教科書本文の学習も踏まえて次の質問に英語で答えなさい。（30語程度）
What do you think "everything" means? Write your own opinion.

設問(1)は英文を適切な位置に戻す問題で，全体の文脈を読み取る力を測ります。(2)は代名詞の指す内容を読み取る力，(3)は教科書Lesson 8のSection 2の授業中の学習成果を生かしながら，原典の一部（改編）から必要な情報を読み取る力を測ります。

ライティング能力を測るテストと評価方法は？

ライティング能力を測るテスト問題作成と評価はどのように行えばよいでしょうか。アドバイスをお願いします。

1．ライティング能力とテストの関係

① ライティングのどのような力を測定したいのか

学習指導要領（2018年告示）では，「英語コミュニケーションⅠ」の「目標（書くこと）」の１つに，「イ　社会的な話題について，使用する語句や文，事前の準備などにおいて，多くの支援を活用すれば，聞いたり読んだりしたことをもとに，基本的な語句や文を用いて，情報や考え，気持ちなどを論理性に注意して文章を書いて伝えることができるようにする」とあります。この力を測るのに，例えば，旧来の和文英訳問題を出題したのではまったく妥当性のないテスト（⇨ Q10-4）となります。

② 評価方法：どのような観点で評価するのか

ライティングテストを行う際に最初からあまり複雑なルーブリックを作っても採点しづらく，時間ばかりかかってしまいます。新学習指導要領で示された観点を踏まえ，３観点×２段階程度のルーブリックなどから始めます。①で引用した目標をもとに作成例を示します。

観点	○（概ねよい）	△（不十分）
1)	【(1)知識・技能】理解に支障をきたす表現がほとんどなく，語彙や表現，文構造や文法を適切に使用している。	基本的な語句や文に誤りがあり，理解に支障をきたす部分が目立ち，要点を理解しづらい。
2)	【(2)思考・判断・表現】場面や状況，目的を踏まえ，情報や自分の考えに加えて理由や根拠を述べている。	情報や考えは述べているが，理由や根拠の説明がない。
3)	【(3)主体的に学習に取り組む態度】内容や構成を主体的に工夫し，設定語数以上の英語で書いている。	内容や構成への主体的な工夫が不十分で，語数不足である。

次は，ルーブリック（⇨ Q10-7）を活用したライティング評価の留意点です。

1) 内容構成や生徒が日頃書く英文などから，語数の目安を決める。
2) 設定した観点以外の評価をしない。また，複数の教員で採点する場合には，数枚の答案を採点した後に基準のすり合わせを行う。

3)「主体的に学習に取り組む態度」については，授業や家庭学習への取り組み，自己評価の記述など，「粘り強さ」や学習の「自己調整」に関する要素を含めて，総合的に評価する（⇨ **Q10-2**）。

2．ライティング能力を測るテストの実際

① 1年生「コミュニケーション英語Ⅰ」問題例

> 授業で扱った英文（⇨ **Q6-4**）を読み，以下の問いに答えなさい。
>
> 本文中に，“a woman brought her five-year-old boy to our hospital.” とある。本文の内容を踏まえて，この女性に対して，自分の医療判断について理由を含めて説明する手紙を書きなさい。Dear ～ などの書き出しと Sincerely yours などの締めの言葉は書かずに手紙本文から始め，語数は60語程度とする。

② 解答例と採点例（6点満点）

> Three weeks have passed since I made tough decision on the boy you brought to our hospital. You must have felt bad when you saw me turn off the oxygen. However, I will apreciate if you could understand my decision. It was not my personal decision. I would like to tell you that the oxygen the boy had left for us saved another life the next day.（67 words）

以下の各観点で，○＝2点，△＝1点，白紙＝0点などとして点数化します。○，△で差がつかない場合は3段階にするなどして，生徒の実態に応じた評価ができるようにしていきます。上の例では，判断の根拠（医療器具の古さと不十分さ，医療判断は triage tag に従ったこと）が述べられていないので，5点〔1)は2点，2)は1点，3)は2点〕とします。また，綴りのミス（*apreciate → appreciate）は理解可能なレベルなので減点しません。

ルーブリックは学習の目標となるように事前に生徒に示しましょう。

観点	○（概ねよい）	△（不十分）
1)	理解に支障をきたす表現がほとんどなく，語彙や表現，文構造や文法を適切に使用している。	時制やSVの構造に誤りがあり，理解に支障をきたす部分が目立ち，要点を理解しづらい。
2)	病院での経緯を踏まえて，主張や謝罪のほかに理由や根拠を述べている。	主張や謝罪しかなく，医療判断の根拠を説明していない。
3)	60語以上の英語で書いている。	60語未満である。

第11章

大学入試改革と高校英語授業

大学入試はどう変わる？

大学入試改革が進められていますが，2020年度以降，大学入試センター試験の英語は，どう変わっていくのでしょうか。

1．「大学入試改革」の構想

「コミュニケーション能力の育成は大切。でも，大学入試があるから…」。過去，文法訳読中心の授業からの脱却をめざした施策が次々と打ち出され実行されてきましたが，大学入試が高校英語教育の改革を阻む大きな壁になってきました。さまざまな課題を抱えながらも，並々ならぬ決意でこれに真正面から切り込もうとするのが，今回の「大学入試改革」だと言えます。

2020年度（2021年入試）から少なくとも2023年度までの４年間は，大学入試センターが引き続き作成する後継の試験の成績と同センターの指定する参加要件を満たした民間事業者等が実施する英語の資格・検定試験（以下，「民間試験」）の成績が，入試センターより各大学に提供されます。各大学は，これら２種類の試験（両者を合わせて「大学入試共通テスト」と呼ぶ）のいずれか，または双方のスコアを利用する予定になっています。

2．「大学入試共通テスト」と「民間試験」の活用

①「大学入試共通テスト」の実施

2020年度からは，大学入試センターが問題の作成を行い，「大学入試共通テスト」として実施していきます。この共通テスト実施のねらいは，「高校教育を通じて，大学教育の基礎となる知識及び技能や，思考力・判断力・表現力がどの程度身に付いたかを問う」こととしています（大学入試センター，2018）。「大学入試共通テスト（英語）」では，「読むこと」と「聞くこと」の２技能の試験が行われ，CEFR（⇨ Q1-3）のA1～B1相当の英語力の測定を目的に作成される予定です（⇨ Q11-4）。

② ４技能入試に向けた「民間試験」の活用

入試センターが作成する「大学入試共通テスト」で測定するのは，上記のとおり「読むこと」と「聞くこと」の２技能についてのみです。学習指導要領の目標の実現と大学入試の高校授業への波及効果（⇨ Q8-7，Q10-4）も考えると，「話すこと」「書くこと」も含めた４技能を総合的に測ることが求

められます。そこで，今回の大学入試改革では，さまざまな懸念の声や課題もある中で「民間試験」の活用に踏み切ることで，「4技能入試」の実施へと舵を切ったのです。このことにより，志願者の持つより幅広い英語力を把握することが可能になります。

1) 大学入試で活用される「民間試験」

2018年3月に大学入試センターが発表した参加要件を満たした「民間試験」は次のとおりです（⇨ **Q11-2**）。

① ケンブリッジ英語検定　② 実用英語技能検定（CBTを含む1日完結型と2日間で実施する新3方式）　③ GTEC（CBTを含む）　④ IELTS　⑤ TEAP（CBTを含む）　⑥ TOEFL iBT　⑦ TOEIC*

＊TOEICは，2019年7月に初年度の参加辞退を発表。

2) 「民間試験」の受験期間と回数

民間試験の受験期間は受験年度（現役生は高校3年次）の4月～12月の間で，受験可能回数は2回までとされています。大学入学試験を受ける前に「この試験の成績を大学に提出する」と決めて届け出る必要があるため，受験した試験の結果を見てから，成績のよかった試験を届け出ることはできません。

③「大学入試英語成績提供システム」とは

大学入試センターは，2024年度までに，「大学入試英語成績提供システム」を設け，各大学による民間試験の活用を支援していくことになります。これは，「民間試験」を大学入試に利用するために設立される独立行政法人大学入試センターによって運営されるシステムです。文部科学省によって認定された，上記② 1)の民間試験が登録されています。志願者が受けた民間試験の成績は，センター作成のテストと組み合わせることにより，CEFRのA1～C2レベルまで幅広く志願者の英語力を測定することが可能となります。この仕組みによって，個々の志願者の試験結果が集約されて大学に提供され，各大学の判断により多様な方法でその結果が活用されていくことになります。（⇨次頁の【資料】）

3.「大学入試共通テスト」と「民間試験」の成績提供方法の変更

2020年度（2021年入試）以降，大学入試センターは次のような手順で成績を提供していきます。

大学入試共通テスト（全教科・科目＋民間試験）
① 志願者が４月～12月の間に民間試験を受験 ② 認定試験団体が，大学入試センターに成績を送付 ③ 志願者が大学入試共通テストを受験 ④ 大学入試共通テストを採点 ⑤ 大学が志願者の成績請求 ⑥ 大学入試センターが，志願者の成績（共通テスト＋民間試験のスコア）をCEFRの段階別レベル表示も併せて提供

※2024年度以降の枠組みは，大学入試共通テストの利用状況及び，民間試験の実施・活用状況等を検証しつつ決定される予定。

【資料】「大学入試英語成績提供システム」について <活用イメージ>

大学入試センターに「大学入試英語成績提供システム」を設け、大学入学者選抜における資格・検定試験の活用を支援（「資格・検定試験」の成績を一元的に集約し、要請のあった大学に提供）

※本システムによる成績情報は、大学入学共通テストを利用しない入学者選抜、総合型選抜、学校推薦型選抜でも利用可能。

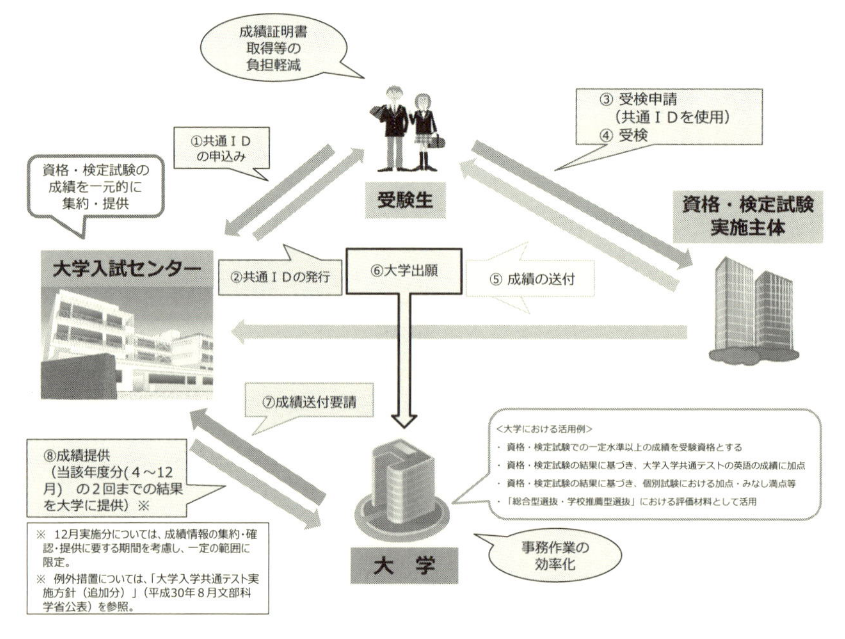

（独立行政法人大学入試センターのホームページより）

4技能入試で使われる外部試験とその特徴は？

４技能入試に使われそうな外部試験はさまざまですが，それぞれどのような特徴があるのでしょうか。

1．どんな試験が使われるのか

「大学入試英語成績提供システム」（⇨ Q11-4）では，本稿執筆（2019年２月）時点で英語は以下の民間試験を使うことが発表されています。

試験	受験料	回数／年	試験時間
ケンブリッジ英検	9,720〜25,380円	２〜４回	KET（A2）は約２時間
英検（新型）	5,800〜16,500円	１〜３回	級により異なる
GTEC	6,700〜9,720円	２〜４回	２時間〜３時間
IELTS	25,380円	46回	約２時間45分
TEAP	15,000円	３回	約３時間20分
TOEFL iBT	235米ドル	28回	約４時間30分
TOEIC*	15,985円	LR：８回 SW：18回	LRとSWは別日程

※受験料は2018年３月発表のもの。＊TOEICは，2019年７月に初年度の参加辞退を発表。

2．７団体・機関による各試験（計23種類）の特徴

① ケンブリッジ英検

試験の種類が多いのでレベルは千差万別ですが，決定的な特徴は，例外なくイギリス式の発音なので，米音に慣れた日本人高校生には聞き取りの練習が必要になるでしょう。また，A2 Key（KET）テストではリーディングとライティングの試験が同時間枠に行われるのも他の試験とは異なります。上記７つの民間試験の中では，日本人高校生の受験は比較的少ないようです。

② 英検（実用英語技能検定）

大学入試英語成績提供システムの対象は，以下に概要を紹介する３つの「新方式」です。「従来型」は１次試験に落ちると２次のスピーキングは受験できないので対象外です。いずれも同じ級なら出題内容や難易度は同じです。

1) 英検CBT

対象受験級は２級〜３級。受験対象は制限なしで，１日の受験で終了します（１日完結型）。リーディング，リスニング，ライティング，スピーキング

をコンピュータで受験します。ライティングテストはタイプ入力のため，パソコン操作が得意な生徒に向いています。スピーキングは録音式です。

2) 英検2020 2days S-Interview

対象受験級は１～３級。受験対象は高校３年生と高卒生等のみで，２日間で受験します。リーディング，リスニング，ライティングの筆記試験と，後日スピーキングテストを受験生全員が面接委員との対面式で実施します。

3) 英検2020 1day S-CBT

対象受験級は準１級～３級。受験対象は高校３年生と高卒生等のみで，１日で受験します。リーディング，リスニング，ライティングの筆記試験を受験し，同日，コンピュータを使って録音式でスピーキング試験を実施します。対面式の面接で緊張してしまう生徒に向いています。

③ GTEC（Global Test of English Communication: ジーテック）

GTEC（Core, Basic, Advancedの３種）とGTEC CBTの２つが対象となりますが，ここではGTEC CBTについて記します。全国47都道府県の公開会場で実施され，大学で経験するような講義や学生生活の場面が試験内容の中心ですが，全体として高校の授業内容で対応可能な語彙レベルと思われます。リスニングの読み上げスピードもリーディング問題のレベルも日本人高校生を対象にして作成されたものであると判断できます。ライティングには250語と長めの英文を書くものもありますが，指定された文章を読んで書く形式なので戸惑うことは少ないでしょう。スピーキングのトピックも，高校生の知識・思考レベルに適した無理のないものです。試験全般を通して，特別な対策がなくても高校の授業をしっかり受けている生徒たちには取り組みやすい試験だと思われます。

④ IELTS（International English Language Testing System: アイエルツ）

IELTSの中でも，大学入試成績提供システムでの出願には，英語圏での就業や移住申請に使う「ジェネラル・トレーニング・モジュール」ではなく，「アカデミック・モジュール」を受験します。７つの試験の中で受験料が最も高く，受験には有効期限内のパスポートの所持が必要です。受験地は国内の15都市で実施されています。リスニングとリーディングは後半に進むにつれて内容が難しくなります。語彙も大部分の高校生には難しめでしょう。選択肢が５～９ある問題もあり，また，Passage 3のレベルはかなり高めです。リスニングの回答は選択式＋記述式で綴りのミスは不正解になります。リスニングのナレーターの多くはイギリス人かオーストラリア人で，北米の英語に慣れている日本人高校生には慣れておく必要があります。ライティングは手書きで２題。図表を見て内容をまとめて書く形式のTask 1は日頃の練習なしでは対応が難しいでしょう。Task 2も物事を多角的に見る力が必要とされて難易度は高いと思われます。スピーキングは試験官と１対１のインタビュー形式で約11～14分。特にPart 3は即興的な対応力，思考力も問われるのでIELTSに特化した対策が必要かもしれません。

⑤ TEAP（Test of English for Academic Purposes: ティープ）

TEAPとTEAP CBTがありますが，ここではTEAPについて紹介します。試験内容はすべて大学教育において遭遇するキャンパス英語で構成されています。リーディングにやや難しい語彙が散見するものの，リスニングやスピーキングのレベルは高校生にマッチしているように思われます。ただ，リーディングにある図表問題は初見の受験生では戸惑うことが予想されます。リスニングにも図表問題があり，これも難しめでしょう。図表は必ず扱われるので問題練習が必要です。また，ライティングは２つのパートに分かれており，１つ目は評論文を約70語で要約するもので，多くの高校生には十分に対応可能なレベルでしょう。ただし，２つ目のエッセイは，文章を読み，図表のデータも使って200語で書くので，問題のレベルはやや高めと考えられます。スピーキングはPart 1から4までありますが，レベルが特別高いとは言えず，特別な練習がなくても対応可能であろうと思われます。

⑥ TOEFL iBT（Test of English as a Foreign Language: トーフル）

北米を中心に大学留学用に多く採用されている試験で，概ね問題のレベルは高めです。このテストで最も特徴的なことは，複数の技能を測定する統合問題が多くあることです。例えば，ライティングでは英文を読み，レクチャーを聞き，全体を要約して書く問題が出題されます。また，リーディング，リスニングともに自然科学分野の語彙力が乏しいと対応が容易ではないでしょう。アメリカの地理，歴史，人物などが扱われることも多くあります。スピーキングのTask 3では，パッセージを読み，同じトピックについての男女の会話を聞いた後，パッセージの内容と会話で述べられた意見や対処法を口頭でまとめる必要があり，他の問題と同様にノートテイキングがしっかりできないと対処できません。スピーキングでは制限時間いっぱいにまとめる，つまり時間を大幅に余らせず，足りなくもない範囲でうまく仕上げる必要があり，こうした対面式でないスピーキングには対策が必要と思われます。

⑦ TOEIC（Test of English for International Communication: トーイック）*

TOEIC L&RとTOEIC S&Wの２種を別々に受験する必要があります。

1) TOEIC L&R

全国80都市で実施されています。リスニング100問，リーディング100問，いずれもマークシート式の問題で試験時間は２時間です。リスニングが45分間連続するので集中力が必要ですが，ビジネス系の語彙をしっかり学習しておけばそれほど難易度は高くないと思われます。高校生は練習によりスコアアップが容易かもしれません。リーディングも長い文章は出ないので，これも語彙さえ手当てすれば難しい問題ではないと考えられます。

2) TOEIC S&W

14都道府県で実施。スピーキング11問，ライティング８問，試験時間は80分です。スピーキングには音読，写真描写，応答，意見表明があります。他の形式の試験と比べても難しい問題はありませんが，例えば，あるトピックに対する解決策を，留守番電話への返信メッセージの形で，60秒以内でまとめて話す問題などには，試験形式への慣れが必要でしょう。ライティング問題にはＥメールへの返信を書くものがありますが，形式や定型表現を学習すれば高校生でも十分対応可能です。

＊TOEICは，2019年７月に初年度の参加辞退を発表。

３．学校，受験生はどの試験を選ぶのか

判断が難しいところですが，（一部に話が出ている受験補助金を考えに入れないのならば）現行の受験料，公開受験会場の数，試験のレベルを勘案すると，GTECか英検（新型）を選択する学校や生徒が多くなるかもしれません。さらに，一部の主要大学入学試験で取り入れられているTEAPや，語彙の面さえ手当てすれば比較的短期間でスコア上昇があり得るTOEICを勧める学校も出てくるかもしれません。本稿では７団体の試験形式や内容のごく一部を紹介しただけですので，先生方ご自身で，ホームページ等で公開されているサンプル問題を検討したり，実際に受験したりして，受け持ちの生徒にはどの試験が向いているか，どの試験へのチャレンジが生徒に有益となるかを，同僚の先生方と十分話し合い，判断をしていただきたいと思います。

中３対象の全国的な学力調査結果からの示唆は？

中学３年生対象に過去実施された全国的な学力調査の結果分析から学べることは何でしょうか。英語学力の実態や指導上の課題を教えてください。

1．中学３年生対象の４技能の学力調査実施

「全国学力・学習状況調査」（以下，全国学力調査）は，全国の国公私立学校の小学６年生と中学３年生を対象に2007年４月に開始され，調査対象の児童生徒数は毎年100万人を超えています。当初は国語と算数・数学の２科目でしたが，2012，2015，2018年度は理科の調査も行われています。さらに2019年４月からは中学３年生の調査に英語が加わり，「聞くこと」「読むこと」「書くこと」「話すこと」の４技能の到達度を調査することになりました（この調査を確実・円滑に実施するために，2018年５月には全国の公立中学校から136校を抽出した予備調査が行われました）。

2019年度からの調査では，「聞くこと」「読むこと」「書くこと」の３技能は筆記による調査（45分間）で，「話すこと」の調査は別の時間に各学校のコンピュータ室等のPC端末を使って被験者の発話を録音する方式で行われます。同一学級の生徒全員が一斉に５分程度のスピーキング・テストを受けるため，教室への移動や準備時間を含めて15分程度を確保し，１時限50分の中で３学級の調査を実施できるように設計されています。

全国学力調査の分析結果はまだ公開されていませんので，それ以前に行われた調査の結果をもとに中学３年生の学力の状況を見ていくことにします。

2．2015～2017年度の英語力調査

2006年に改訂された教育基本法で新設された第17条（教育振興基本計画）には，「政府は，教育の振興に関する施策の総合的かつ計画的な推進を図るため，教育の振興に関する施策についての基本的な方針及び講ずべき施策その他必要な事項について，基本的な計画を定め，これを国会に報告するとともに，公表しなければならない」と規定されています。これに基づいて策定された第２期教育振興基本計画（2013年６月閣議決定）にしたがって，文部科学省は2013年６月に「グローバル化に対応した英語教育改革実施計画」を発表し，小・中・高の各学校段階を通じて英語教育を充実するために英語力改善

のための「英語力調査事業」（以下，英語力調査）を行うことが決定しました。この英語力調査は，前述の全国学力調査とは規模や対象が異なっています。対象は全国から無作為に抽出した約600校の国公立中学校の３年生約６万人で，2015～2017年度の３年間にわたって調査が行われましたが，2018年度は全国学力調査の予備調査と重なるために実施されませんでした。

「聞く・読む・書く」ことの３技能は全被験者を75分の筆記試験で調査し，「話すこと」は約２万人（１校当たり１学級）を対象に，一人10分程度の実技試験を調査対象校の英語科教員が面接官となって対面式で実施しました。

３．英語力調査の内容

2017年６月末～７月中に実施された英語力調査でも，2016年度までと同様に測定する力は「実際の言語使用場面を前提としたコミュニケーション能力」で，知識・技能の習得だけでなく，それらを活用して思考・判断・表現する総合的な力であるとされています。また，世界標準に基づいて中学生の英語力を測定するためにCEFR（⇨ Q1-3）を参照すると明記されています。

調査問題は，民間事業者であるベネッセ・コーポレーションのGTEC for Studentsを活用したもので，構成は2016年度と変わりませんが，各問題のCEFR対応のレベルは少し変化し，全体としてレベルが上がっています。

○読むこと：多肢選択式28問（32分）
- 語彙・語法問題10問（A1相当）
- 情報検索問題８問（A2相当）←2016年度はA1相当
- 概要把握問題２問（A2相当）←2016年度はA1相当
- 要点理解問題８問（A2相当）←2016年度はA1～A2相当

○聞くこと：多肢選択式32問（18分）
- イラスト説明問題８問（A1相当）
- 会話応答問題８問（A1相当）
- 課題解決問題８問（A2相当）←2016年度はA1相当
- 要点理解問題８問（A2相当）←2016年度はA1～A2相当

○書くこと：自由記述式２問（25分）
- 空所補充英作文問題１問（A1～A2相当）←2016年度はA1相当
- 意見展開問題　１問（A1～A2相当）

○話すこと：面接式３問（約10分）

• 音読問題 1問（A1相当）←2016年度はA1～A2相当
• 質疑応答問題1問（A1～A2相当）
• 意見陳述問題 1問（A2相当）←2016年度はA1～A2相当

4．中3学力調査の高校英語授業への示唆

2016年度までと同様に，2017年度でも課題が残ることがわかったのは「書くこと」，特に「意見展開問題」でした。与えられたテーマで作文する問題で，テーマは，「あなたが1日自由に過ごせるとしたら，何をしたいですか。1つ取り上げて，なぜそう思うか，その理由を書きなさい」というものです。

採点項目は〈内容〉〈表現〉〈構成〉の3つで，〈内容〉では，①意見と②理由が書けているかが採点され，CEFRのA1下位レベルでは①が書けた生徒が5.3%，②が52.6%，A1上位レベルではともに98%以上でした。

〈表現〉は，①語彙，②文法に分けて採点され，①語彙では，「適切な語彙を選べない，使い方が誤っているなどのために理解できない部分が多くある」とされた答案が65.3%と採点中で最も多く，②文法でも，「誤りのために理解できない部分が多い」とされたものが56.1%という結果でした。

3項目の中で他より低い結果となったのは〈構成〉で，「ほとんど書かれていない，あるいはテーマから外れたことが書かれている」とされたものが51.4%，テーマに沿った英文が書かれていても，「文と文のつながりが悪い，伝えたいことがまとまっていない，などのために理解できない部分が多い」とされたものが44.2%でした。結果として，合計95.6%が「自分の考えや気持ちなどを読み手に正しく伝わるようには書けなかった」ことになります。

これと同様の結果は，2010年11月に国立教育政策研究所が実施した「特定の課題に関する調査」でも指摘されていました。この調査は全国の国公私立中学校から101校を無作為に抽出し約3,300人の生徒を対象に行ったもので，前回（2003年度）の調査と比較して「まとまった内容の文章を書ける生徒の割合は増加してはいるが，文と文のつながりを工夫して展開する力（談話能力）が十分身についているとはいえない」という分析をしています。

この現状を打開するには，例えば，あるテーマについてペアで即興で話し，話のまとまりや展開のしかたなどを整理してから綴りや文法の正確さにも注意して書き，相互に読み合って推敲するなど，他技能と統合した「書くこと」の言語活動の充実が必要となるでしょう（⇨ Q5-4,14,16）。

「大学入試共通テスト」の内容は？

「大学入試共通テスト」に対応できる力を生徒に付けてあげたいと思います。従来の「センター試験」と出題形式や内容はどのように違うのでしょうか。

2018年11月に「大学入試共通テスト」試行調査が実施されました。2020年度からの大学入試（⇨ Q11-1）では，英語の資格・検定試験（⇨ Q11-2）も活用されるため，本試行調査では，「読むこと」と「聞くこと」（ともにマーク式）の能力をバランスよく把握することを目的に，CEFRのA1～B1レベルの能力を測定できる問題が以下のとおり出題されました。

1．大学入試共通テスト（試行調査）の問題概要と指導上の対策

① リーディング（100点満点）の出題内容

第１問A（２問）：	交換留学生のお別れ会に関するALTの先生からの伝言メモ（111語）を読み，その内容について情報検索を行う。
第１問B（３問）：	姉妹都市との交流イベントへの参加を募るウェブサイト上の告知記事（213語）を読み，その内容について情報検索を行う。
第２問A（５問）：	ウェブサイトに掲載された“Meat and Potato Pie”のレシピとそれに対するレビュー(242語)を読み，文脈から推測する。
第２問B（５問）：	フランスの学校で，特別な場合を除き，小中学生の携帯電話使用が認められなくなったことへの是非に関する記事（256語）を読み，事実と意見を区別する。（→２.①で問題例示）
第３問A（２問）：	留学生が日本の学校の学園祭で経験したことについてのブログ（186語）を読み，内容について概要を把握する。
第３問B（３問）：	入院中の患者に鉢植えの花のお見舞いは好ましくないという日本の文化を知らなかった留学生の行動についての雑誌記事（307語）を読み，内容について概要を把握する。
第４問（５問）：	生徒の読書週間について，二人の人物がそれぞれの視点から書いた記事・グラフ（479語）を比較する。
第５問（４問）：	アメリカの印刷業における偉人が新聞を創刊し成功を収めた雑誌記事に掲載された物語（532語）を読み，概要を把握する。
第６問A（４問）：	アジアの女性パイロットに関する記事（529語）について読み，文章の要旨・論理展開を把握する。
第６問B（４問）：	アメリカの国立公園で起こった出来事についての文章（479語）を読み，文章の要旨・論理展開を把握する。

【対　策】

1) 英文を読み，解答の根拠となる箇所を見つけ出す指導だけでは不十分です。例えば，読んだ英文に対して自身の感想をウェブサイトに投稿させるといった実際の場面を想定した書く活動やプレゼンなどを通して，根拠を示しながら自分の意見を相手に伝える活動など，多様な内容を英語で表現できるようにする指導が必要です。

2) 限られた時間内に大量の英文を読み，必要な情報を読み取る力が求められます。必要な情報を検索する力，要点を捉える力，談話標識（discourse marker）などに着目し，論理展開，パラグラフの構成を意識して内容を理解するスキルを養成していくことも必要です。

3) テキストタイプによる文章の「書き方」とそれぞれのタイプに合わせた「読み方」を身に付けさせることが必要です。例えば，ウェブサイトの「レビュー」における投稿者の主観的な「感想」，説明的な文章における筆者の客観的な「意見や主張」など，テキストタイプに着目して，内容を把握していく読み方を身に付けさせることが必要です。

② リスニング（100点満点）の出題内容

内容	［放送回数］
第１問Ａ（４問）：一人の人物の短い発話を聞いて，それに最も近い意味の短い英文を選択する。	２回
第１問Ｂ（３問）：一人の人物の短い発話を聞いて，その内容を表すイラストを選択する問題。	２回
第２問（４問）：二人の人物の短い対話を聞いて，最後に質問の英語が読み上げられ，その質問に対する答えとして最も適切なイラストを選択する。	２回
第３問（４問）：二人の対話を聞いて，その答えとして最も適切な語句や文を選択する。	２回
第４問Ａ（２問）：問１：単一の人物によるやや長めの発話を聞いて，聞こえてくる順番にイラストを並べ替える。 問２：単一の人物によるやや長めの発話が読み上げられ，情報をもとに表中の４つの空所を埋める。	１回
第４問Ｂ（１問）：４人の発話を順番に聞き，提示された３つの条件をすべて満たす１つを選択する。（→２．②で問題例示）	１回

第５問（２問）：問１：単一の人物による長めの発話を聞き，ワークシートの空所を埋めながら，講義の骨子を把握する。 問２：単一の人物による発話を聞き，問１の情報及び提示された図表と合わせて正しい内容を選ぶ。	１回
第６問Ａ（２問）：二人によるやや長めの対話を聞いて，二人の主張の要点を選択する。	１回
第６問Ｂ（２問）：問１：４人による長めの会話を聞き，反対意見の人をすべて選択する。 問２：会話のメインとなる人物の意見を支持する図表を選択する。	１回

【対　策】

1)「放送された内容を覚えておき，その覚えた情報をもとに言われたかどうかを解答する」といった学習では不十分です。例えば，発話を聞き，読み上げられた英語を理解するだけではなく，相手が何を言おうとしているかその「意図」（⇨ Q4-13）を考えたうえで適切に応答する「やり取り」の力が必要です。スピーキング活動などを通して日頃から練習させ，即興で応答できるようなることが大切です。また，賛否両論ある話題に関する対話や，講義後の質疑応答という場面の出題もあるため，授業でも，質疑応答の時間を設け，実際の使用場面を想定して，さまざまなコミュニケーション活動を行っていくことも重要です。

2) 試行調査では，「ゲームが人間に与える影響」について出題されました。このような英文を理解するには，日頃からさまざまなジャンルの文章に触れ，背景知識を蓄積させていくことが重要になります。

3) 放送回数は，CEFRのA1～A2レベルの問題は２回，B1レベルの問題は１回というように，問題のレベルによって分けています。

２．大学入試共通テスト（試行調査）で問われる資質・能力

以下，試行調査のリーディングとリスニングで出題された「知識」と「思考力」を要する特徴的な出題例を見てみましょう。

① リーディング出題例

試行調査では，明確な目的や場面・状況設定に重点を置いた内容の英文が

出題されています。例えば，ウェブサイトやブログの内容，料理のレシピ，次に示す第２問Ｂのように授業でプレゼンやディベートを行う準備としての記事など，生徒に身近で実用的な英文が出題されています。

B　Your English teacher gave you an article to help you prepare for the debate in the next class. A part of this article with one of the comments is shown below.

No Mobile Phones in French Schools

By Tracey Wolfe, Paris
11 DECEMBER 2017 • 4:07PM

The French government will prohibit students from using mobile phones in schools from September, 2018. Students will be allowed to bring their phones to school, but not allowed to use them at any time in school without special permission. This rule will apply to all students in the country's primary and middle schools.

Jean-Michel Blanquer, the French education minister, stated, "These days the students don't play at break time anymore. They are just all in front of their smartphones and from an educational point of view, that's a problem." He also said, "Phones may be needed in cases of emergency, but their use has to be somehow controlled."

However, not all parents are happy with this rule. Several parents said, "One must live with the times. It doesn't make sense to force children to have the same childhood that we had." Moreover, other parents added, "Who will collect the phones, and where will they be stored? How will they be returned to the owners? If all schools had to provide lockers for children to store their phones, a huge amount of money and space would be needed."

設問も，実際の場面で「読むこと」によって何ができるかを重視しており，必要な情報を「探し読み」する問題，「事実」と「意見」を区別する問題，英文と図表やグラフを絡めた問題など，情報を読み取り，思考することによって解答を導き出す問題が出題されています。また，次のように「正解が1つとは限らない問題」も出されています。

> **問 3** According to the articles, reading for pleasure has good effects on students' [23]. (**You may choose more than one option.**)
>
> ① choice of career
> ② educational success
> ③ mental well-being
> ④ views of social media

② リスニング出題例

リスニングにおいても，実際のコミュニケーションや言語の使用場面を重視し，次に示す第4問Bのように，1つの事柄について複数の説明を聞き，自分が考えている条件に最も合うものを判断して選ぶ問題や，ある事柄に関する意見を聞いて，話者の立場を判断する問題などが出題されました。

> B　四人の説明を聞き，問いの答えとして最も適切なものを，選択肢のうちから選びなさい。メモを取るのに下の表（省略）を使ってもかまいません。1回流します。
>
> 状況
> あなたは大学に入学した後に住むための寮を選んでいます。寮を選ぶにあたり，あなたが考えている条件は以下のとおりです。
> 条件
> A．同じ寮の人たちと交流できる共用スペースがある。
> B．各部屋にバスルームがある。
> C．個室である。
>
> 問1　先輩4人が自分の住んでいる寮について説明するのを聞き，上の条件に最も合う寮を，4つの選択肢（①～④）のうちから1つ選びなさい。
> ① Adams Hall　② Kennedy Hall　③ Nelson Hall　③ Washington Hall

定期考査の内容をどう変えていくべきか？

大学入試改革を念頭に置いて，中間・期末考査や校内実力テストの内容も変えていく必要があるかと思います。どのように変えていけばよいでしょうか。

1．必要な評価データを集めているか

評価の観点に基づく目標基準準拠評価（criterion-referenced evaluation），いわゆる絶対評価が高校に導入されたのは2003年度のことです（⇨ Q10-1,2）。しかし，残念なことに今でも「定期考査で80点以上は評定を５とする」というような旧態依然とした方法で評価を行っている学校があるようです。評定の切れ目を何点にするかという線引きは，テストの平均点と連動して上下しがちです。また，校内の教務内規等で，「各科目の評定平均は3.5～4.0の間とする」というように決めている学校の場合，この範囲に評定が収まらない場合は，線引きを変更して評定を出し直すことになります。このような方法ではバランスのよい評価データを集めることはできません。

定期考査以外に，どのようなデータを成績評価に加えていますか。４技能５領域を育成し評価していくためには，定期考査のような筆記テストで評価できる知識・技能と，面接等のパフォーマンステスト（⇨ Q10-11,12）で評価する技能を区別し，適切に振り分ける必要があります。「英語コミュニケーションⅠ～Ⅲ」は４技能５領域をバランスよく伸ばす科目ですが，授業がバランスを欠いていれば，連動してテストにも問題が生じます。直近の定期考査の問題を見直してみてください。どのような大問構成になっていたでしょうか。以下のチェックリストにしたがって大問を分類してみてください。

□リスニング力を測っている大問
□スピーキング力を測っている大問
□リーディング力を測っている大問
□ライティング力を測っている大問
□語彙力を測っている大問
□文法力を測っている大問

スピーキング力以外のすべてにチェックが入りましたか。スピーキング能力は，実際に話させなければ妥当な評価はできません（⇨ Q10-4）。語句の発音等も筆記試験ではなく面接などを通して直接評価するようにしましょう。

リーディング力について考えてみましょう。授業で扱った文章を使って出題した場合，学習内容を記憶していれば多くの問に答えられます。下線部和訳は全文訳を暗記していれば答えられます。ですから，既習テキストを用いた問題ではリーディング力は測れないということになります（⇨ Q10-8）。

また，初見のテキストであったとしても，文章全体の理解を問う設問でなければなりません（⇨ Q10-13）。次は，高校入試の長文問題の設問ですが，英文を読まなくても，文法知識・語彙知識で答えられてしまいます。

• [to / how / baseball / Masao / are / players / know / Japanese / doing / wants] in America. の［　　］の中の語を正しく並べ替えるとき，前から６番目と９番目に来る語をそれぞれ書け。

このように「文章を読まずに答えられてしまう設問」がないか確認することは，リーディング問題の妥当性をチェックする簡便な方法の１つです。

リスニングに関しても似たことが言えます。既習の文章の内容に関する設問やディクテーションは，文章を覚えていれば放送を聞く前に答えを書き込むことができます。ライティング問題でも，和文英訳や語句整序，空所補充では，語彙・文法の知識以上のものは測れません。４技能を育成するためには，４技能を実際に使って意味や情報のやり取りをする必要があるような問題を出さなければいけないのです。

2．学習方法への波及効果（backwash effect）

定期考査の本来の目的は言語能力の正確な測定です。しかし，初めて読む・聞く文章しか出題されなければ，生徒には実力テストや模擬試験と変わらなく見えることでしょう。これでは対策の立てようも勉強のしようもありません。定期考査はテストに向けて復習するための動機づけである必要もあります。定期考査の問題は生徒の学習方法に大きな影響を与えます。生徒の学習方法を望ましい方向に改善するためには，学習方法に正の波及効果を及ぼすような出題を工夫しなくてはなりません。ですから，定期考査を支えるためには「測定のための手段」という柱だけでなく,「よりよい学習方法を身に付けさせるための仕掛け」という二本目の柱も必要になるのです（⇨ Q8-7）。

テスト作成能力は意識的な努力をしなければ向上は望めません。同僚と協力し，CAN-DOリストや指導計画を作成し，望ましい評価方法について議論を重ねながら，お互いに腕を磨いていきたいものです。（⇨ Q2-2,3，Q10-8）

教科書を使った指導で大学入試を突破できるか？

問題演習などの入試対策ばかりに追われず，教科書を使った日常の授業を通して大学入試に対応できる力を付けるには，どのような工夫が必要でしょうか。

1．大学が求めている英語力

大学が入学試験を実施するのは，求める能力を持った生徒を選抜するためです。それでは，大学が求める英語力とはどのようなものでしょうか。

端的に言えば，大学での専門分野に関する英語の文章を，ある程度の速度で正確に読み取る能力と，自分の意見などを論理的で簡潔な英語で表現することができる能力です。大学での専門分野の学修では，英語の文献を読むことも少なくないので，読解力が重要であることは間違いありません。大学入試センター試験でも，受験生の間で点数の差がつくのは後半の読解問題です。前半の語彙・文法・語法問題で少々つまずいても，読解問題ができれば高得点が得られます。前半の問題ができても，読解問題ができなければ高得点は得られないのです。大学入試を突破するためには，それほど複雑な構造を持った文章でなければ，ある程度の分量を素早く正確に読み取る力を付けることが重要だということになります。また，近年では文系・理系を問わず，英語での基本的なプレゼン能力も求められます。このような力が付けば，大学入試に合格するだけでなく，大学入学後も伸びていくことが期待できます。

2．教科書を使い尽くす

このように大学が求める力，大学に入学してからもさらに伸びていく力は，教科書を上手に活用すれば身に付けることができます。教科書にはさまざまな話題の文章が掲載されています。こういった文章を語彙や文法を学習するだけの素材で終わらせるのはもったいないことです。内容を１分間に100語程度の速さで読み取り，その内容を自分の言葉で要約したり，意見を付け加えて話したり書いたりする活動を行うのです。日本語で書かれた文章なら，内容について考えたり議論したりします。これと同じことを英語でも行うのです。コミュニケーション活動とは，本来このような活動のはずです。薄っぺらな会話ごっこではありません。このような力を付ける授業を日々行えているかどうかを絶えず振り返り，軌道修正を行っていきましょう。教科書本文の内容を中心にした活動こそが，大学が求める力を伸ばす授業なのです。
「入試対策の演習に割く時間を減らすわけにはいかない」という声をよく耳にします。しかし，文法や語彙の問題演習を繰り返すような受験指導よりも，教科書を活用した授業のほうが入試にも生徒の将来にも必要な力を伸ばすことにつながるのです。文法問題の対策を行うのではなく，読んだり書いたりするときに生徒たちがつまずく文法事項は何かを見極め，実際の読み書きの活動の中で苦手な事項を克服できるように指導していくことが重要です。
家庭学習の質を変えることも重要です。予習の必要性を否定するものではありませんが，定着を高めるためには復習は不可欠です。日常的に英語を使用することが少ない環境では，適切な復習をしなければ学んだことを次々と忘れてしまいます。家庭での復習は，次の授業の冒頭とリンクさせると効果的です(⇨ Q7-14)。例えば，授業の冒頭に前時に学習した教科書本文の内容について，教科書を閉じたまま英語で確認したり，口頭で要約させたりする活動です。このような活動に対応するためには，前時の内容を理解したうえで本文を十分に音読しておく必要があります。もちろん，相手に向かって意味を伝えるような音読練習です。教科書本文を活用した発表活動は，スピーチやプレゼンの土台となります(⇨ Q6-5)。また，その準備として原稿を書くことは，結果としてライティング力を鍛えることにもなります。国公立大学の二次試験では，100語前後か，それ以上の分量のライティングが課されることがあります。しかし，これらには中学３年レベルの英語を上手に使いこなせば十分に対応することが可能で，合格点の答案を書くこともできるのです。
大学受験は長く緩い上り坂を走り続けるようなものです。英語を言葉として使う基礎力を身に付けずに，小手先の技術を追い続ければ遠からず頭打ちになり，生徒は伸び悩むことになります。ですから，新入生を迎える前の春休みには，中学校時代に使用した各社の検定教科書を読み込んで，生徒たちの現在位置，つまり「出発点」を把握することをお勧めします。黙読するだけでなく，音読したり筆写したり，ワープロに打ち込んでみたりすると，自分が実際に授業で使ったかのように教科書の内容は驚くほど頭に入ります。生徒たちが触れてきた英語，つまり「生徒たちの学習履歴」が頭に入ると，英語を話したり書いたりする際にモデルとなる素材を手に入れたことになり，効果的な支援が可能になります。生徒たちがつまずいたときなどに，中学校の教科書が頭に入っていれば，既習事項の中から適切な例文をヒントとして提示することも可能になります。また，高校で使用する教科書を通読して3年間の授業のイメージ（グランド・デザイン）を概観することも重要です。題材内容の配列とバランス，文法事項の配列と取り扱い，語彙などに意識を向けて教科書を読むことで，「この生徒たちをどこまで伸ばしていくのか」，見通しを持った指導が可能となります。

3．語彙力への不安を解消する

「教科書に出てくる単語・熟語だけでは大学入試に対応できない」とよく言われますが，本当にそうなのでしょうか。教員の思い込みが生徒の不安をあおっている面も否めません。受験生の学習語彙をチェックせずに出題する大学はなく，難しい語句には脚注を付けています。学習辞典で，中学学習語・高校学習語とされているものを覚えていれば大丈夫です。例えば，『ジーニアス英和辞典』では，中学校レベルで約1,150語，高校レベルで約3,150語を指定していて，合計すると約4,300語となります。2021年度施行の中学校学習指導要領では，小学校で学んだ600～700語に加えて1,600～1,800語を学ぶことになっているため，卒業時には最大で2,500語を学ぶことになります。2022年度施行の高等学校指導要領では，小・中学校で学んだ語と合わせて，最終的に4,000～5,000語を学ぶことになりますので，教科書に登場した語彙を身に付ければ(⇨ Q4-7,8)，学習辞典と同程度に届くことになります。

単語は使わなければ身に付きません。単語集を持たせて，教科書と無関係に範囲を決めて単語テストを行うような指導よりも（⇨ Q4-6），教科書の内容に関する活動で繰り返し使わせていく方が定着効果が期待できるのです。音声と意味を結び付けることができれば，発音問題の演習をする必要もなくなります。

高校2年生の後半くらいまで教科書で出会った単語を覚え続けていくうちに，次のように単語の一部が似通った語が蓄積されていきます。

pendant, pendulum, suspender, suspense, depend

ここまでくると「整理したい」という欲求が生まれ，接辞や語根を教えるチャンスが到来します(⇨ Q4-11)。単語の整理は，散らかった引き出しを片付けるようなものなので，最初から語根や接辞を教えるのではなく，生徒の頭の中にある程度の単語のストックができた時点で教えたほうが効果的です。整理し直すことにより，単語の知識をさらに強化し定着することができます。

参考／引用文献

和書

有嶋宏一（2005）「高校生の自由英作文における教師のFeedbackと書き直しの効果」『第17回「英検」研究助成報告』107-118.

泉惠美子・門田修平（編著）（2016）『英語スピーキング指導ハンドブック』大修館.

和泉伸一（2016）『フォーカス・オン・フォームとCLILの英語授業—生徒の主体性を伸ばす授業の提案』アルク.

卯城祐司（2012）『英語リーディングテストの考え方と作り方』研究社.

卯城祐司（編著）（2014）『英語で教える英文法—場面で導入，活動で理解』研究社.

江川泰一郎（1982）*A New Approach to English Grammar*　東京書籍.

ELEC同友会英語教育学会（2008）『中学校・高校 英語　段階的スピーキング活動42』三省堂.

門田修平・池村大一郎（編著）（2006）『英語語彙指導ハンドブック』大修館書店.

金谷 憲（編著）（2009）『教科書だけで大学入試は突破できる』大修館書店.

金成隆一（2013）『ルポMOOC革命 無料オンライン授業の衝撃』岩波書店.

川又正之（2012）「学習指導要領における語彙の取扱いについての考察—新学習指導要領を中心として」『敬和学園研究紀要』21号，103-118.
https://www.keiwa-c.ac.jp/wp-content/uploads/2012/12/kiyo21-8.pdf

菅正隆・松下信之（2017）『アクティブ・ラーニングを位置づけた高校英語の授業プラン』明治図書出版.

久保野雅史（2016）「高校文法教科書はなぜ９年で消えたのか」『神奈川大学心理・教育研究論集』第40号，15-26.

小泉仁（2001）「学習指導要領における英語教育観の変遷」英語教員研修研究会（研究代表者　石田雅近）『現職英語教員の教育研修の実態と将来像に関する総合的研究　平成12年度科学研究費補助金基盤研究（B）12480055研究成果報告書』18-154.
http://www.cuc.ac.jp/~shien/terg/koizumi%5B1%5D.html

小松一正（2016）「『英語で授業』の基礎基本」『英語教育』４月号（Vol. 65, No. 1），大修館書店.

榊原洋一（2016）『最新図解 発達障害の子どもたちをサポートする本』ナツメ社.

静 哲人（2013）『音声指導入門 音ティーチングハンドブック』アルク.

白畑知彦・冨田祐一・村野井仁・若林茂則（2009）『改訂版　英語教育用語辞典』大修館書店.

白畑知彦・若林茂則・村野井仁（2010）『詳説　第二言語習得研究—理論から研究法まで』研究社.

杉田和也・加賀田哲也（2018）「①特別支援学級・特別支援学校での外国語活動・外国語科授業づくり　指導上の留意点」『特別支援教育の実践情報』12/1号，32-33.

鈴木寿一・門田修平（編著）（2012）『英語音読指導ハンドブック』大修館書店.

鈴木寿一・門田修平（編著）（2018）『英語リスニング指導ハンドブック』大修館書店.

高塚成信（2009）「訂正的フィードバック：最近のリキャスト研究が示唆するもの」『岡山大学大学院教育学研究科研究集録』第140号，13-18.

髙橋一幸（2003）『授業づくりと改善の視点—よりコミュニカティブな授業をめざして』教育出版.

髙橋一幸（2011）『成長する英語教師—プロの教師の「初伝」から「奥伝」まで』大修館書店.

武井真一郎（1998）『ディベートで自分の意見を育てる』明治図書.

竹内真生子（2012）『日本人のための英語発音完全教本』ASK.

竹林滋（1991）『ライトハウス　つづり字と発音の基礎』研究社.
田崎清忠（編著）（1995）『現代英語教授法総覧』大修館書店.
玉井　健（1992）「“follow-up”の聴解力向上に及ぼす効果および“follow-up”能力と聴解力の関係」STEP BULLETIN. Vol.1，日本英語検定協会.
茶本卓子（2012）「授業改善をめざしたクラスルームリサーチの実践」（樋口忠彦他編著）『英語授業改善への提言』教育出版，268-274.
茶本卓子（2012）「学習者の自律を促す学習方法の指導」（樋口忠彦他編著）『英語授業改善への提言』教育出版，202-218.
千代田区立九段中等教育学校（2018）「KUDAN CAN-DOリスト」（平成30年度版）
土屋澄男（2004）『英語コミュニケーションの基礎を作る音読指導』研究社.
東後勝明（2009）『必携 英語発音指導マニュアル』北星堂.
投野由紀夫（2006）『コーパス超入門』小学館.
戸田行彦（2016）「定着のための，持続可能な課題の出し方」『英語教育』10月号（Vol.65, No. 7），大修館書店.
富永幸（2018）「これからの文法指導を考える」『英語教育』８月号，（Vol.67, No. 5），大修館書店.
中嶋洋一（1997）『英語のディベート授業30の技—生徒が熱狂・教室が騒然』明治図書.
中田賀之（2011）「学校文脈における英語教師の同僚性とオートノミー」青木直子・中田賀之（編）『学習者オートノミー』ひつじ書房，193-220.
中田賀之（編著）（2015）『自分で学んでいける生徒を育てる—学習者オートノミーへの挑戦』ひつじ書房.
根岸雅史（2017）『テストが導く英語教育改革』三省堂.
樋口忠彦・金森強・國方太司（編著）（2005）『これからの小学校英語教育—理論と実践』研究社.
樋口忠彦・並松善秋・泉惠美子（編著）（2012）『英語授業改善への提言—「使える英語」力を育成する授業実践』教育出版.
樋口忠彦・髙橋一幸（編著）（2015）『Q&A中学英語指導法事典—現場の悩み152に答える』教育出版.
樋口忠彦・髙橋一幸・加賀田哲也・泉惠美子（編著）（2017）『Q&A小学英語指導法事典—教師の質問112に答える』教育出版.
平田健治（2012）「自律した学習者とは—自律した学習者を育てるために」（樋口忠彦他編著）『英語授業改善への提言』教育出版，202-206.
本多敏幸（2003）『到達目標に向けての指導と評価』教育出版.
本多敏幸（2009）『英語力がぐんぐん伸びる！　コミュニケーション・タイム—13の帯活動＆ワークシート』明治図書.
本多敏幸「ICT機器を活用する授業づくり—Simple is the Best! ICレコーダーの効果的活用」『英語教育』2016年11月号，大修館書店.
本多敏幸（2018）『中学校新学習指導要領　英語の授業づくり』明治図書.
三山寿紀（2017）「スローラーナーを受容すること」『英語授業研究学会紀要』第26号，119-131.
村上加代子（2014）「外国語学習困難研究から見た英語教育における特別支援の課題」『英語授業研究学会紀要』第23号，4-15.
村上加代子（2018）『読み書きが苦手な子どものための英単語指導ワーク』明治図書.
望月正道・相澤一美・投野由紀夫（2003）『英語語彙の指導マニュアル』大修館書店.
吉田研作・柳瀬和明（2003）『日本語を活かした英語授業のすすめ』大修館書店.

米崎里（2008）「第９章　構造マップを使った指導」伊東治己（編著）『アウトプット重視の英語授業』教育出版，139-154.
若林俊輔・根岸雅史（1993）『無責任なテストが落ちこぼれを作る―正しい問題作成への英語授業学的アプローチ』大修館書店.
渡部良典・池田真・和泉伸一（2011）『CLIL　内容言語統合型学習　上智大学外国語教育の新たなる挑戦』上智大学出版.

洋書

Bentley, K.（2010）*The TKT course CLIL module*. Cambridge University Press.
Celce-Murcia, M., & Larsen-Freeman, D.（1999）*The grammar book: An ESL/EFL teacher's course*（3rd Edition）. Boston, MA: Heinle & Heinle
Council of Europe（2001）*Common European Framework of Reference for Languages: Learning, teaching, assessment*. Cambridge University Press.〔吉島茂・大橋理恵他訳（2004）『外国語教育Ⅱ―外国語の学習，教授，評価のためのヨーロッパ共通参照枠』朝日出版〕.
Council of Europe（2018）*Common European Framework of Reference for Languages: Learning, teaching, assessment. Companion Volume with New Descriptors.*
Crystal, D.（2012）*English as a global language*. Cambridge University Press.
Ferris, D. R.（2003）*Response to student writing: Implication for second language students.* Mahwah, NJ: Lawrence Erlbaum.
Harmer, J.（1983）*The practice of English language teaching*. London: Longman.
Holec, H.（1981）*Autonomy and foreign language learning*. Oxford: Pergamon.
Jacobs, G. M., & Farrell, T. S. C.（2001）Paradigm shift: Understanding and implementing change in second language education. *TESL-EJ*, 5（1）. Cited from :
http://www.cc.kyoto-su.ac.jp/information/tesl-ej/ej17/r17.html
Krashen, S. D.（1982）*Principles and practice in second language acquisition*. Oxford: Pergamon.
Little, D.（1991）*Learner autonomy 1: Definitions, issues and problems*. Dublin: Authentik.
Long, M. H.（1981）Input, interaction, second language acquisition. In H. Winitz（Ed.), *Native language and foreign language acquisition*（259-278）. New York: New York Academy of Science.
Morrow, K.（ed）（2004）*Insights from the Common European Framework*. Oxford University Press.
Nunan, D.（1995）Closing the gap between learning and instruction. *TESOL Quarterly 29*（1）, 133-158.
Ozturk, M.（2017）Multiple meanings in the EFL lexicon, *International Journal of Curriculum and Instruction, 9*（2）, 1-10.
Palmer, H. E.（1921）*The oral method of teaching languages*. Cambridge: W. Hefer & Sun.
Roach, P.（2005）*English phonetics and phonology*. Cambridge University Press.
Roberts, J.（1998）*Language teacher education*. London: Arnold.
Schön, D. A.（1983）*The reflective practitioner: How professionals think in action*. Basic Books.
Sommers, N.（2013）*Responding student writers*, Boston: Bedford / St. Martin's.
Swain, M.（1985）. Communicative competence: Some rules of comprehensible input and comprehensible output in its development. In S. Gass & C. Madden（Eds.), *Input in second language acquisition*（235-253）. Rowley, MA: Newbury House.
Swain.（1998）. *Focus on form in classroom second language acquisition*（64-81）. NY: Cambridge

University Press.
Tenner, E.（2018）*The efficiency paradox*. New York: Knopf.
Vygotsky, L.（1962）*Thought and language*. Cambridge, MA: MIT Press.
West, M.（1960）*Teaching English in difficult circumstance*. London: Longmans〔マイケル・ウエスト（著）・小川義男（訳）（1968）『困難な状況のもとにおける英語の教え方』英潮社〕
World University Ranking 2014-2015.
（http://www.timeshighereducation.co.uk/world-university-rankings/2014-15/world-ranking）
Yonezaki, H.（2017）*A study on how to enhance spoken word recognition by Japanese EFL learners with lower levels of proficiency*.（Unpublished doctoral dissertation）. The Joint Graduate School（Ph.D. Program）in Science of School Education, Hyogo University of Teacher Education, Hyogo, Japan.
Zimmerman, B. J.（1986）Becoming a self-regulated learner: Which are the key subprocesses? *Contemporary Educational Psychology*, *11*（4）, 307-13.

政府刊行物

国立教育政策研究所（2002）「高等学校教育課程実施状況調査報告書 英語」実教出版.
国立教育政策研究所（2012）『特定の課題に関する調査（英語：「書くこと」）調査結果（中学校）』.
中央教育審議会（2016）「幼稚園，小学校，中学校，高等学校及び特別支援学校の学習指導要領等の改善及び必要な方策等について（答申）」（中教審第197号）.
中央教育審議会教育課程部会（2018）「児童生徒の評価の在り方について（これまでの議論の整理〈案〉）」児童生徒の学習評価に関するワーキンググループ（資料１）.
http://www.mext.go.jp/b_menu/shingi/chukyo/chukyo3/080/siryo/__icsFiles/afieldfile/2018/12/19/1411680_1.pdf
独立行政法人教職員支援機構（2018）「資質・能力の育成を目指す主体的・対話的で深い学びのイメージ図」〈http://www.nits.go.jp/jisedai/achievement/jirei/img/student_image_h30_2.pdf〉
独立行政法人大学入試センター（2018）「『大学入学共通テスト』における問題作成の方向性等と本年11月に実施する試行調査（プレテスト）の趣旨について」
https://www.dnc.ac.jp/news/20180618-01.html
独立行政法人大学入試センター（2019a）「平成31年１月７日公表『大学入試英語成績提供システム』の概要について」https://www.dnc.ac.jp/daigakunyugakukibousyagakuryokuhyoka_test/en_info.html
独立行政法人大学入試センター（2019b）「平成30年度試行調査（プレテスト）の問題作成における主な工夫・改善等について」
https://www.dnc.ac.jp/albums/abm00035617.pdf
文部科学省（2004）「資料４　学習指導要領改訂の経緯（昭和33年～平成10年）」教育課程審議会外国語専門部会（第２回）配布資料.
http://www.mext.go.jp/b_menu/shingi/chukyo/chukyo3/015/siryo/attach/1400306.htm
文部科学省（2012）「通常の学級に在籍する発達障害の可能性のある特別な教育的支援を必要とする児童生徒に関する調結果について」
http://www.mext.go.jp/a_menu/shotou/tokubetu/material/__icsFiles/afieldfile/2012/12/10/1328729_01.pdf
文部科学省（2013a）「目標設定のための手引き」（平成25年３月，文部科学省初等中等教育局）.
文部科学省（2013b）「今，求められる力を高める総合的な学習の時間の展開」.

あとがき

文部科学省より「グローバル化に対応した英語教育改革実施計画」が発表されたのは2013年のことでした。それに基づき，東京五輪の開催年でもある2020年度の小学校「外国語活動」の中学年からの早期化と高学年での「外国語科」の教科化を皮切りに，2021年度の中学校，2022年度からの高等学校での新教育課程の実施が，いよいよ目の前に迫ってきました。

「小・中・高を通じて一貫した学習到達目標を設定することにより，英語によるコミュニケーション能力を確実に養う」ことを目標に，高校では，小・中学校における英語教育を土台として，言語活動の高度化を通して，思考力・判断力・表現力の一層の伸長が求められています。

このような，わが国の学校英語教育の一大転換期に，また，新時代の幕開けでもある令和元年に，『Q&A中学英語指導法事典―現場の悩み152に答える』（2015年１月），『Q&A小学英語指導法事典―教師の質問112に答える』（2017年10月）に続く三部作の完結編である『Q&A高校英語指導法事典―現場の悩み133に答える』を，英語授業研究学会設立30周年記念事業の１つとしてここに刊行できることをうれしく思います。

本書は，「生徒と教員のための英語授業学の構築 ― 理論を現場での実践に応用するとともに，わが国の学校教育に根ざした優れた実践から理論を構築する」という英語授業研究学会の設立理念を具体的に発信すべく，関東・関西両支部で中心となって活動している，高校英語教育に造詣の深い研究者や実践者である役員諸氏が総力をあげて執筆いたしました。

原稿は後掲の「執筆者一覧」に記載のとおり分担し，各章担当の編著者である泉（１，２，10章），加賀田（３，７，８章），久保野（４，９，11章），髙橋（３，５，６章）の４名が執筆者より提出された原稿を校正し，さらに監修者・樋口と編著者代表・髙橋が全編を通して校正して内容の整合性と統一を図りました。本書が，先生方の日々の授業の振り返りや今後の授業設計と改善への指針となることを，執筆者一同願っております。

最後に，本シリーズの刊行を勧めご支援くださった教育出版㈱の伊東千尋社長と廣瀬智久関西支社長，執筆に際してさまざまな助言と編集の労を取ってくださった本社企画編集部書籍編集課の阪口建吾氏と関西支社の舟本朝子氏に，この場を借りて心よりお礼を申し上げます。

2019年６月

編著者代表　髙橋 一幸

監修者・編著者紹介

樋口忠彦(ひぐちただひこ)〔**監修者**〕

大阪教育大学附属天王寺中学校・高等学校教諭，大阪教育大学助教授，近畿大学教授等を歴任。日本児童英語教育学会および英語授業研究学会元会長，現在，両学会の特別顧問。NPO 子どもの文化・教育研究所理事。編著書に，『個性・創造性を引き出す英語授業』『小学校からの外国語教育』『これからの小学校英語教育—理論と実践』『小学校英語教育の展開』『新編小学校英語教育法入門』『小学校英語内容論入門』(以上，研究社)，『小学校英語活動アイディアバンク』正・続編，『英語授業改善への提言』『Q＆A中学英語指導法事典』『Q＆A小学英語指導法事典』(以上，教育出版)，『すぐれた英語授業実践』(大修館書店) など。監修に，『Mother Goose World—グースキーの冒険』全12巻 (KTC 中央出版) など。

髙橋一幸(たかはしかずゆき)〔**編著者代表**〕

大阪教育大学附属天王寺中学校・高等学校教諭を経て現在，神奈川大学教授。1992年度パーマー賞受賞。2002～2004年度 NHK ラジオ「新基礎英語1」講師。英語授業研究学会理事，元会長。日本教育アクションリサーチ・ネットワーク副代表。日本児童英語教育学会理事。語学教育研究所パーマー賞委員。著書に，『授業づくりと改善の視点』(教育出版)，『成長する英語教師』(大修館書店)，『チャンツでノリノリ英語楽習！』(NHK 出版)，共著書に，『チャンツで楽習！決定版』(NHK 出版)，編著書に，『小学校英語教育の展開』(研究社)，『すぐれた英語授業実践』(大修館書店)，『授業づくりのアイデア』『Q&A 中学英語指導法事典』『Q＆A小学英語指導法事典』(以上，教育出版) など。

泉惠美子(いずみえみこ)〔**編著者**〕

兵庫県立高等学校教諭，兵庫県立教育研修所指導主事，京都教育大学教授等を経て現在，関西学院大学教授。学術博士。日本児童英語教育学会副会長，関西英語教育学会副会長，英語授業研究学会理事，日本英語コミュニケーション学会幹事，など。編著書に，『続 小学校英語活動アイディアバンク』『英語授業改善への提言』『Q＆A小学英語指導法事典』『低学年から始める英語短時間学習』(以上，教育出版)，『英語スピーキング指導ハンドブック』(大修館書店)，『新編小学校英語教育法入門』『小学校英語内容論入門』(以上，研究社)，共著書に，『これからの英語学力評価のあり方』『Q＆A中学英語指導法事典』(以上，教育出版) など。

加賀田哲也(かがたてつや)〔**編著者**〕

大阪商業大学助教授，教授を経て現在，大阪教育大学教授。博士 (人間科学)。日本児童英語教育学会理事，小学校英語教育学会理事，英語授業研究学会理事・副会長。編著書に，『Q＆A小学英語指導法事典』(教育出版)，『新編小学校英語教育法入門』『小学校英語内容論入門』(以上，研究社)，共著書に，『小学校英語教育の展開』(研究社)，『児童が生き生き動く英語活動の進め方』『英語授業改善への提言』『Q＆A中学英語指導法事典』(教育出版) など。

久保野雅史(くぼのまさし)〔**編著者**〕

神奈川県立外語短期大学付属高等学校教諭，筑波大学附属駒場中学校・高等学校教諭を経て現在，神奈川大学教授。英語授業研究学会理事・関東支部長。ELEC 同友会英語教育学会理事。社団法人「ことばの教育」代表理事。語学教育研究所「外国語教育研究賞」委員。編著書に，『大修館英語授業ハンドブック (高校編)』(大修館書店)，共著書に，『教科書だけで大学入試は突破できる』(大修館書店)，『英語で教える英文法』『学習英文法を見直したい』(以上，研究社)，『英会話ぜったい音読 (入門編)』(講談社インターナショナル) など。

執筆者一覧（所属は執筆時）

氏名	所属	〈執筆分担〉
樋口忠彦［監修者］	前 近畿大学 教授	3-1／5-15
髙橋一幸［編著者代表］	神奈川大学 教授	1-10／2-9／3-2, 4, 8／5-1, 2, 5／6-1, 2, 3, 4, 6／10-2／11-1
泉 惠美子［編著者］	関西学院大学 教授	1-1, 3, 4, 8／2-3, 4, 12／10-1, 3, 4, 5, 6, 7, 8, 11, 12
加賀田 哲也［編著者］	大阪教育大学 教授	3-1, 10／7-1, 2, 7, 9, 10, 11, 12／8-1, 2, 5, 6
久保野 雅史［編著者］	神奈川大学 教授	1-9／4-5, 8, 12, 13, 16, 19, 21／6-5／9-9／11-3, 5, 6
阿野幸一	文教大学 教授	2-11／4-15, 17, 18／9-7
太田 洋	東京家政大学 教授	2-5, 8／3-3, 7／4-4
加藤京子	兵庫県立北条高等学校・非常勤講師	2-7／3-11／7-6, 8
國方太司	大阪成蹊大学 教授	1-2, 5／3-5, 6
高橋信博	東京都市大学付属中学校・高等学校 教諭	4-3, 6, 13, 20, 22／11-2
武田富仁	群馬県立板倉高等学校 教諭	2-13／7-3, 4, 5, 11
津久井 貴之	お茶の水女子大学附属高等学校 教諭	4-1, 2, 7, 14／6-2, 4, 6, 7／10-13, 14
豊嶋正貴	文教大学付属中学校・高等学校 教諭	9-1, 2, 3, 5, 6／11-1, 4
中島 利恵子	新島学園中学校・高等学校 教諭	1-6／2-10, 14／4-23
平田健治	奈良女子大学附属中等教育学校 教諭	3-9／5-13／8-3, 4, 7
本多敏幸	千代田区立九段中等教育学校 教諭	2-1, 2／4-9／5-7, 8／9-4
松下信之	大阪府教育委員会事務局 主任指導主事	1-7／5-2, 3, 4, 6, 9, 10, 11, 12／6-9
宮崎貴弘	神戸市立葺合高等学校 教諭	2-6／6-8／8-8
米崎 里	甲南女子大学 准教授	4-10, 11／5-14, 15, 16／7-13, 14／10-9, 10

Q&A 高校英語指導法事典
——現場の悩み133に答える——

2019年8月5日　初版第1刷発行

監 修 者　樋 口 忠 彦
編著者代表　髙 橋 一 幸
編 著 者　泉 恵美子
加賀田 哲也
久保野 雅史

発 行 者　伊 東 千 尋
発 行 所　教育出版株式会社
〒101-0051 東京都千代田区神田神保町2-10
電話 03-3238-6965　振替 00190-1-107340

組版　ピーアンドエー
印刷　藤原印刷
製本　上島製本

ISBN978-4-316-80478-1　C3537